LIFE AND VALUE

Realize the Secret
of Life and Business

人生与价值

感悟生命意义及经营之道

沈立强◎著

上海人民出版社

序

光阴似箭，岁月如梭，屈指算来，我从事金融工作 40 年有余。20 世纪 70 年代中期，我通过招考进入中国人民银行，1984 年中国人民银行与中国工商银行两行分设时如愿以偿加入中国工商银行。作为工商银行改革发展的参与者、建设者和见证者，我有幸目睹了工商银行发展成为全球最大的现代金融企业集团的整个过程。几十年的职业生涯都贡献给了金融事业，我自始至终都难以割舍与工商银行的情缘。

回首自己的职业生涯，往事难以忘怀。我从银行的基层网点记账员干起，起初对银行的认识知之甚少，犹如“雾里看花”。由于充满了我们这代人对知识特有的渴望，为了熟悉业务尽快上手，唯有以勤补拙，努力把握每一次学习锻炼的机会，白天学、晚上练，反复思考琢磨。俗话说，业精于勤，行成于思。通过在工作中总结，在总结中思考，循环往复，持之以恒，我对银行的认识不断加深，并在长期的实践积累中逐渐形成了自己的思维逻辑和框架体系，为职业生涯中自我的成长、发展奠定了基础。

几十年来，经过不同岗位、不同层级、不同机构以及不同的金融行业的历练，在经营实践中，我不断探索、积累管理经验，并得益于组织培养，我逐步走上各级管理岗位。我先后在浙江、河北、上海、北京等地工作，从事银行、基金、金融文化等领域工作，也算是走南闯北了。

我坚持在工作中研究，也在学习中经常结合自身实际思考人生价值的“好与坏”“得与失”“增与减”等命题，并在工作之余记录自己的所学、所思、所悟。在忙于金融主业的同时，我还先后在不同协会、机构任职，发表观点和见解。同时，通过同业公会、金融学会等平台发表多篇专著，不遗余力促进金融行业的规范治理、有序发展。在企业董事会、高校校董会的任职，使我进一步开阔眼界，启发思维，潜心研究经营管理之道，并在工作中融会贯通，学以致用。

感恩机遇一路前行。正是由于职业生涯中特殊年代的土壤和时代的机遇，我有幸经历波澜壮阔的改革开放和上海国际金融中心建设等重大历史事件，为中国金融业的发展，做了点应该做的事。

经营管理是一种诚信、严格、精细的实务，来不得半点虚假，必须遵循经济规律，按企业定律办事。商业银行的经营实践，使我深刻感受到，企业经营管理是一条永恒的探索之路，学无止境。要在不断学习和实践的基础上，掌握有效的思维方式，在瞬息万变的环境中找到变化的规律。办好一个企业要有执着的职业精神，理念是走向成功的前提条件，方法是化解困难与矛盾的路径，智慧是竞争取胜的关键。

理念是经营的总阀门。人的行为受理念的支配。社会变革和企业发展都在新的理念推动下出现，没有理念的变化就没有制度和政策的改变。中国过去四十年取得举世瞩目的发展成就，起源于“改革开放”这一理念的变化。就企业经营发展来说，经营理念犹如经营管理者思想的总阀门，有什么样的理念就会经营出什么样的企业。

客户是经营之源。问渠那得清如许，为有源头活水来。对于企业而言，“源头活水”就是客户。“以客户为中心”有其深层的价值逻辑。财富怎么来，由谁来创造，弄清本源，对企业管理有着重大的现实意义。企业经营只有在为客户创造价值的基础上，才能实现股东、企业、员工等参与主体的良性发展。经营客户、提升价值、共同成长是企业稳健发展的经营之源。

员工是经营之本。在企业众多经营资源中，人是资产负债表中看不到的最重要经营资本。企业员工是推动发展的基石和根本动力，企业创造价值，是资源配置的过程，归根结底要通过人来实现。企业经营，上下同欲者胜，合理利用员工的知识和技能，努力发挥团队作用，才能解决企业发展的根本性问题，从而实现共同目标和愿景。

合作是共赢之基。君子偕伙伴同行。当今世界已进入竞合时代，零和游戏、你输我赢的旧思维已经不能适应现代企业的发展需要。

企业经营不可能独善其身，合则皆赢，斗则俱败。融入合作双赢理念，实现利益共享，才能办大事、办好事、办长久之事，形成相得益彰的共赢局面。

方法是发展的试金石。经营管理是一种动态的管理形式，方法来源于千锤百炼的实践。如何在风险可控的前提下，追求效益最大化，是企业经营管理的核心内容。一切从实际出发，灵活性与原则性有效结合，是企业有效发展活的灵魂。“怎么好就怎么做”，是企业发展的本质要求。方法得当，经营得法，企业自然会踏上稳定持续发展的步调。

明确的发展愿景。人无远虑必有近忧。企业经营要有明确的方向和目标指引，要处理好员工价值、企业经营及发展目标的关系，使企业在经营发展中形成与员工的良性互动，有机结合。善于用有市场竞争力的目标引领发展，鼓舞士气，不断激发员工潜能，凝心聚力推动发展，将共同愿景转化为共同行动。

精细的经营管理。精细化是现代企业管理的基本功。细节决定成败。天下大事，必作于细。凡事必须从大事着眼，小处入手，把“小事做细，细事做精”。从战略制定到执行落实，把各项工作体现在每个细节之中。精益求精、严谨细致，完善生产、技术、服务等环节，不断提升效率、品质和特色。推动经营管理实现质的飞跃。

优秀的企业文化。企业文化是全体成员共同认同和遵守的价值观、信念和行为准则，是凝聚人心、基业长青的养分。企业发展要取得成功，发展路径各有千秋，既有外部环境的等各种因素，也有体制机制的变革发展，更在于有“人”的主动作为。从历史视野看，实现健康、稳定、协调发展，核心在于企业的文化竞争力。因此，在传承既有企业文化的基础上，必须融入先进的精神元素，培育多元的文化内涵，凝聚充沛的发展动力，使企业具有强劲的生命力。

《人生与价值》涉及我对生命意义的探索和如何实现价值创造的经营之道，这些都是我职业生涯不断学习、思考和研究的问题。书中的思想源于日常的点滴积累，也是我关于人生的感悟和对经营管理的实践认识。书中观点纯属一家之言，不当之处，敬请读者指正。

2020 年 10 月

目 录

Contents Contents Contents Contents Contents

Contents Contents Contents Contents Contents Contents

Contents Contents Contents Contents Contents Contents

Contents Contents Contents Contents Contents Contents

弹指一挥

生命，对于每个人只有一次机会。它是大自然赐予人类繁衍生长的种子，春华秋实，循环往复，奥妙无穷，精彩纷呈。

时间恰似生命的匆匆过客，时刻演绎着变幻莫测、无法倒回的戏剧。人生犹如清晨升起的太阳；阴晴圆缺的月亮；色彩斑斓的晚霞。

尊重生命，珍惜光阴；乐观善良，真诚感恩；勤奋努力，砥砺前行，生活将会充满美好。

向远去的青春年华敬礼!

寻觅生命意义

生命的意义建立于对大千世界好奇的动机，由此内心产生爱慕之情，并充满美好的幻想。从时空上看，人生的长短难以用具体的时间来衡量，而是由心境而定。有的人生活过得美满幸福，珍惜光阴，自然会叹息人生之短；有的人生活艰辛困苦，迫于生活压力，则会苦于人生之长。从物理上看，生命无常，人只是宇宙间匆匆过客而已。人生就像一场寻觅生命意义的“聚散”，好似在漫长旅途中，不断探索、选择和放弃。

现代社会，随着科学技术的发展，人的物质生活质量不断提高，使生命得以延长。哪怕超过百岁，也仅仅是历史长河中的一瞬间。一个人来到世界，从呱呱坠地的婴儿，到牙牙学语、蹒跚学步的儿童时代，如果以人的平均寿命来看，占据了近十分之一。当一个人步入学校教育阶段，学习汲取知识，萌生各种憧憬，从懵懂少年成长为有志青年，对未来充满期待和想象，走出象牙塔时已二十多岁，至多五分之一时光已不知不觉从身边溜走。即便学有所成，步入职场，也会发现：过去所学的知识难以适应不断变化的外部环境，始终伴随着煎熬、痛苦以不断探索前行。一眨眼，人生过半的时光倾注其中。有人感叹："人生苦短"，寓意丰富。

寻觅生命意义，似乎就是在追求自己人生价值的取向，在不断的社会实践中认识和选择自身价值。从某种程度来看，如果一个人对生命有了客观认识，能减少忧郁，促进身心健康，树立自尊和自信，提升人生的幸福程度。对生命意义的感悟，是建立在对社会实践的认知过程中。我以为，在有限的人生中用善良和真诚的心灵拥抱生活，以奉献和感恩的情怀回报社会，正是生命意义之所在。

梦想未来。世界五彩缤纷，生活灿烂美好。富有梦想，就是要绽放生命的无限可能。人的信念和思维方式，将对他的视野起到决定性作用，具备了挑战精神，才能改变境遇并创造未来。

拥有目标。目标是梦想的具体化。有人把人生比作无数次的登山，它的精彩在于领略沿途的风景。几千年前，古罗马时期的哲学家小塞涅卡曾经有过这样的表述："有些人活着没有任何目标，他们在世间行走就像河中的一棵小草。他们不是行走，而是随波逐流。"目标的重要意义就是树立明确的生活导向，任何成功的第一步都建立在目标之上，选择确立怎样的目标，就决定了会走向怎样的未来。目标是人生旅途不可或缺的发动机，在提升生活和工作效率的同时，推动人们尽可能实现自我价值。人的生命是有限的，而一旦有了追逐的梦想，短暂的人生将会变得丰富多彩，无限美丽。

努力创造。创造是指将多种事物按一定方式联系起来，主观地制造客观上能被人普遍接受的事物，以达到某种目的的行为。简而言之，就是“无中生有”，是一种有意识地对世界进行探索性劳动的行为。人之所以能在生物链中脱颖而出，最大的原因就是拥有创造力。对于美好生活的追逐，激发了人的无限想象力，而对所有美好事物的愿望往往建立在充分发挥自身思想潜能的基础之上。美国研究机构经过多年研究，得出以下结论：人的大脑是世界上最复杂、效率最高的信息系统。人的一生，仅仅运用了十分之一的头脑能力，还有十分之九有待开发。这十分之九就好比企业经营中的闲置资产，未能发挥价值的创造功能。换而言之，人的大脑犹如一片广阔的蓝海。如果能再挖掘十分之一的潜能，可以想象，生活会是怎样的一种情景。可见，憧憬未来，需要发挥人类不懈的追求动力。在人生道路上，需要我们不断探索研究新情况，解决新问题，活到老，学到老，通过创造美好生活，丰富人的内涵，从而享受到成功后的喜悦和成就。

贵在坚持。人生有了目标，就要坚韧不拔地为之努力，做好每件事，过好每一天。人的生命有长度和宽度之分，长是一种活法，宽也是一种过法，只是感觉不同，各有所好而已。但无论长还是宽，如果无法持续不断地朝着同一个方向前进，那人生就不可能充分延展，仅仅是停留在原地打转，哪怕生命悠长，也是虚度光阴。有句歌词说得好："没有人会随随便便成功。"地位高和拥有财富的人，表面看非常风光，但背后付出的艰辛和心酸往往是常人难以想象的。所有成功的背后都是不断积累的过程。不积跬步无以至千里，充分把握每一分钟的时间，始终保持恒心和毅力，才有可能抵达目标的终点。

以善待人。人类自有文明以来，人性的善良、相互之间的尊重与宽容一直是被传颂和弘扬的高尚美德。社会之所以能够持续进步，与善良和互助友爱的人际关系脱不了关系。善良是文明社会的基石，是和谐环境的保障。

崇尚"上善若水"。《老子》中写道："上善若水，水善利万物而不争，处众人之所恶，故几于道。"寥寥数语，微言大义。"上善若水"，即做人要如水，滋润万物，不与万物争高下。避高趋下是它的谦逊；奔流到海是它的追求；洗涤污浊是它的奉献。这个“善”，其实内涵很丰富，包含了五种人生的思维，是为人处事的宝贵指南：利他思维。水是一切生命赖以存在的源泉，水有造福人类滋养万物的美德，周济天下却不求回报，故此善莫大焉。趋下思维。人往高处走，水往低处流，而水甘愿处于低处的特质，反而使其走得更远，最终汇入江海。这种低调谦逊的美德，也是以善待人的态度，不倨傲，不怠慢，谦恭有礼，无形中释放的就是善意。变通思维。水有巨大的可塑性，知道随顺因缘，变通处事。理解他人，为他人着想，通情达理，就容易与善结缘。绵柔思维。善也是一种力量，水为天下至柔，而能克天下至刚。怀揣善心，可以克服艰难险阻，迎来胜利的曙光。包容思维。海纳百川，有容乃大。善良也是一种包容的心态，化解矛盾，求同存异，少一分怨气，多一分人气，以最大善意来接纳不同的观点。善是人类社会良好的品德，像洒满大地的阳光，充满了爱心。爱心是一种远见和智慧，与人为善才能达到内心与外部世界的融合。用充满善意的眼光看待世间一切，才会坦然面对人生。

送人玫瑰，手留余香。说的是出于善良本意帮助别人，会在日后得到远胜当时付出的回报，甚至关于生命的延续，意在劝诫人们要不吝惜付出，以良善之心回报社会。有这么一个故事，能帮助人们加深对这句话的理解。非洲北部的撒哈拉沙漠，被称为“死亡之海”。有一支考察队首次打破死亡魔咒。进入沙漠后，队员们看到满地遗骸，队长果断决定，让大伙选择高地把遗骸掩埋，还用树枝、石块做成墓碑。过了几天，队员们收获了震惊世界的发现。不久沙漠刮起风暴，顿时暗无天日，指南针也失灵了。队长突然说：“不要绝望，来时我们留下了路标！”后来，考察队就沿着他们自己树起的墓碑走出了“死亡之海。”这个故事说明，不含功利心态的付出，往往会让自己得到意外的收获。正是那份善良，给自己留下了路标，成全别人的同时，无意间也成全了自己。这是一种伟大的教诲。

学会宽容。金无足赤，人无完人。宽容是对人对事的包容和接纳，是一种豁达的胸怀和美德。宽容在某种程度上表现为对自己的严格和对他人的容纳。我理解的宽容不是懦弱的行为，而是一种仁慈、一种胸怀，这是为人处世应有之道。它会使生活减少烦恼、增加快乐，丰富人生的意义。人类社会相互联系，互相依存；你中有我，我中有你，欲成大事要事，仅凭一人之力几乎无法实现，需要充分调动合力才能实现。当你尊重别人时，别人就会敬重你；宽容了他人，他人才会宽待你。

春秋齐国有两位能人：管仲，春秋时期法家代表人物；鲍叔牙，春秋时期齐国名臣。管仲与鲍叔牙自幼相交，友谊深厚。他们的父亲皆为齐国大夫，互为世交，不同的是，鲍氏当时是齐国的显赫家族，管氏则已经衰败。年轻时的鲍叔牙就非墨守成规的贵族，与穷困潦倒的管仲一起做生意，赚钱分账时，管仲总是要多拿些。面对一些人的不满，鲍叔牙说："管仲不是贪小便宜的人，他是因为家里穷，我是心甘情愿的。"后来管仲参军，打仗时都缩在后面，撤退时跑在前面，遭到别人的谩骂。关键时刻鲍叔牙又出面说话："管仲之所以这样做，是老母亲需要他赡养。"管仲听了十分感动，从此成为生死之交。在齐国皇位的争夺中，两人曾各为其主。齐桓公继任王位后，辅佐他的鲍叔牙毫不避讳，极力推荐管仲来担任相国，认为他的能力远胜自己，定能发挥更大的作用。在他的劝说下，齐桓公最终命管仲为相国，鲍叔牙为大谏，在两人的联手辅佐之下，齐国发展迅速，齐桓公也成为春秋时期的第一个霸主。

管仲曾言："生我者父母，知我者鲍叔牙也！"双方的友情可见一斑。正是鲍叔牙的宽容，使他们的友谊长久而坚固，也是他的包容之心，令双方都能将自身的能力发挥至极，携手缔造了称霸一方的齐国。

宽以待人，需要思考问题时从对方角度着想；比能力时，要以己之短比人之长；遇到挫折，要更多地从自身找原因。如果总以这样的认识去思考问题和看待矛盾，心态就会相对平和，处事更容易客观面对，待人才会热情与真诚。

保持乐观。乐观就是一个人的性格开朗，以愉快和喜悦心态看世界，以开阔的胸怀容人容事，保持人与人之间相诚相待。诺贝尔医学奖得主伊丽莎白·布莱克本在研究中发现：相比均衡饮食和运动锻炼，心理健康对寿命的影响更大，积极的生活态度将延缓衰老的速度，乐观随和的心态是人类健康之道。保持乐观心态，可以尝试控制自己的情绪，做情绪的主人；通过运动、休闲，获得良好的精神状态，减轻压力，保持对生活的热情与新鲜感。还有助人为乐、知足常乐、乐善好施、自得其乐等等。其实，我们博大精深的汉语，早已告诉我们更多快乐的源泉。乐观的态度同样对工作与生活有着正向激励，当一名员工以乐观的心态处理繁复的工作时，不仅效率得以提升，对于工作的热爱与对所在公司的归属感都会比普通员工高出一筹，同时还会拥有远胜他人的幸福感和成就感。乐观处世，豁达待人，对过去、现在和将来就会充满欣喜。

做好加减法。自然界是阴阳平衡的统一体，阴与阳是万事万物的运动规律，相互之间是消长转化的关系，是互根互用的关系，是对立统一的关系，无论日与月、天与地、昼与夜等等都遵循这样的规律，人类社会也毫不例外。人的一生充满着辩证法则，无时无刻不在做加法和减法。有得必有失，有失必有得。我们来到人世间时一无所有，一切都是“0”。随着时光的流逝，我们的人生开始做加法，加入智慧的光芒，加入品格的力量，加入财富的追求，加入亲情的浸润，使人生更加丰盈。到了一定年龄，我们则要开始做减法，减去多余的物质，减去奢侈的欲望，减去心灵的负担，减去环境的纷扰，合理安排人生的进退取舍，使人生更加健康美好。该舍则舍乃人生大智慧。加是一种成长，减是一种成熟。一个人，不管得到什么，都是一种失去的回报。得失是人生价值的选择。要想做好人生加法，就需要全身心投入社会实践，丰富和完善自我，充实精神世界，使人生更加丰富多彩。正如一位雕刻家所说，人生就是减法，就像一块石头，经过多次雕琢，去掉多余的部分，才能成为一尊美丽的雕像。人的生命有限，而愿望无限。辩证看待人生，减去过重负担，既要有所取，又要有所弃，还要有所为，有所不为。

铭记感恩。人与人的差异有限，人生的轨迹不一样，不是因为个人能力大小的区别，有时候甚至与能力无关。要成就事业，除个人努力以外，更多地取决于伯乐和机遇，也就是“运气”的成分。有幸成为大千世界的一员已经不易，活得平凡而有意义就应感激一路上给予帮助的人，对于那些有了地位和财富的人，就更应心怀感恩。感恩就像陈年的老酒，时刻酝酿着沉香，懂得感恩，就会懂得知足和宽容，铸就幸福的人生。

感恩是尊重生命、开启生命真谛的钥匙。爱是人类最崇高的情感，因爱而生的感恩之心则是爱的升华：当爱成为一种鞭策，当感恩成为一种自觉，当我们真诚地感谢他人，生活自然变得更加美好。父母带给我们生命，在生活中给予我们点点滴滴的关爱与照顾，对此，我们要感恩；朋友带给我们真挚的友情，在生活中给予我们关心和鼓励，我们要感恩；生活让挫折磨炼我们的意志，让苦难锤炼我们的品质，使我们更深刻地理解生活，我们仍然要感恩。此外，我们还应感恩社会，感谢它孕育了一个个相像而又不尽相同的个体，组成了一个丰富多彩的大千世界；感恩大自然，岁荣岁枯，春夏秋冬，山水相映，鸟语花香；感恩于洒在我们身上的每一缕阳光，感恩于路人投来的每一个微笑，感恩生活中一切让我体验到的真实的美好。感恩之心能带给人们温暖，也会帮助我们度过痛苦和灾难。常怀感恩之心，让我们的人生资源变得丰富而深厚，使人的心胸变得恢弘而宽阔。

懂得回报，是一种处世的哲学。饮水思源，滴水之恩，涌泉相报。父母是为人的生命之源，父爱如山，母爱似海，感恩父母，百善孝为先，对父母应当永存感恩心。一日为师，终生为父是师徒之恩；士为知己者死，是知遇之恩；与朋交友言而有信，是诚信之恩。衔环结草，以恩报德，是一个人生存立本的美德。回报是感恩的具体行动，关爱父母、孝敬长辈，是对养育之恩的回报；为朋友排忧解难，事业上相互扶持，共同进步，是对襄助之恩的回报；在学校刻苦学习、在企业勤奋工作、在社会践行公益，这都是对所有教育你、培养你、关心你的人，所做的回报。

追求幸福生活，家庭教育是启蒙老师，对一个人的成长有着重大影响作用。人生观是人生价值的取向，事关对善与恶、美与丑的看法，决定了对如何实现梦想的取舍。完善人生内涵，必须在劳动中丰富生活内容，在持续探索中追寻人生意义；在努力创造中描绘灿烂美景。不忘人之初心，敢于有所作为，勇于实干拼搏，就相对更容易达到实现自我人生意义的理想彼岸。

成就命运缘份

我喜欢“缘份”这个词。在中国文化里面缘分即缘份，它是一个抽象的概念，讲的是人与人之间的无形的连结，是某种必然存在的机缘。

150 多年前，英国生物学家达尔文提出了“物竞天择，适者生存”的竞争法则，至今，它的规律仍在延续。人的一生会受到很多因素的影响和制约，其中既有先天的“命”，也有后天的“运”。人生的未知性和不确定性构成了“缘份”，不断面临自然与环境、物质与精神平衡协调的新挑战。

缘份和缘分虽然解释意义相同，但我更喜欢用“缘份”一词。因为多一个单人旁，字面理解的意义是不一样的。缘份的“份”表达的是人与人之间特定关系的缔结与连续，既有缘还有份，更合情理。缘分的“分”，字面毕竟是“分”的意思，好像是先“缘”后分，给人以缘尽而散的感觉。所以在现实生活中，我更愿意把“缘”和“份”理解为谋事和成事的关系。

勤奋“结缘”。勤奋是一种不懈的“结缘”。我记得爱因斯坦说过：“天才就是百分之九十九的汗水和百分之一的灵感。”这句话说出了科学家成功的艰辛。科学家百分之一的灵感，来源于他百分之九十九的汗水，灵感是汗水的结晶。功夫不负有心人，勤奋是成功从量变到质变的过程。

勤奋改变人生。世界上没有完全相同的两个人，人与人之间由于家庭背景、自身禀赋等先天因素有所差异，可能在人生起步阶段存在境遇上的差别，有时也许不尽如人意。但这一切并非命中注定，只要拥有目标，积极进取，努力奋斗，用心生活，就能通过勤奋来实现命运的改变。

导向人生。勤奋为根，唐代文学家韩愈在《进学解》中有“业精于勤荒于嬉”之名句，意思是学业因勤奋而专精。学业如此，人生亦然。勤奋建立在适合自身实际的人生导向上。人生与航海一样，实现奋斗目标，需要努力学习、坚持奋斗，借助勤奋的“发动机”去乘风破浪，不断前行，不断再出发，不断挑战新坐标，尽量远离“熄火抛锚”而随波逐流的“舒适区”。用准确的定位和方向引导，确立符合自身个性与喜好的目标，适当的规划，为自身发展路径量体裁衣，将其作为心中的路灯，明确引领行为。

忧患意识。勤奋为清，生于忧患而死于安乐，忧患意识是人生的“清醒剂”，使人在顺境或逆境保持清醒的头脑，拥有不懈怠的心态。明代思想家朱柏庐“宜未雨而绸缪，毋临渴而掘井”的警句，就是说凡事要有准备，不要临时抱佛脚。他告诉我们遇事不要盲目乐观，要树立忧患意识，勤于发现问题，及时弥补过错。凡事向最好的方向去努力，从最坏的结果做准备的“两手”去打算，将忧患意识从被动变主动，形成常态化的考量。通过勤思利弊，勤考得失，勤学经验，在磨炼中不断培养主动的忧患意识。对可能存在或出现的危险与困难有充分的敏感性，做到未雨绸缪、积极应对、披荆斩棘，防患于未然。

完善自我。勤奋为明，人生的起步，往往并不是在同一条起跑线之上的，诸如家庭、环境、体质等“先天”的基础无法改变。每个人成长会面临许多分叉路口，并直接影响人生的进程和结果。人生每时每刻都在经历变化，保持积极的人生态度，善于听取他人意见，从客观角度认识自己的不足，是完善自身的有效途径。古人云，行有不得，反求诸己。当一个人在现实中碰了壁、遭受了挫折，然后学会开始向内部寻求、向自我讨要原因、办法和结果的时候，其实已经开始走向成熟，并已经开始迈向成功之路了。从细微处完善自己的不足，聚沙成塔，小的成就累积在一起，就能发生量到质的飞跃。自我的完善就如齿轮，环环相扣，改变人生，造就无穷动力。

勤奋如同岁月的流逝，对任何人都是公平的，你有几分勤奋，它就有相应的回报。日积月累、厚积薄发，勤奋＋改变＝美景。

短板补成长板。学习是培育智慧的沃土。探索、求教是成长的必经之路。每个人都有自己的长处与短处，取人之长，才能补己之短。

自我剖析。钻研如何与人打交道、怎样处理好与不同人的关系，对自身的研究更为重要。如果对自己性格、能力和特点都不甚了解，就如同树大无根。每个人在世界上，如同大海中的水滴般渺小，但对自身而言，自我认识无穷无尽。认识自我的过程犹如对科学的探知，一个人从懵懂到略知一二，从摸到门道到认识规律，自我剖析没有尽头，需要时间、阅历、实践等各方要素的共同作用。认识自己，就要站在客观的角度去观察，从他人的看法中去完善，逐渐形成饱满而准确的个人画像。

融会贯通。在对自身有了充分认识的基础上，在学习书本上的知识之外，努力求索社会知识、人生道理，消化吸收，为我所用；苦练本职基本功，跟上所从事职业的时代步伐；求教同仁的专长技能，提高专业综合素质。扬己之长，避己之短。知识无穷尽，学得越多，就越会感到自身浅薄，在现代社会知识大爆炸的年代，需要个体更多样化地充实自己的知识谱系，有所抉择地取舍深学和广知的领域，对从事的行业与领域做到“专”，对与自身相关但非必需的领域做到“悉”。学人之长，补己之短，对自己的长处和短处有清醒的认识，就能有针对性地将长处变得更长，将短板变为长板，达到 1 + 1 ＞ 2 的效果。

战胜挫折。挫折是指个体在从事有目的的活动中，遇到了障碍或干扰，导致其动机不能实现，其需要不能满足时产生的情绪反应。挫折是人生经历中的必然。古往今来，但凡仁人志士，都经历过磨难，而人的成长，经受挫折和磨难并非坏事，可以让人更好理解成功的真正含义，在磨难中也会滋生起成长、改变现状的强大愿望和动力。通过点滴改变，将自己的短板部分从原先看似的“绊脚石”，逐步弥补成为拓展视野的“奠基石”。

优势转化胜势。行百里路半九十，优势的定义虽然宽泛，但优势≠胜势。无论在什么领域，人与人之间各有所长，无论个人团队，总是躺在功劳簿上，就意味着失败已离你不远。破除优越感与满足感，是将优势转化为胜势的重要环节。

长远前瞻的谋划。从企业经营角度看，优势的获得有时需要付出极大的代价，甚至为眼前的胜利而付出未来失败的代价。因此，评估风险，遵循可持续的发展道路也是获得最终胜利的重要策略。在漫长的战役中不仅要专注眼前的一城一池，更要将眼光放得长远，高屋建瓴，对未来有细致的规划，应对还未发生的危机和变化，尽早做出相应对策，防患于未然，先人一步做好打硬仗、打苦仗的准备，以可持续的发展作为第一要义，充分调动一切资源，激发自身潜力，令取得的成长得以延续，将原有的优势充分扩大，转化为牢不可破的胜势。

主动求变的行动。市场经济如同变幻莫测的战场，一时的优势往往会在下一刻烟消云散，乃至成为主动求变的绊脚石。在动态变化的商场，“创新”成为关键词。企业缺乏创新精神，思维僵化，不仅会为时代所淘汰，更易被竞争者所击败。在实践中永远保持主动求变的心态，积极地做出新的尝试，运用创新的思维开展竞争，不仅会令对手无所适从，而且可以避免遭遇弯道超车和反败为胜，化小胜为大胜，使自身始终处于战略的先机。

坚持不懈的意志。企业竞争好比竞技运动，占据先机的一方获得胜利的概率相对较大，但马失前蹄的事例也比比皆是。获得有利局面亦有其两面性，坚持信念不动摇，以顽强的毅力倾注于事业，不为一时成败所动摇，不因暂时的胜利而膨胀，仍旧脚踏实地，那么原本拥有的优势自然会成为助力，不断拉近与目标的距离。

思索“因缘”。我把“思索”看成是一种明理的“因缘”。很多事情只有通过思索才能懂得其中的道理。孔子云：“学而不思则罔。”

人们对客观世界的认识是一个无限的过程，主观认识要符合客观实际，需要长期实践积累。边学习边思考，是走向成功、少走弯路的良药。

分因析果。能力是实践的累积，失败是成功之母。成就“缘份”会经历成功和失败。世界上没有十全十美、独善其身的事，唯物辩证法告诉我们，任何事物都是相互联系的有机整体，都是互相制约和作用的综合结果。不管成功或失败，都要从成因上找原因，权衡上找结果。通过现象看本质，从规律性上找出路，指导学习和具体工作。

总结提炼。“吾日三省吾身。”这是古代人重视道德的一种修养。用现在的话说，就是对从事的工作，要时刻在思想认识、感情态度、言论行动上，深刻自我反省，发现问题，及时改进。这种品行，对于现代人仍然具有重大现实意义。有了这种思想境界，就能认清事物的本质，及时吸取教训，防控各种风险。做任何事都需要随时保持信息对称，做到心中有数，想好了做，做好了想。懂得反思，在追求事业中，无论成功与失败，都应认真分析原因，反思教训，总结经验。遭遇了失败，要找出主客观原因，举一反三，才能亡羊补牢。获得成功，也要思考为什么成功，有哪些因素支撑了成功，今后如何能够不断复制成功。如何进一步总结提高，时刻接受并拥抱不断变化的世界，才能精益求精。懂得反思，坏事就会变好事；懂得总结，凡事就会锦上添花。

和睦“惜缘”。和睦是一种珍视的“惜缘”。中国文化博大精深，和文化是精髓之一，作为一种价值观，无时无刻不影响着人们的思维与行为方式。

家和万事兴。家庭需要经营，从本质上说，经营家庭和经营企业是相通的，从规模上看两者好像难以相提并论，但很多时候家庭的经营难度更大。经营的对象不一样，方法就会不一致：家庭经营的对象是亲情，经营手段是约定俗成的传统；企业经营的对象是员工，管理的办法是制度和规章，有据可循。“清官难断家务事”，经营家庭无据可依，两者相比，经营难度可想而知。从家庭来说，只要不涉及法律问题，没有绝对的对与错。很多事只是由于看问题的角度不一样，得出的结论便不一致。首先，在释疑解惑的基础上，求同存异即可；其次，信息要对称。聆听沟通是核心，要防止不必要的误解；第三，理解加宽容。俗话说：马勺没有不碰锅沿的，朝夕相处，产生矛盾是家常便饭，必须有耐心，坦诚相待，及时化解。和谐的家庭不仅是获得成功必不可少的基础，很大程度上对于个人事业上的成功有着极大的推动作用，正所谓“家和万事兴”。从家庭夫妻之间关系讲，其中一个人事业有成，往往离不开另一个人为家庭默默的奉献和付出，正如有句歌词叫：“军功章上有我的一半，也有你的一半。”反之亦然。和睦的家庭从一方面能令人忘却烦恼，心无旁骛地投入工作之中；另一方面，家的温暖也可以作为坚实的支撑，帮助人们跨过工作中遇到的难关。经营好家庭，幸福美满已十之七八。

合则双赢。理念是看法、思想、思维活动的成果。一个企业经营得好与坏，成与败，理念起着关键性作用。企业是市场经济的细胞，要取得竞争优势，形成核心竞争力，必须规避负能量，激发正能量。一个人的能力是有限的，而团队的力量是无限的。企业稳定协调发展，对内需要团队的力量，对外需要真诚的合作。在市场经济条件下，企业竞争的方法更多地体现为一种合作式的竞争，通俗地说，就是在竞争中合作，在合作中竞争。合则互利双赢，斗则两败俱伤。合作是竞争最有效的手段。它会产生不可预知的正能量。其表现形式为：

资源共享。具体来说，就是通过资源在时间和空间的有效利用，你中有我，我中有你，从而实现资源价值最大化。企业不可能在所有资源类型中都拥有绝对优势，即使同一资源在不同企业中也表现出极强的比较优势，从而构成了企业资源互补融合的基础。特别是已经固化在企业内部的某些资源，如营销渠道、市场经验、客户数据库资料等无形资源，不便通过市场交易直接获取，获取对方的这些独特的资源必须通过与之建立起合作关系，以实现双方的共享和互补。如何有效利用手头的资源呢？一方面是提升有限资源的利用率，减少闲置资源的浪费；另一方面则是提升资源的流动率，加快合作效率，深化彼此合作的程度，使双方获得孤军奋战所无法获得的共享红利。

优势互补。就是将彼此优势互补自身短板，增强竞争活力。企业之间固然存在相互竞争的态势，但不同企业拥有各自的优势和劣势。优势是企业赖以生存乃至竞争的一道壁垒，而劣势则是企业需要努力化解的地方。保持优势容易，但消解劣势往往很难，可能需要付出极大的成本乃至时间。在合作至上的时代，企业间以相应的合作协议、契约为建立互信的基础，利用对方的优势，快速弥补自身的不足，并以此为基础，深化合作的深度，可减少竞争所致的消耗，缩短研发和提升的周期，使彼此的效率得到共同提升。

信息共用。就是充分利用信息的前瞻性作用，达到市场营销对路，客户服务精准的目标。企业之间的信息共用，可以优化资源配置、减少运行成本、创造更多机会，避免信息的重复采集、整理和滞后等不利因素。合作双赢。就是通过合作，挖掘各自的经营潜力，使资源得到更好的配置，实现经营效益的共同提高。

寻觅“机缘”。天时是一种成功的“机缘”。机不可失，时不再来。一个好的机遇降临，有时意味着，对个人实现了命运的改变，对企业带来了腾飞的风口，对国家赢得民族的振兴。有人说，一个人的职业生涯大约只能遇到一至两次关键的机遇，不无道理。也就是说，机遇极为有限，当它来临时，必须尽可能把握，否则很有可能抱憾终身。机遇是如此宝贵，值得珍惜再珍惜。如何珍惜稍纵即逝的机遇，就需要事先做好充分的准备，因为机遇它总是垂青有准备的人，靠坐等是等不来的。

敢于想象。“奇想”来自想象。想象力基于并超越知识的范围而存在。在一定条件下，比知识更重要。因为知识是有限的，而想象力囊括世界的一切，推动进步，并且是进步的源泉。人类固然需要脚踏实地，但喜欢“仰望星空”更是我们区别于其他生物的特质。正如那些被称为现代“先知”的科幻小说家们，他们笔下无限的想象力，为我们打开新世界的大门。

人的想象力不断地孕育着人类文明的进步，曾经的科学幻想正在成为现实。不敢想就会阻碍企业与个人发展的步伐，当时代变革、机遇来临之际，就会固步自封，停滞不前。打破思维的局限，通过逆向思维、超前思维等方式换个角度看问题，对领先时代的科技发展保持充分的敏感度，充分释放想象力，就能给个人、团队、企业带来无穷的创新动力。

善于实践。“灵感”来自实践。千里之行，始于足下。实践是人们能动改造和探索世界的社会性和主观物质的活动。“实践、认识、再实践、再认识”，循环往复无穷，每一循环认识都会带来新的感知和认识，从而推进社会的新一轮快速发展。实践是为想象力付诸现实而付出的时间和汗水。大胆假设，小心求证，求证的过程需要实践来执行，最终也将通过实践加以检验。

人们常说，“试错”的成本不高，而“错过”的成本很高。“试错”同样是一种解决问题、指导实践的有效方式。在针对没有现成经验可循，或者明显规则可以套用，尤其是基于想象力而提出的新观点、新目标、新领域的时候，不妨换种思路，用“试错”方法进行大胆探索，敢于尝试，勇于失败，不拘泥于固有的思维认知，做了再说，做了再看，不断进行实践，在实践中获取经验，获得真知，独辟蹊径，最终才能把握住稍纵即逝的机遇。

勇于创新。“机遇”来自改变。创新意味着对事物认识新的突破，是推动并迸发出取之不尽、用之不竭的能量，成为人类社会幸福的源泉。墨守成规，坐等机遇的降临是消极而低效的，勇于创新，创造机遇实现发展往往是积极而高效的。提升创新能力，需要增强创新意识，培养兴趣，研究探索，执着地追求。也需要明确目标，坚定信心，一步一个脚印坚持下去。世上无难事，只怕有心人。咬定青山不放松，一切可能都会在努力中诞生。人类之所以在众多生物中脱颖而出，离不开“创新”二字。在敢于想象和善于实践的基础上放开手脚，将想法付诸行动，成就创新的实务，在不断创新中获得跨越式的发展，这是人类千万年历史打磨出的至理。

人的“命”是其所具有的生存和活动能力，“运”是事物发展趋势的变化。“天道酬勤”，命也好，运也罢，都会因认识的改变而改变，因环境的变化而变化。遇到挫折和失败，缺乏勇气、丧失信心，怨天尤人，是弱者开脱自己的借口；面对困难和挑战，积极应对，勤于思考，敢于拼搏，善于创造，永不放弃，即使取得辉煌成就，也把成功归于运气，这是一种强者的谦辞。人生有了理想与目标，执着追求，改变命运就会水到渠成。通过努力把握命运的主动权，才会绽放出生命中美好的光华。

综上所述，一个人要在激烈竞争环境中成就“缘份”，勤奋是事业的基础，实践是能力的积累，方法是成功的保证。

心态决定快乐

英国文学家狄更斯曾经对心态作出这样感悟："一个健全的心态比一百种智慧更有力量。"好的心态，使人乐观豁达，激发战胜苦难的勇气；好的心态，使人淡泊名利，过上幸福的生活。

心理学界长期以来对人的心态问题作过大量深入细致的系统研究，作为一项专门的课题，研究成果十分丰富。众所周知，心态对每个人的重要性不言而喻。人们常说的心态，即人的心理状态，通常也称之为"态度"。研究认为，与心态关联较为紧密的因素，还有情绪和行为，此三者构成了一个相互影响的三角关系。情绪是个体对外在刺激的内在反应，折射出个体对外在事物的倾向，诸如喜怒哀乐等，都是人的情绪。而态度，则是个体受情绪影响产生的具体表现。比如乐观的情绪，可以表现为积极的态度，而愤怒的情绪，则容易出现冲动的态度、好斗的态度等等。所以情绪作为一种短暂的心理反应，是态度形成的基础，并起到重要的影响。

相关研究表明，态度与行为保持着较强的关联性和显著的一致性，即什么样的态度，导致什么样的行为。比如评价一个人态度热情、诚恳或恶劣，主要还是通过对具体行为的观察总结而得出的结论。所以，行为是态度的外在表现，态度则是行为的内在主导因素。

心理学家们勾勒出情绪、态度与行为这三者之间是一种互相作用、互相影响的关联式图景。良好的情绪管理，会导致人的精神积极向上，并成为行为的动力。正确通达的态度，会保证个体采取积极行动，有效完成所要做的事情，从而促成情绪和心境的平和愉悦。通过正确的方法完成重要的事情，同样会带来良好的心情和积极的态度。反之亦然。从这三方面任何一个点上施加积极的作用力，都会引发良好的连锁反应，达到并保持三者的平衡。

在社会实践中可以观察到，在这三者中，心态是一种承上启下，可以通过理性思考和处理，从而自主控制和调整的环节，是三者中最为关键的要素。在客观条件相同时，心态的主动积极与否，则会导致不同行为结果的发生。面对同一事物，不同心态会得出不同的结论。比如桶里有半桶水，有人会说："唉！只有半桶水了。"而有人说："哇！还有半桶水！"此例可见，前者态度较为悲观消极，后者较为乐观积极。人生亦如此，得失错落，顺逆往来，生活也常会遇到各种“半桶水”的状态，如何正确去理解这个“半桶水”，保持良好的情绪，营造良好的心态，对于成就幸福乐观的人生显得尤为重要。

人与人之间最主要的区别恐怕就在于心态。在日常生活和工作中，与形形色色的人打交道，处理各种繁杂事务，难以事事如意，心态失衡难免常有，正所谓“人生不得意十之八九”。心态失衡，起源于对事物认识的差异。多数情况下，是由于自我感觉良好，过分高估自己的能力、运气或重要性，太把自己当回事而造成。因此，树立符合客观实际的得失观非常重要。一个人得到了哪些东西，失去了什么利益，在某些情况下，是相对和动态的，在现实生活中常常不是对等的格式化关系，很大程度上取决于社会实践能力的感受。从根本上说，是一种为人处事的态度。平常心不是与生俱来，而是靠生活坎坷的磨炼铸就。要以良好心态处世待人，道理讲起来似乎尽人皆知。但说起来容易，做起来却难上加难，有时候往往南辕北辙。

铸就“三种心态”，对走好人生之路具有重要的现实意义。

“平常心”——别把自己当回事。得到或失去是心理状态上的反映，一个人过得是否幸福，是否享有成就感，需要良好的心境与之同存共生。

普通人。“普通人”是一种符合客观现实的价值导向，通俗来说就是保持“平常心”。每一个人是群居社会中独立的个体，职业有区别，能力有高低，但人格人人平等。即便有所成就、地位再高，也不能忘乎所以。应该把自己定位在“普通人”。“普通人”的定位，是调节内心波澜的稳定器，有助于舍弃杂念、控制失衡的心态。春风得意，最容易导致自我膨胀，继而忘乎所以，最终马失前蹄。东汉末年名将关云长在取得赫赫战功之后，出现了膨胀和自大的心态，心想自己五关闯得、六将斩得，便不将东吴放在眼里，忽视了荆州要冲的防御，最终败走麦城，即人们常言的“大意失荆州”。在现实社会中生存也应该保持良好的心理承受力。不以物喜，不以己悲，以出世之心，做入世之事，戒骄戒躁，在各种生活的压力下，去感受那份宠辱不惊，享受“闲看庭前花开花落，漫随天外云卷云舒”的那份自在。

普通事。“普通事”是对于业绩成就的客观认知。须知“山外有山，人外有人”，虚心使人进步，骄傲使人落后。个人能力再强，总有限度，浑身是铁能打几根钉？社会和集体的能量才是无限的。大事和小事都是相对独立而行，再光鲜辉煌的事业，放到历史长河中，也只是沧海一粟而已。处世谦逊而视之寻常，并非自贬身价，它是一种自知之明，是经历了许多事情之后，看问题越发云淡风轻的境界。知道自己做的与世间万事相比非常渺小，就像越往前走发现天边越远，发现宇宙的无边无底，从而产生谦虚和敬畏之感。工作中要保持“尽人事，听天命”的良好心态，对自己从事的职业，量力而行，尽力而为，拿得起，放得下。自我感觉良好，眼高手低，心态失衡，往往成为职业发展的羁绊。古之成大事者，往往皆由普通事做起。与其总想着做所谓大事，不如先踏踏实实做好普通事。一屋不扫何以扫天下，抱持平常心，认真做好身边的每件普通事，也是人生的历练与提升。做“普通事”的认知，有利于正确看待社会万象，客观认识昨天和今天，憧憬美好的明天。

凡事往好处想。“凡事往好处想”无疑是一种积极乐观的态度，以喜欢的心态去做自己喜欢的事，是开心的秘诀，以免陷入人生苦不堪言的泥潭。世界上没有绝对的事情，任何事情都有两面性，塞翁失马，焉知非福？任何事情都是变化无常的，好的事情会变坏，有的时候，坏的事情也会出现好的转机。积极的心态是表达善意的基础，变人与人之间的不利因素为有利因素，创造出更为有利于自身发展的空间和环境。有了好的心态，就会拥抱乐观，凡事多往好处想，内心世界就会充满阳光和坦荡。“害人之心不可有”，反映了一种正确的行事动机，是待人处世的出发点。在这一前提下，遇事就会往好处着想，处世就会更加明智，遇到挫折和坎坷就容易找到心理的平衡点。

“防人之心不可无”，就是要有应对“坏事”的预案。一旦出现异常情况，就会有效应对，妥善处置，在复杂环境中不迷失方向。“凡事往好处想”，永远怀着乐观积极的心态，即便身处困境，依然可以转危为安，化险为夷。朝上看，天空自然宽广，心胸也将宽大。用豁达的心态去面对生活，就能时常发现生活中的美好。

“真诚心”——要把别人当回事。每个人在世界上学习、生活和工作，需要相互支撑，应该怀抱真诚的心与人共事。

真诚待人。真诚是真实、诚恳、实事求是，没有一点虚假的态度。如果一个人拥有了真诚的品质，他就会交很多的知心朋友，他的路也会越走越宽。真诚是人与人之间沟通的桥梁，只有以诚相待，才能使交往双方建立信任感，并结成深厚的友谊。首先，尊重他人、真诚对待是一个重要的前提，表现在处理具体事务中，能推己及人，以诚相待，真情回报，人敬我一尺，我敬人一丈，尊重对方的人格，回应对方的善意。其次是学习他人品行。要善于发现别人长处，挖掘他人优点，尝试去欣赏他人，在成全他人中，努力完善自身。俗话说：物以类聚，人以群分。社会价值观是多元化的，互相砥砺，互相促进，才会引起有益的共鸣。最后是要尝试“忽略细节”。真诚相处，要有宽广的胸怀，少将注意力放在细枝末节，对人包容、遇事大度，求同而存异，同样能收获人际之间的真诚与信任。

真心换情。将心比心，以心换心，是人的内生情怀，也是打开彼此心扉的钥匙。法国思想家卢梭曾说："当我们爱别人的时候，我们也希望别人爱我们。"人心，永远都是相对的，人与人相处，靠的是一颗真心，以心换心，将心比心，才能得到真情。对家庭、对事业，抱持真心换真情的心态，心与心才会靠得更近。**做实事**。与家庭、朋友生活和共事，要避虚就实，多做有相同认知的事、得到理解的事、帮助担当的事，才能增进家庭和谐和朋友情谊。**讲诚信**。"人而无信，不知其可"，用现在的话说，就是一个人离开诚信寸步难行。古人如此，现代人更是如此。诚信乃立人之本、交友之本、经商之魂、心灵之良药。**动真情**。以善为德，耐得住寂寞，受得起委屈，付诸真情实意，才能换取真情实感。

换位思考。换位思考是处理好人际关系的思考方式。具体来说，就是在碰到矛盾和问题时，如果能站在对方的角度看问题，多一些同理心，少一些自私刻薄，得出结论就会相对客观，容易找到认知的交汇点；如果能站在对方的角度找原因，可以增强彼此理解，解决问题更有针对性；站在对方角度想对策，对化解矛盾，更加入情与理，使解决问题的方案更具可操作性。

古人云：己所不欲，勿施于人。切忌强人所难，这是人际关系的重要原则。我们对待别人时应该向我们希望别人对待自己的态度一样，尽量不要对别人说或做你所不愿意接受的，只有以诚相待，换位思考，才容易获得对方的信任，赢得成功。

“感恩心”——有情有义当回事。感恩观：“滴水之恩，涌泉相报。”感恩是人与生俱来的一种情感与本能，是人性的光辉和良知，也是健康心理的一种表现。真正的幸福属于感恩者，从内心认同恩情，回报社会，心底才会更加宽容敞亮，人生才会丰富多彩。

感恩社会。感恩是一种追求幸福的过程，也是一种利人利己的责任。鸦有反哺之义，羊有跪乳之恩，当感恩成为人性的自觉，身心和灵魂就会在感恩中得到超越和升华。每个人来到这个世界，与爱人建立家庭、与同僚职场共事都是一种缘分，都应该怀有感恩之心。在职业工作中结交朋友，建立友谊，携手共进；在事业成长中，遇到坎坷和挑战，得到了朋友和贵人的相助，应满怀感激之情，职业生涯最终的成功，更需要用感恩的心来看待。

我们生活的社会，还有许多需要帮助的人和需要成就的事，“穷则独善其身，达则兼济天下”，当事业有成之际，丝毫不能忘记回馈社会，回报桑梓，身体力行从事公益事业。投之以桃，报之以李，用感恩之心来报答这社会给予你的恩惠，做人自然会心平气和、坦荡无私。

知足常乐。“祸莫大于不知足，咎莫大于欲得，故知足之足，常足矣。”知足常乐是一种生活理念，就是内心平静祥和，不嫉妒别人，不折腾自己。人类的欲望是无止境的，生活也无法事事尽如人意，与其盯着“无”，不如把目光放诸“有”，人生往往更能减少几分焦虑。知足常乐是一种情怀，“宁静致远，淡泊名利”，过平平淡淡的自由生活，珍惜平安健康是福。懂知足才有乐。有了愉悦的心情，就会提高对生活的兴趣，陶冶情操，充分享受天伦之乐。知足常乐是一种哲学，意味着人生的成熟与智慧。很多事情，只有经历过了，才能知道它的价值，要在竞争激烈、诱惑众多的今天做到乐由心生，着实不易，然而这便是人生的一种大智慧。知足常乐并非逃避问题或者“佛系”处事，而是一种善于“舍”与“得”的能力。在生活中，如果有一扇门被关上了，那么会有另一扇门被打开。在失去了什么的同时，也会获得些什么。此时，要相信舍与得的关系，有舍才会有得，知足是“舍”，常乐便是“得”。

创造生活。生活需要向往，人生在于品味。美好的生活就像一杯清茶，沁人心脾，回味无穷。有哲人曾说，世上有三种人。一种人承受生活，觉得一切都是命中注定，便一步一步随波逐流地活到老；再一种人迎接生活，他觉得生活就像手中的一副牌，虽然牌面是注定的，但出法却由自己掌握；还有一种人则用梦想创造生活，认为生活就是一块洁白的画布，美好的前景全由自己去勾画。勇敢者善于创造生活，敢于面对挑战，营造希望。向往就是前进的方向，坎坷就是生活必经的路程，希望就是路上的灯，有了希望，梦想就不再是雾里的剪影，只要坚持，就会达到理想的彼岸。创造生活也要注重内容。每一天的生活是崭新的，创造生活的内容就是在匆匆游走的岁月中加上一颗时常感悟的心。一花一叶皆世界，要善于发现生活中的真善美，主动去营造人生乐趣和体验，迎来更为精彩的生活。

挥洒激情。激情是人们快乐生活的展现。一个人如果没有激情，就好比鸟儿折断了翅膀，花朵失去了阳光，生活将变得暗淡无味。激情就像豁达的心境和美丽的遐想，在生活中迸发无限的想象力，造就每一天的生活都有新的精神风貌；就像蓝天上点缀的白云，大海中点缀的风帆，给你常看常新的风景，让生活充满无尽的温馨和执着的追求。人生的激情，源自对生活的热爱。试着在生活中多一些“仪式感”，往往能在你低谷的时候给你一针“兴奋剂”。仪式感在生活和工作中必不可少。不管自己处于低谷或者迷惘期，每当自己小有成就时，我们一定不要忘了给自己营造一种“仪式感”，让自己一直保持这种成功的喜悦所带来的激情，更加有信心接受下一次挑战。

心态说到底，是做人做事的一种态度，是人与人之间平和相处的必要条件，促进事业发展的客观基础，激发工作潜能的无穷动力。良好的心态将源源不断地激发成就事业的正能量。

对赵朴初先生九大人生定律的浅识

赵朴初先生长期担任中国佛协领导人，他是身体力行的佛教居士，造诣高深的佛学理论家，又是蜚声书坛的书法家、阅历丰富的社会活动家、伟大的爱国主义者。对于赵朴初先生，无论官方还是民间，皆有极高的评价，可谓口碑载道，誉满中外。

1907 年，赵朴初先生出生于安徽省安庆太湖县，是中国民主促进会创始人之一。1949 年后，先后担任华东军政委员会民政部副部长、华东生产救灾委员会副主任、上海市政法委副主任、中国书法家协会副主席、西泠印社社长、中国佛教协会会长、中国佛学院院长、中国红十字会名誉会长、民进中央名誉主席、全国政协副主席等，著有《滴水集》《片石集》《灵山集》《佛教常识答问》等，出版有《赵朴初诗词曲手迹选》《赵朴初韵文集》《赵朴初文集》等。

赵朴初先生生于典型的书香门第，其六世祖赵文楷于清代嘉庆元年高中状元，五世祖赵昀、四世祖赵继元和祖父赵曾重分别为道光、同治和光绪年间翰林院庶吉士，故光绪皇帝曾御笔赐匾“四代翰林”耀其门庭。父赵恩彤生活于晚清，未参加科举，就读于安徽大学堂，受教于著名学者严复，学识渊博，以能文善书闻名乡里；母亲陈慧，文艺修养颇深，擅长剧本创作，有《冰玉影传奇》行世。天资聪颖的赵朴初先生在这样的家庭环境中长大，既受到良好的文化艺术熏陶，也养成了敦厚善良的本性。他5岁即开始学习书画，8岁已能吟诗作对，15岁时考入东吴大学附中，后又以全优成绩直升东吴大学。赵朴初在东吴大学学习期间，受到诸位名师指点，诗书修养进步极快，为他日后在诗书领域的造诣打下坚实基础。

赵朴初先生的母亲是虔诚的佛教徒，家中设礼佛堂，门前有放生池，每日焚香礼佛，不时放生活物，这在幼小的赵朴初先生心中种下了佛根。1928年，赵朴初从东吴大学毕业后，再次到上海，在净业社任秘书，并在上海佛教慈幼院处理日常事务。1928年上海成立江浙佛教联合会，赵朴初应邀担任文牍员。翌年改组成立中国佛教会，赵朴初先生先后担任秘书、主任秘书。此外，还兼任上海佛教协会秘书、“佛教净业社”社长等职务。其间，赵朴初先生深入探索佛教各宗教理，并与佛教界领袖人物圆瑛、太虚、应慈、王一亭、黄涵之等人都有交往。

1935 年在圆瑛大师门下皈依佛教为在家弟子，从此走上一代佛学大师的旅程。新中国成立后，赵朴初先生在政府和社会团体历任各种职务，任第六、七、八届全国政协副主席。1953 年中国佛教协会成立，出任中国佛教协会副会长兼秘书长。1980 年后，任中国佛教协会会长、中国佛学院院长、中国宗教和平委员会主席等。

中国文化与西方文化最显著的差异在于中国文化从一开始就关注人的问题，关注人如何成圣、成贤的问题。因此，中国的人本主义文化比较发达。无论是儒家文化、道家文化还是佛教文化，均可看成是一种人的文化。赵朴初先生秉承这一文化传承，在圆瑛、太虚两位大师思想的基础上，逐渐发展完善了其具有代表性的人间佛教思想。

深入研习佛学并担任佛学界要职的过程中，赵朴初先生始终思考中国佛教如何适应现实社会发展以及如何将人间佛教思想的实践在整个佛教界推广。随着人间佛教思想越来越深入人心，赵朴初先生深感将佛教世俗化、让普罗大众易于接受佛学思想的重要性。因此，他在人间佛教思想的基础上，结合他的人生感悟，用浅显的语言整理归纳出著名的“九大定律”，创造了他特有的经典思想。从根本上看，“九大定律”起到的作用是更好地实现民本的价值诉求。

一、因果定律

世界上的任何事物都相互联系，所发生的每一件事都有必然性。“凡夫畏果，菩萨畏因。”是“因”，都会产生相应的“果”。人是有思想的，他的语言和行为，都有其原因，并产生相应的结果。好的原因就会产生好的结果，坏的动机自然产生坏的结果。人只要有思想，就会引发行为，然而是“善因”还是“恶因”由人自己决定。但善有善报，厚道终有厚报；恶有恶报，多行不义必自毙。

一个人改造命运，需要明确自己的每个想法，会引发什么行为，又会导致怎样的后果。智者懂得修善因，结果必然从原因中来。自然界的客观规律是不以人的意志为转移的，人的命运也遵循着这个规律。

二、吸引定律

人的思想总是被其想象一致的现实所吸引。人们常常选择性地看世界，总是更在意自己相信的事物，对自己不相信的事物就不会留意，甚至视而不见。如果对人生道路满怀信心，他所处的环境似乎就会阳光明媚；如果对前程充满恐惧，那他所处的现实，就好像是一个危机四伏的环境。“同声相应，同气相求”，你相信什么，就会引发你把想要做的事去实现。实际生活中，这种相互吸引的关系，无时无刻不在下意识中进行。

人如果能把自己的所思所想，建立在有助于社会发展的角度上，使之专注于善良的人、事、物，就会把有利的、积极的和善良的人、事、物吸引到生活中；同时，积极向上的事物也会把人吸引过去，使之健康向上。因此，正确的所思所想，是改造命运的基本思路。

三、放松定律

“求而不得，不求而得。”要以奉献社会为“善因”，树立良好的人生发展观，把人生发展目标定位在理想人格、理想境界、理想人际关系和理想生活上，以放松的心情，积极进取，努力工作，做好该做的事，切忌整日幻想。只要努力，就会有好的结果。顺势而为，随机而动，顺应天道，承接天命，才足以应对万变，什么事都可化解，进而什么事都能做成。“欲速则不达”，如果对想要的结果焦虑，为一时一地的得失而暴躁，被自我所束缚，就会丧失格局，做事无度。很多时候，越是强求，就越得不到，甚至物极必反，出现相反的结果。

一个人，任何心态上的懈怠和急躁，都将带来不良后果，只有在自然和放松的情况下，才能正确看待世界万物，取得最好的成果。

四、当下定律

人的行为是内心世界的外在表现。人不能控制过去，也不能幻想将来，只能把控好对现实生活的思想、语言及行为。因为过去已不存在，未来还没到来，只有当下是最真实的。

改造命运从心境开始，心境变了，处境也会跟着变。要把人生的着力点，专注在“当下”并期许美好的未来。如果一个人总是怀念过去，沉浸过去，就会在内疚、后悔中无法自拔；如果总是担心将来会发生不测，就会把不想发生的事吸引到现实生活中来。

保持良好的心态至关重要。一个人不管命运好坏、结果如何，都应该调整好心理状态，积极投身到当下的现实生活里，命运或许也会在不知不觉中向好的方面发展。

五、80/20 定律

“80/20 定律”是说：一个人在达成目标前 80% 的时间和努力，只能获得 20% 的成果；80% 的成果通过后面的 20% 的时间和努力而获得。

有人深信所做事情的意义，坚信一定能做成，从不三心二意，而是聚精会神真心干。坚定信念，水到渠成，最终结果往往来得更快更好。相反，有些人在追求目标时，往往由于久久不能见到成果，失去信心而放弃目标，于是一事无成。

改造命运是长久的事，要有足够的勇气和耐心。不能预期前 80% 的努力就有预期收获，只要不放弃，坚持 20% 的努力就会有本质的进步，从而实现从量到质的转变。

六、应得定律

“拥千金者值千金，应饿死者必饿死。”“应得定律”告诉我们：人得到所应该得的一切，而不是想得到的一切。人的自身价值和所获得的外在价值，是相互作用的关系。具体来说，你有多少价值，能得到多少回报，是与每个人的德、能、勤、绩及相应的工作岗位互相联系，最后以他对社会的贡献来决定。

你自己值多少，也就能得到多少，离开了这些基础条件，就算碰上一时运气，也难以维持长久。与之匹配的条件具备了，机会就自然聚集在你的身边。

从个人角度而言，必须不断提升自我价值，只有自我价值提升了，才能带来相应的精神和生活质量的提高。

七、间接定律

善待他人，懂得给予。在提高人的自身价值的同时，还必须通过提高他人价值间接实现。你要提高自己的自尊，首先要通过提高别人的自尊来实现。同样，你要成就一番事业，也必须通过成就他人间接达成。客观去看，任何成大事者，都是天时、地利、人和的综合性结果，通常需要团队配合来间接达成。企业经营同样如此，假设片面地追求利润，就容易昙花一现，如果能统筹兼顾，致力于为客户和社会提供优质服务，则往往长盛不衰，这就是间接定律在发挥作用。你善待别人，是别人善待你的基础。

“将欲取之，必固与之。”通过给予来得到，是一门高深的智慧。只是想得到，所得到的顶多只是想得到的东西，而学会给予，则能收获意想之外更高层面的东西。

提高自身价值和提高他人价值往往同时发生，当你在提升别人价值时，你的自身价值也相应提升。

八、宽恕定律

一个人，首先应该宽恕自己，才能更好地宽恕别人。如果你连自己都不喜欢，那就很难喜欢别人了。从某种程度看，人产生的各种痛苦，来源于对现实的不接受。久而久之，难免产生嫉妒和怨恨心理，从而失去对事物的爱心，痛苦因之而生。事实上，每个人仅仅是芸芸众生的一员，“人非圣贤，孰能无过”，没有错就没有对，没有失就没有得，这是天道本来，万物常态。

要正确认识自己，先跟自己做朋友，才能真正爱其他众生。没什么不能放下，也没什么不能宽恕。一切利他的思想、语言和行为的开端，就是接受自己的一切，并从内心喜爱自己。只有这样，你才能真爱世界，关爱他人，达到自身心态的安定和无畏，拥有对人广阔的胸怀。

九、负责定律

赵朴初先生九大人生定律，归根结底讲的是对自己负责的态度。佛不渡人，唯人自渡。“负责定律”告知人们：做好人、行善事、走正道，从修造内心开始，是最根本的改造命运之途。人们只需对自己负责，就将受到上天的眷顾。

人是命运的创造者，必须对自己负责。当一个人对自己负责任时，就会向前看，看自己能做什么，努力做到什么。人如果依赖心重，就会往后看，盯着过去发生的、已经无法改变的事实长吁短叹。在实践中向智者学习，完善自己，对自己负责，是把握命运、改造命运的根本途径。

赵朴初先生的“九大定律”很大程度上基于其著名的“人间佛教”思想而形成。它对于广大民众有着易于接受、容易吸收的特点。由于说的不是玄而又玄的佛法精义，而是关于普通人、身边事的思考感悟，对于普罗大众能起到更佳的教养作用。

从实际功能来看，“九大定律”具有极强的现实意义。

觉悟人生。赵朴初先生的九大定律，基本都是紧紧围绕着如何为人处事而展开的。佛教作为宗教，可以理解为一种思想和文化资源，能为人的精神世界提供一定的滋养。佛教作为本质上追求出世的宗教，它的解脱有与众不同的特色，是以“开示悟入”的面貌而出现于世的。觉悟人生、智慧解脱是佛教不变的根本宗旨。因此，“人间佛教”不能只有“佛教”，而没有“人间”。它一方面担当“人间”使命，另一方面也有“出世间”的宗教性和神圣性，才能更好地实现“自觉觉他”“自度度人”的人间“使命”。在谈到人间佛教时，人们常引用六祖惠能的名言：“佛法在世间，不离世间觉。”可以看到，赵朴初先生的九大定律中，处处强调了佛法“在世间”“不离世间觉”的属性。定律紧紧围绕人的思想和行为，来思考问题并寻求解决之道，这就是通过佛教“人间化”的形式，来觉悟人生、实现解脱。因果、得失、思想、心境、价值、成功等，是人一生中无数次会遇到，而且是无可回避的问题。这些问题处理得是否得法，与人生的幸福程度息息相关。而赵朴初的九大定律，从佛学角度，对这些问题作了很好的解释。

精神追求。佛教素有“哲学的宗教”之称，博大精深的佛学传至中国后，经与儒、道为主要代表的中国文化融合发展，形成了圆融精神、伦理精神、人文精神、自然精神、实践精神等独特精神。佛教作为一种宗教，其信仰层面是对佛和菩萨的崇拜，其崇拜的落脚点则是期待众生从人生苦海中得到解脱，由此表达了佛教对人间苦难人生的悲悯和对极乐世界的向往，表达了对人生永恒幸福的一种追求。同时，佛教又通过强调“众生平等”，将人们引向了“诸恶莫作，众善奉行”的人生道德实践，鼓励人们通过自身的努力来实现美好的人生。这种理论不仅蕴含着劝人向善、积极进取的精神，而且表达了佛教的人间性和对社会人生的关怀。赵朴初先生的九大定律和人间佛学，最终将神圣的佛性与现实的人心结合在一起，通过对自我的肯定和完善，不断提升个人的精神境界，将个人看待自我、看待他人、看待世界的方法引向正确的轨道，最终成为改造命运，实现价值的精神力量。

造福社会。人间佛教思想基本内容包括“五戒”“十善”等自利利他的良好愿望，有助于倡导良好伦理道德观念，优化人际关系，形成良性互动，培养利益他人的慈心，增进互助、平息争讼等，是社会和谐稳定，民生幸福不可或缺的重要因素。赵朴初先生九大定律，秉承人间佛教的基本内容，将佛教劝善止恶的戒规和伦理规范进行现代诠释，使之与社会公德、公民道德建设和思想教育融会贯通，宣扬佛教思想的同时，强调爱国爱教，团结进步，走与社会主义社会相适应的道路，担当起新历史时期的人间使命。通过分析九大定律，其实当每个人都有良好的心态，真诚厚道，懂得给予，明白取舍，这个社会也就必然朝着“庄严国土、利乐有情”的方向去进步。这些与我们日常所倡导的社会公德、个人道德、家庭美德等都是不谋而合的。

就佛学层面而言，赵朴初先生的佛学基本思想及其“九大定律”等内容，将佛家文化的精髓与中国的具体实情结合起来，孕育并发展了佛教思想，令佛教进一步中国化，彰显了佛教文化的生命力，发扬了佛教的人本主义情怀，突破了佛教文化在中国的“出世性”，转化为入世精神，实现佛教普度众生之目标，完成民本的价值旨归，可谓是佛学在中国发展传播过程中，里程碑式的发展。

对个人和社会而言，赵朴初先生的九大定律，则有更为重要的现实意义。九大定律朴实平凡，通俗易懂，但微言大义，内涵丰富。赵朴初先生的思想，充满了对人生诸多常见困扰的正确看待，绽放出解决问题的智慧火花。在佛学世间化的过程中，不断完善提升个人的思想境界，提升辨证看待问题的能力。同时九大定律还将佛学原理应用于造福社会之中。赵朴初先生的思想，除了对个人的心态行为的提升有所裨益，对现代社会的进步与发展，和谐与繁荣，甚至对家庭和睦、朋友相交、企业经营，都有值得借鉴之处。

创造梦想

梦想是人们对美好生活的期盼和追求，是灵魂中涌动的绚丽彩虹。

实现梦想，来源于不断地创造和付出，就像攀登高山、穿越荆棘，需要坚定的信心、顽强的毅力；面对挑战毫不畏惧，持之以恒地跨越艰难险阻。

态度决定一切。以坦然平和的内心，冷静理智的头脑面对世间万物，在浩瀚的时空中领悟生命的真谛。追求卓越，勇于探索，勤于实践，敢于攀登，努力将梦想变为现实。

向激情燃烧的岁月致敬！

我的经营观

人类社会进入21世纪，企业创新管理日新月异，人性化管理是现代企业管理的特征，它要求在企业管理中充分注重人性要素，充分挖掘人的潜能，尊重个人充分的物质和精神激励，提供各种方便个人成长的机会，使企业和个人获得双赢发展。在这种大变革的背景下，企业管理者亟待提高职业素养，努力实现从“居高临下、发号施令”的工作模式向以“为员工打工者”的身份转变。

经营管理观是管理者对企业管理的目的以及为达成目标所创造的战略战术思想，包括市场观、竞争观、效益观、创新观等，也是对管理者定位、管什么、怎么管等问题的系统认识。其中经营活动的出发点，即“为什么而经营”是核心环节。经营管理观正确与否，是对企业生存发展最终成果的检验。它指导企业活动全过程，是认识市场、科学管理、经营客户、服务社会的重要依据。它与企业生产力水平密切相关，不同阶段的经营观指导企业的经营行为，会产生不同的经营效果。

企业发展不是某个人的事业，而是许多人、几代人的事业，必须树立正确的经营管理观，并在企业实践变革中深化认识，创新发展。

在长期工作实践中，我逐渐摸索思考，形成了三种管理思维模式。

打工者意识。如何有效管理企业是管理者永远的探索课题。员工是企业发展愿景的参与者、实施战略的执行者，也是追求目标的创造者。团队的整体作战是企业参与市场竞争的显著特点，管理者要以“打工者”的身份协调推进各项工作的开展。

服务员工。员工是企业经营之本。充分发挥员工的能动性和创造力是经营企业的核心内容。员工与企业的管理关系顺畅了，企业管理就有可靠的基础。服务员工的核心内容，在于管理者除了在做好指导经营管理之外，还要主动谋划和实施如何经营好“人”这个课题，促使员工在工作中始终拥有三种感觉，保持企业员工团队的凝聚力与向心力。

认同感。在企业中，每个员工都希望有所依靠，获得帮助，拥有安全。在团队合作的过程中，逐渐产生对企业的认同感，就能产生凝聚力和向心力，形成统一的价值观及目标愿景，努力在实践中实现个人与企业的共同发展。经营管理中，首先就要积极寻找到员工对企业价值观的共同点。员工对企业的认同，本质上是价值观的认同。员工的价值观是不可能完全跟企业一致的，因此需要在员工多元化的价值取向中，寻找到与企业价值观的交汇点，放大并形成共识，形成员工与企业的利益共同体，并在此基础上构建命运共同体。管理者需要带头垂范，身先士卒去践行企业文化，将企业文化体现在人格魅力上。此外还需要不断增强团队的凝聚力，积极开展各类体现团队精神的活动，有效增进员工的团队合作意识，发掘共同的兴趣爱好，促进团队成员之间的沟通了解与默契。通过种种激发员工主人翁意识的活动，不断提升认同感。

自豪感。自豪感取决于企业的良好文化，有一个轻松、愉悦的环境，并能公平公正对待评价员工，崇尚以德服人，不断提升工作的满意度，使员工感到体面和尊严，从而有效提高工作的自豪感。管理者首先要坚持以人为本的管理宗旨，将员工视作企业的“内部顾客”，客户是“上帝”，员工也应是“上帝”，同步实施客户满意度战略，对员工加以尊重关心和理解，按照公开公平公正的原则处理员工诉求，在可能的情况下，设身处地为员工着想。注重企业行为意识引导，提升内部工作规范和外部形象展示等，塑造员工有别于其他企业员工的特质与风貌，在工作和活动中注入特定的文化内涵，是有效提升员工自豪感的做法。

成就感。管理者要努力打造一个尊重员工贡献的管理模式，时刻关注员工成长，努力发挥员工的主动性和能动性，充分认可员工的工作业绩，为员工搭建广阔的发展平台，给予机会充分展示自我。要采取适当的激励行为，分享成果，从物质上和精神上带给员工完成任务后的满足。管理者还要善于发现和认同员工的贡献和价值，充分保护员工的工作积极性，避免负面情绪的滋生，及时对员工的努力和贡献给予肯定褒扬。要让员工参与管理，在决策过程中善于倾听员工的声音，采纳员工的合理建议。在经营管理中，还要适当“容错”，不求全责备，给员工在失败中成长的机会。即使批评也要讲求方式方法，就事论事，客观公道，不将员工取得的成就，因为局部失误而通盘抹杀，使员工接受批评时如沐春风，有所收获。

协调关系。这既是管理者的重要职责，也是企业经营中有效配置资源，化解矛盾，保持正常运行的重要管理方法。在日常管理中要注重观察情况，及时发现问题；聆听内外部反映，分析原因，找出症结；在有效掌握实情的基础上，理顺脉络，协调各方，有序推进问题的解决。

协调关系是指经营或决策过程中，决策的领导者依据一套科学的组织设计原则，运用各种组织形式、权限，对人力、物力、财力进行调配，以获得最佳效果。协调能力，是化解矛盾的能力，是聚分力为合力的能力，是变消极因素为积极因素的能力，也是动员群众、组织群众、充分调动人的积极性的能力。管理者要履行好自己的职责，必须把周围的积极性调动起来，潜能发挥出来，靠集体的力量攻克难关。然而，协调能力是件很见功底的事。有的管理者虽有业务水平，也有敬业精神，但相对缺乏协调能力，自己带头干可以，带着大家干就费劲些，一旦涉及跨单位（部门）联动就彻底麻爪。这样的同志就很需要补上协调能力这一课。一般来说，协调的能力主要体现在：

有效的人际沟通能力。具体是指企业管理者实现有效的信息传达，使他人获得理解，促进经营管理活动顺利开展。管理者在经营管理活动中必须及时向下属、同层次人员、上级或其他人员传达信息。要使对方理解其信息，促进双方的协调就必须进行有效沟通。高超的员工激励能力。管理者要善于利用各种手段激励员工，以激发员工的积极性、主动性和创造性。良好的人际交往能力。具体是指企业经营管理者在人际交往中以各种技能来建立良好的人际关系，即“为我所用”的能力。譬如如何与下属或上司建立良好的同事伙伴关系等。

担当责任。管理者是权、责、利三者的统一体。权力有多大，责任就有多重。经营中出现风险，造成损失的原因是多方面的，既有市场变化引起的风险，也有操作失误造成的隐患，还有违规操作所产生的恶果。对于各类风险，必须分清主客观原因，实事求是地落实具体责任。要更多地从主观上找原因，认真反思，总结教训。管理者在承担责任上作出榜样，是亡羊补牢、教育员工的最好方法。

管理者就是责任者。管理者负起责来，员工才会真正负起责来。管理者对组织中的人和资源具有计划、组织、领导和控制的权力，同样也是对团队或其他人工作及相关结果承担最终责任的人。担多大责任，享多大利益。作为管理者不推诿、勇于承担，才能“不二过”，避免重复犯错。

注重责任意识的培养。人非圣贤、孰能无过；过而改之，善莫大焉。责任意识是现代企业管理者的重要素质之一。这种意识不仅是现代企业的要求，也是管理者成长的自身需求。管理者不注重责任意识，上行下效，团队容易出现沟通不畅、互相扯皮，忠诚度不高、执行力不强等问题，对企业经营带来负面影响。

制度保证责任担当。制度，本质上就是对权、责、利的一种界限划定。完善的制度，对三方面关系的联动，是相对客观和公平的。但不少企业在制度的制定和执行中，往往重要求、重问责，轻权益，导致多做多错，不做不错的情况时有发生，客观上助长了“懒政不作为”。在制度中，将责任与机会挂钩，多担责多受益，真正有助于管理者走出负责任的误区，做好分内事的同时，也勇于承担工作中界限尚不明确、分工尚不具体的事情，为它背书的同时享有风险收益，鼓励管理者主动揽责任，主动找活干，从而推动企业不断发展。

问题观理念。问题观理念，是指企业经营管理者对企业经营发展过程中出现问题的态度，以及对解决矛盾，化解管理瓶颈的重要思想认识。

问题客观存在。企业的经营管理是从初级到高级的循序渐进的过程。问题客观存在，只要有生产经营就会出现这样或那样的问题。心理学研究发现了这样一种现象：人类面对压力，大多会采取回避态度，明知问题即将发生也往往茫然，会使问题更趋复杂、更难处理。这种状态被形容为“鸵鸟心态”，其实也是天性使然，人总是有趋利避害的倾向，习惯于遇到困难绕着走。其实，从管理角度看，遇到问题并不可怕，如何应对才是关键，换个角度想，恰恰是因为看到了问题，反而可以采取措施加以解决。真正可怕的是看不到问题或者刻意回避问题，这样一来要么就形成隐性风险，逐渐积累酿成大患，要么就听之任之，导致积重难返。从事经营管理不能心存侥幸，更不应抱有幻想，遇到困难就绕着走，那么最终必将走到穷途末路上。因为经营管理就是在不断发现问题中整改，在总结教训中提升完善管理的质变成长，能够获得超常规发展的企业，必定是敢蹚深水、敢走险滩的勇敢者。

重在防患未然。风险总是从无到有，漏洞总是从小到大，质变始于量变，千里之堤，毁于蚁穴。风险控制讲究可控性，必须防患于未然，一旦积小成大超过一定范围，就会无法控制，无法收场。一个名叫墨菲的美国上尉，提出了在管理学上著名的墨菲定律。他认为，“只要存在发生事故的原因，事故就一定会发生”，而且“不管其可能性多么小，但总会发生，并造成最大可能的损失”。这就告诉我们，对任何风险隐患都不能有丝毫大意，不能抱有侥幸心理，或对事故苗头和隐患遮遮掩掩，而要想一切办法，采取一切措施加以消除，把事故消灭在萌芽状态。当一起重大事故发生后，处置事后的同时，更需要关注事前，对同类问题的“事故征兆”和“事故苗头”进行排查处理，以此防止类似问题的重复发生，及时消除再次发生重大事故的隐患，把问题解决在萌芽状态，务必“下不为例”。经营管理者要有“火眼金睛”的本事，善于及时发现，以小见大，将风险控制在萌芽状态，警钟长鸣，落实责任，迅速根除，以防后患。

根源在于管理。“冰冻三尺非一日之寒。”经营管理中的很多问题，要通过现象看本质，很多问题看起来出现在下面，但原因往往在上面，根源在于管理。

管理在企业中，实质就像一张覆盖一切的网，每个环节都是管理网的一部分，听从指令，落实执行。管理者就像发送指令，操纵这张网的人。尤其是企业的高层管理者，更是网上的主绳，纲举目张，影响力巨大。在自身职责范围内的问题，多数是管理环节、管理方式出了问题或是管理能力与岗位不匹配的问题。

管理者要对企业经营发展中的问题，从主观上找原因，从管理上找漏洞，从方法上找出路，通过集思广益，充分征求各方意见，借助顶层设计，完善制度，防漏补缺，强化管理，有效防控事故和风险的发生。

价值源认知。企业价值如何创造是人类社会活动中产生的关于客观现实的主观意念，反映了人们对世界万事万物的根本看法，同人们的意愿密切相关，是人类社会对某种特定的行为方式，对事物现状及发展趋势表明态度的持久信念，它具有相对稳定性和持久性。

现代企业价值观是企业为了追求经营成功所推崇的基本信

念及奉行的行为准则。回顾人类企业发展历史，企业价值观经历了三个阶段的演变：第一阶段的最大利益价值观，企业的所有经营决策、全体员工的行为都必须以获得最大利益这一标准来评估；第二阶段的利润合理价值观，即在获得合理利润的条件下，兼顾企业的长远发展和员工的自身价值实现；第三阶段的企业与社会互利价值观，就是在确定一定利润水平的基础上，把员工、企业、社会的利益统筹考虑，把社会责任看作企业价值体系中不可缺少的一部分。企业价值创造在发展中形式不断创新，在时代进步中内涵更为丰富。

我工作经历中的一个故事，至今记忆犹新。中国工商银行自 1984 年与中国人民银行分设后，走过了国有专业银行、国有商业银行直至股改上市成为一家公众持股银行的发展历程，曾一度“技术上破产”，但通过改革转型发展，最终成功跻身全球银行业的前列，一级资本、利润、市值和资产等多项指标位居全球银行榜首。工商银行的改革发展历程，也是企业文化不断积淀、丰富、深化和升华的过程。在市场浪潮的洗礼和改革发展的磨砺中，工商银行积淀了深厚的文化底蕴，培育了先进的企业精神和经营理念，逐步形成了特有的文化基因。

我清楚记得，在 20 世纪八九十年代，工商银行各级机构出于经营管理的需要纷纷提出自身的经营理念和宣传口号，诚信、务实、卓越、服务等成为频率较高的关键词。分散化、碎片化的宣传口号和企业文化，既不利于整体企业形象的建立和价值观念的传递，更与工商银行的战略转型发展不相匹配。随着统一法人制度的实施，尤其是2006年工商银行股改上市之后，为适应国际一流现代金融企业建设新形势对企业文化建设的要求，提炼、总结全行的企业文化体系成了紧迫任务。

2007年开始，历时三年，通过分层访谈、资料调研、问卷与座谈结合，工商银行开展了大规模的文化调研，并在此基础上几易其稿。2010年6月13日，正式发布企业文化体系，并同时推出《中国工商银行企业文化手册》。企业文化体系的形成标志着工商银行的企业文化建设已进入了整体推进阶段，对工行打造国际一流现代金融企业具有重要而深远的意义。

工商银行企业文化体系主要包括使命、愿景、价值观、基本理念和行为准则等内容。按照这一体系的指引，在新的历史发展阶段工商银行将践行“提供卓越金融服务”的使命，倾力服务客户、回报股东、成就员工、奉献社会，秉承“工于至诚，行以致远”的价值观，把“经营、管理、创新、发展”作为企业的行为准则，将“道德、尽职、服务、执行、协作、学习”作为员工的行为准则，朝着建设“最盈利、最优秀、最受尊重的国际一流现代金融企业”的愿景迈进。

工商银行作为一家国有控股的大型公众上市银行，价值创造是其生存、发展和壮大的基石，涵盖客户、股东、员工和社会等方方面面。长期以来，由于企业性质和资产组合不一样，人们对企业为谁创造价值，仁者见仁，智者见智，众说纷纭。在征求意见座谈中，为客户创造价值、为股东创造价值、为社会创造价值、为员工创造价值这四个方面的逻辑关系，成为大家讨论的热点。我的观点是，作为一家上市银行，为股东创造价值理所应当，也是衡量市场价值的重要标准；作为服务行业，客户是银行生存发展的“衣食父母”，为客户创造价值是职责使命所在；作为社会公民，履行社会责任，服务实体经济，服务社会发展，打造成为有温度的价值创造者，是商业银行公司治理的内在逻辑和必然要求。然而，在这些关系中员工则是价值创造的主要载体，也是企业经营资源中最具活力和创造力的因素。只有坚持以人为本，源源不断地为员工创造价值，经营资源才能源源不断地转化为发展动力，服务客户、回报股东和奉献社会责任才有可靠保证。这关系着价值创造的本末关系，也关系着企业管理的核心定位问题。

作为管理者，对企业财富怎么来，由谁来创造，弄清本源，对企业有效管理有着重大的现实意义。事实上，银行的经营策略、营销理念要通过员工传递给客户，金融产品和服务要通过员工来满足客户需求，客户的忠诚来自对员工服务的满意程度，而优质的服务又来自员工效能的发挥。

企业创造价值，为员工创造价值是本源，经营员工关键在于为员工创造价值，只有为员工创造价值，才能激发更多的价值创造空间，凝聚无坚不摧的强大正能量，成为企业发展源源不断的财富创造动力，从而为股东、为社会创造更多的价值。

管理者特质

管理者，顾名思义是管人和管事的人。管理者在企业运行中担任不同层级的管理岗位，由组织赋予其职位相应的权和利，并由此承担相应的责任。从承担的责任看，权力越大，责任就越重，它是权、责、利三者的统一体。有学者对企业财富创造做了大量研究，得出“二八定律”和“一九定律”，即20%骨干为公司创造80%绩效，10%的中层管理人员直接影响90%以上的收入。在企业经营中处于重要地位的管理者，其内在素质如何与管理岗位相匹配，区别在于管理境界上具备与众不同的特质，从而对企业发展起到积极的引领作用。管理者素质决定企业的品质，优秀的管理者在企业管理实务中应具备视野、格局、品德三种特质。

视野。视野是管理者素质的重要内容，也是区别于他人的过人之处。如果单从词义看，是指人的眼睛观察物体的空间和范围。但作为管理者，他的视野就是特指从事经营管理的思想境界。

站得高。有了思想境界的高度，就能从更宽广的视角看问题，对问题的看法，就会客观和全面。我们可以想象，一个人住在一楼，他看到的只能是门前小花园，或者围墙等，但如住在高层顶楼，他看到的不仅仅是花园，还会看到车水马龙的街景，甚至还能看见远处的山川河流。高度不一样，角度就不一致，对事物的认识结论就不同。管理者要站在追求思想境界的高度去看问题、想问题，才能收获心中的美景。

以实践为历练。高楼万丈平地起，思想境界不会凭空提升，站得高并不意味着站在空中楼阁，脚下无根基的站得高，是没有底气的，自顾不暇，更遑论望远。只有脚踏实地、一步一个脚印地登高望远，才能在视野逐渐开阔的过程中不断收获新的体验感悟。境界源自实践，经历的事多了，走过的路长了，看待问题更容易有不同于其他人的认识。境界的历练，必须注重从实践中积累和总结，将世间万事视作一种修行，把经历当成一种财富。经营管理中要特别重视身体力行的参与，脚踏实地广泛参与经营管理，形成富有企业特色的管理文化。

从研究中总结。管理作为一门学问，古今中外一直对此有着深入的研究。管理学流派众多，大师云集，经典理论层出不穷，随着时代和现代企业管理的要求而不断演进，可谓百花齐放，百家争鸣。前人的管理学经验，既有普适性的道理，也有适合管理者自身或者本行业特点的专门方法。借助研究成果，站在前人的肩膀上，有助于提高管理者的思想境界和理论站位，避免走不必要的弯路，从而总结出适合企业自身发展的方法。

用哲学观审视。这是一种融会贯通后，收放自如的境界。管理的最高境界或许是对哲学的圆融应用。何为企业？从哪里来？到哪里去？这是关于企业的哲学之问，明白其中的关系，可以更加深刻认识企业的本质和根本目标。管理中要灵活运用哲学思辨，看问题全面，处理矛盾不偏激，不孤立，经营中见微知著，面对成败明白顺逆相生、因果关联，用这些哲学观点，促进经营管理科学辩证。

看得远。“人无远虑，必有近忧”。看得远是看事物的长远度，也就是管理者具有的眼光。做人不能贪心，但做事需有远虑，企业管理必须放眼长远，吃着碗里的，看着锅里的，想着地里的；做好今天的事，着眼明天的梦。曲折是企业发展必然经历的过程，要客观看待，从容应对，不为一时一地的曲折所退缩；不为暂时的困难所迷惑，把曲折和困难作为企业成长的压力和发展的动力，从长计议，增强信心，不灰心，不动摇，按照既定目标砥砺前行。只有具备这种“远景”意识，才能在管理的过程中避免逐小利、失大益的陷阱，从局部利益和短期行为的“一叶障目”中跳脱出来，对于企业的未来做到从长计议。

正视现实。客观看待现实的问题，用正确的心态来衡量今天的成就与不足。现有的基础，是远眺的支点。脱离现实只看远方，无非是好高骛远。一点一点向前看，拨开迷雾见青天，离正确的目标就更进一步。

以史为鉴。向前看只是看得远的一个维度，是否善于对历史纵深的回望决定着管理者的视野宽窄。历史是镜子，更是长河，管理中遇到的问题，许多都在历史中可以找到答案。除了回望历史，善于横向观察，对照国内外各类企业的管理经验教训，同样有助于管理者把握住前方的目标。

着眼未来。准确把握发展的趋势与时代的潮流，提前做好前瞻性的谋划并为之付诸行动。有些事情即使短期内看不到明显效益，但只要确认大方向正确，就值得坚持下去。善于做好战略规划，树立远景目标，工作任务短期、中期、长期相结合实施，考验的是管理者独到的视野。

洞察力。企业是追求效益最大化的经济组织。只要企业存在，问题就客观存在。洞察力就是管理者拥有的一种超越于常人的独特观察能力，是一种基于正确判断的对未来的预见能力。

拥有这种能力，就可以看到事物的发展趋势与无形价值，预测和把握企业发展的方向。

洞察力对于管理者的重要性不言而喻，尤其是在企业发展的关键环节，或者说战略转折点，管理者良好的洞察力能极大程度上影响到企业未来很长一段时期的兴衰成败。管理者的洞察力，具体体现在观察业界的发展方向，发现竞争突破点，树立独树一帜的组织风格，确立产品的发展方向和服务范围，以及将目标明确化、愿景化，使下属真正理解并建立信心，形成组织信仰和价值观等，其所具有的特殊重要作用无可替代。一定程度上，管理者的洞察力高下，既是衡量管理者是否称职的试金石，也是检验企业战略价值潜力的重要标准。20 世纪 70 年代初，本田摩托车在美国市场畅销，本田公司的创始人本田宗一郎却突然提出了“东南亚经营战略”，倡议开发东南亚市场。那时东南亚因经济刚刚起步，生活水平较低，摩托车还是人们敬而远之的高档消费品，因此，公司内部许多人对本田宗一郎的倡议都感到迷惑不解。本田拿出一份详尽的调查报告解释说：“美国经济即将进入新一轮衰退，摩托车市场的低潮即将来临。假如只盯住美国市场，一有风吹草动就损失惨重。而东南亚经济已经腾飞。只有未雨绸缪，才能处乱不惊。”一年半后，美国经济果然急转直下，本田公司因为已提前一年实行了新的经营战略，非但未遭损失，反而创造出了销售额的最高纪录。

因此，企业领导者必须既是管理者，又是战略家。倘若位居高位的管理者整天沉湎于小事，专注于细节，既没有现代企业管理者的精神，又没有战略家的眼光，这就等于是主动放弃了自己应承担的责任，沦为一般的平庸管理者。而平庸的管理者，必然无法成就一流企业，随大流混于人堆，这样的企业早晚被市场所淘汰，尤其在今天这样市场竞争激烈、变化迅速的环境中更是如此。

格局。格局是人们对事物认知程度及其产生的结果。一个优秀的经营管理者要不断修炼自己的人格魅力，它对企业员工的思想引导，对制定发展目标，统筹计划，统一行为，将发挥决定性作用。

有使命。对于任何企业而言，使命感是其存在和经营的重要理由，对确定的使命进行不懈的追求是企业整体积极向上的源动力，用句时髦话来说就是“牢记创办企业的初心”。百年老店少有，那些并非昙花一现而是长久得到社会认可的优秀公司都是扎扎实实遵循使命感进行经营的。执企业牛耳的管理者对他所管理的企业更要有强烈使命感，不断思考企业存在的意义和价值，觅得自身与企业共通的目标，不仅从战略经营决策的制定上遵循企业本身的使命，更要忠诚于企业的发展事业，既要有奉献精神，把个人利益融合在集体中，也要在机制上最大程度激发个体的主观能动性。通过个体与团队的完美融合，不断追求卓越，开拓创新，勇于实践，敢于做同业领军者。

有胆魄。管理者做事要有一定胆量和魄力，这可谓一个优秀管理者必须具备的特质。企业经营发展是一个艰辛曲折的历程，机遇和挑战并存。一个偶然的机遇，可能就会改变企业命运。有了胆量，机会到来之时，就会果断做出拍板决策；有了魄力，就会毫不犹豫地抢抓机会，作出选择。否则机会来临时，瞻前顾后，将会错失良机，空留遗憾。

在信息技术普及的现代社会，人们发现情况，获得资讯变得更加容易。但胆魄却绝非是人人都能具有的。胆量即勇于尝试的好奇心。具备胆量意味着拥有尝试的可能，在企业发展的不同阶段，胆量必不可少，初创期的企业因勇气得以出现，上升期的企业因胆量而更上层楼，成熟期的企业似乎需要相对保守，稳步向前。智力、理解力和认识力等在企业管理者的活动中占据主导作用，胆量这种感情力量相对处于次要位置，也并不常见。实际上，越是少见意味着越是珍贵，智力和认识力受胆量的鼓舞会发挥意想不到的惊人力量，管理者的眼界也就会更加广阔，对经营企业做出的结论也就愈加趋近最优解，具备勇气与胆量的管理者就更易于带领企业脱颖而出。魄力是接受失败的容错心。成功难以复制，而失败往往近似，企业发展畏惧失败而固步自封并非个例，承认并理解失败是真正的人生财富，是管理者必不可少的认知。眼光越长远，谋篇布局就越宏大，所面临的不确定性也就更高，管理者只有具备了踏出舒适区去挑战不可能的勇气，拥有了面对未知勇于接受失败的魄力，才有机会尽可能多地从失败中汲取弥足珍贵的经验与财富，并将其赋予下一次的尝试，令企业经营有更大的几率迈上新的台阶。

有智慧。智慧是有效化解矛盾、化被动为主动的利器。能够把握隐藏在事物表面下的规律，不被表象迷惑，抓住本质及规律做事，就是大智慧。智慧管理，是已有的知识管理的升华，使知识管理成为完整的、真正意义上的管理模式。

用规律化解问题。智慧往往建立在对事物的彻底了解之中，一定程度上可以理解为一种认识规律、掌握规律和使用规律的能力。经营管理中有智慧，在于按照企业经营管理的规律办事。遇到经营管理的问题，时常考虑其深层次的原因，思考问题客观全面，善于触类旁通，归纳总结，问题往往能举重若轻般得以化解。

将能力升华境界。能力是人与生俱来，或是经过后天的训练培养形成的一种综合素质。能力与境界之间的区别，在于所处层面的不同，是形而上和形而下的关系。比如武功高手，与一代宗师的区别，或许已经不在武学本身，而是人品、武德、情怀上的差距。侠之大者，为国为民，这就是境界。管理者除了致力于能力的不断提升之外，也需要不断追寻打开管理之门的智慧钥匙。

品德。自古以来，有识之士都把品德作为自己的立身之本。现代企业管理更是如此，品德的修炼是管理者实现管理艺术升华的根本途径。

形似与神似，是一对由浅入深、由表及里的哲学关系。形似注重表面像不像，而神似则抓住了本质特征。管理企业，是一门非常大的学问，挑战与风险无处不在，企业成败与员工切身利益紧密相关。由于对管理者有诸多的寄托和期盼，员工经常用“像”与“不像”来评价管理者，用他们心里这杆秤，来评价管理者的言行是否符合他的岗位职责。像与不像，直接影响管理效能和执行力。所以，每个从事管理岗位的人，都要树立“如履薄冰”的意识，时刻保持清醒的头脑，除了有良好业绩，还要管理好自己的言行；其“形象”，只有得到员工内心认同，才能有效影响和带领他人实现既定的工作目标。管理者“形象”需要在实践中不断反思改进，才能避免“自弹自唱，自娱自乐”的管理盲区，从而实现“形似”到“神似”的跨越。

律己清廉。很大程度上，领导力取决于自身的道德魅力。在实施管理责任过程中，很多情况下员工似乎更在乎管理者的品德。常言道：律己方能服人，管理者具备了良好品德，对员工而言就意味着公平、安全和信心，才能使员工从口服到内心的服从。

“律己则寡过，绳人则寡合”，以身作则，起好带头作用，要求别人做到的，首先自己做到。廉洁自律。“夹着尾巴做人”，自警自省，接受监督，鱼和熊掌不能兼得，不该得的坚决不得。

用管理学的语言讲，“律己”也称为“自我管理”。有效地管理自己，不断地提升自己，就能够成为一个卓有成效的管理者，对管理者来说，自我管理是其他一切管理工作的基础。管理者要通过自我管理的具体实践，最终将追求成效变成一种习惯。

自我管理的核心思想就是自我认知、自我组织、自我激励、自我监督、自我调控、自我评价、自我意识、自我锻炼、自我反省，使个体通过科学的方法，逐步走向自我完善和完美，从而达到自我实现、自我成就和自我超越的一门科学与艺术，也是去充分调动自身心灵的自动调节功能，最大限度地激发自身潜能，更有效地发掘和实现自身最大社会价值和责任的一门科学与艺术。

从更深层次和更广阔的视角看，管理者通过自我管理而使自身素质与能力的自我完善和提升，必将促进被管理者素质与能力的完善和提升，而被管理者素质与能力的完善和提升又会在更高的层次上激发管理者自身素质与能力的更加完善和提升。这是一种良性互动，两相促进。

团队精神。一个人的能力只有融入团队，才能实现个人价值最大化。团队是一个集体，如果一个人对他人不尊重，又如何能赢得别人的尊重呢？事实上，团队配合没有不可调和的矛盾。即便有矛盾，绝大多数也来自信息不对称的误会，误会的根源是缺少沟通。要本着“急事难事早沟通，大事小事勤商量，有事无事多交流”的态度，消除误会，增进了解，就能加深友谊。这是解决经营困难，化解矛盾的快速途径。团队形成默契配合，就凝聚成强大的合力，只有人心齐，没有跨不过的坎、做不成的事。把人经营好了，企业就有持续健康发展的动力。

管理者团队精神，还体现为带领团队不断取得良好的业绩。发展是第一要务，通过创造良好绩效来赢得员工的尊重。要经常考虑如何造福一方，为员工带来什么，能为企业留下点什么，员工会怎么看待等问题。尽自己的能力把事情做到最好。这样，团队的凝聚力也自然就水涨船高。

敢于担当。经营人首先要经营好自身。古人云："其身正，不令而行；其身不正，虽令不行。"管理者的品行，关系到人心向背，事关企业发展的命运。敢于担当是"神似"管理者的重要品格。企业管理中产生问题和矛盾，要有"问题出在下面，责任在于管理"的意识，先从管理上找原因，然后分门别类落实改正。

如果给管理者"画像"，那么"形似"的管理者，遇到问题往往在努力辩解，而"神似"的管理者，遇到问题更多的是通过积极的表现来解决问题，这当中折射出的就是责任心和担当上的差别。美国第33任总统杜鲁门上任之后，在自己的办公桌上摆了个牌子，上面写着"Buckets stop here"，意思是"问题到此为止"。作为国家的负责人，所有问题如果总统还无法担当，那么这个国家也就没人能担当了。企业管理者同样是自身负责领域的第一责任人，让"问题到此为止"的负责态度是解决问题的精神保证。在工作中，难免有所疏忽，很少有人能做到尽善尽美。要想做好，关键就是出现问题之后，能马上去解决问题。管理者拒绝承担自己应该承担的责任，推诿了事，敷衍塞责，这种思维方式往往会导致整体工作的停滞甚至失败，这种态度是万万要不得的，轻则散了人心，重则败了事业。

视野、格局、品德三种素质和协调能力，是引领人心、抓住关键、带动全局、协调矛盾的重要理念和方法。管理者只有管好自己，才能引领他人，才能保持企业稳定、健康发展。

管理者在充分发挥视野、格局、品德三种特质的同时，还需要正确处理内外部关系，为企业正常运行创造良好条件，促进经营目标的实现。协调能力是管理者的重要能力，在现代企业经营管理中，发挥着特殊的作用，它的重要地位日益凸显。如果我们把足球教练比喻为球队的管理者，协调就像足球场上临门一脚前的大量传切、拼抢、防守组织及进攻配合。从现实情况看，一个管理者，日常大部分精力可能都用于协调，组织机构越大，管理层级越高，协调难度就越大，协调成本就越高。协调的内容也包罗各个方面：领导意图的协调贯彻、部门意见的协调兼顾、上下之间的协调融合、对外合作的协调推进等。如果协调不到位，一旦出现问题，管理成本就会大大提高，执行效率就会大大下降，弄不好前功尽弃，到头来可能又要重新花费时间精力去重复推动。

企业是由诸多不同的个体组成的团队，但团队的整体能力并非所有个体能力的简单相加，1+1 究竟大于 2 还是小于 2，关键是个体之间的组合和协作程度。作为管理者，协调工作的重中之重，是要把公司所有员工的努力拧成一股绳，把各个管理部门有机有序地联系到一起，使他们朝一个方向发挥合力的作用，指导他们去实现一项共同目标的活动，体现出团队精神。

时常发生这样的事：为了同一个项目，同一公司不同部门之间发生撞车、内耗，甚至自相“残杀”，最后反而使得外部竞争者乘虚而入，渔翁得利。出现这种情况，对公司整体利益无疑是极大的损害，不仅浪费人力、物力、财力，对内伤害各部门间感情，对外贬损公司商誉形象，甚至会让外部竞争者看笑话。这只能说明公司各个部门之间缺乏沟通与协作，信息流动渠道不畅通，对公司发展毫无裨益。

成功的管理者，既是引导企业发展的带头人，也是一名优秀的组织者。在公司发展越来越依赖团队协作的知识经济时代，公司管理者在重视个体能力培养的同时，还要注重对团队实施动态管理，构建起合理有效的组合，形成个体之间的团结协作，使之产生协同效应，提高组织的工作效率。最佳整体，其实就是个体的最佳组合。在公司管理中，不能忽略任何一个部门、个人的价值和作用，要团结众人的力量，聚沙成塔，集腋成裘。

作为企业管理者，要学会运用现代企业管理制度的理念，抛弃传统观念“官本位”思想，不断培养“以人为本”、科学、开明的管理意识，以赢取更为长远的未来。

按规律办事

万事皆有规律。人们在具体的实践过程中，当尚未认清事物发展规律之时，其行为往往带有一定的盲目性。一旦人们认识了规律，知其然并知其所以然，可以最大限度地发挥主观能动性，起到事半功倍的效果。企业经营，亦不例外，有其内在的逻辑规律和外在的行为要求。

一、做市场竞争先行者

做先行者，这是优秀企业的目标定位和竞争指向。做先行者，不仅是先做，也是一种经营方向的引领，从而在目标愿景、社会责任、商业模式等方面努力成为行业标杆。做先行者，符合事物新陈代谢、革故鼎新的发展规律，作为企业只有拥抱变化、顺应趋势，才能更好地生存和发展壮大。

高标定位的目标驱动。人无志不立。对企业来讲，确立远大的目标愿景，是推动企业持续前进、做优做强的动力，是凝心聚力的鲜明旗帜。从企业管理理论看，将“目标”上升为系统的管理方法和手段（MBO，Management by Objective），最早是美国管理专家彼得·德鲁克1954年在其著作《管理实践》中提出的。德鲁克认为，并不是有了工作才有目标，而是相反，有了目标才能确定每个人的工作。目标管理提出后，便迅速在美国、日本和西欧等国家流传，得到世界管理界的广泛推崇。美国马里兰大学管理学兼心理学教授爱德温·洛克等人在研究中发现，外来的刺激（如奖励、工作反馈、监督的压力）都是通过目标来影响动机的。在一系列科学研究的基础上，1967年他发表“目标设定理论”（Goal Setting Theory），并提出目标设定的原则：目标应具体可操作；目标的难度应适中；目标应被组织成员接受；达到目标进程的有关信息要及时客观地进行反馈；个人参与自己目标的设置效果更为有效。后来的专家学者在对彼得·德鲁克和爱德温·洛克研究的基础上提出了目标设定的“SMART”原则，即具体（Specific）、可度量（Measurable）、可实现（Attainable）、相关性（Relevant）、有时限（Time-bound）。在日常经营管理中，为了避免设立不切实际的过高或轻易实现的过低目标，需要在对内部资源禀赋和能力、外部经营环境、竞争对手情况等进行深入研判和综合权衡的基础上，做好员工参与、上下沟通，制定一个“跳一跳”可以实现的目标。因此，目标的制定既是一门科学，也是一门艺术，需要注重目标的严肃性与灵活性相结合，关键性与全面性相结合，可行性与挑战性相结合，定量化和具体化相结合，指令性与民主性相结合。

主动作为的行为特征。按照《现代汉语词典》的解释，“主动”是指：“不待外力推动而行动（跟被动相对）”，它是内在动力的外在表现。企业经营，需要主动作为，谋得远、想在前、干在先。要主动谋划，把握大势、驾驭大局，对事物发展有着前瞻性的预判，并制定对策方案，凡事有预案，“不打无准备之仗”。要引领企业发展，必须主动创新与应用产业先进技术，吸引培育优秀人才，推行实施卓越管理。要主动寻找机会、经营机遇，“从坐商到行商”，贴近市场、走进客户，洞察行业趋势，了解需求变化，不断发现需求、满足需求、创造需求。要主动应对挑战，未雨绸缪，在复杂多变的外部环境和日益激烈的市场竞争中变被动为主动，化不利为有利，持续推动企业发展进步。

创新突破的内在要求。汉代思想家扬雄曾说：“物不因不生，不革不成”。事物在变革中求发展，这是亘古不变的真理。创新是引领发展的第一动力，是应对发展环境变化、增强发展动力、把握发展主动权，更好引领新常态的根本之策。发展动力决定发展速度、效能和可持续性。中国改革开放的发展历程证明，抓住了创新，就抓住了牵动经济社会发展全局的“牛鼻子”。而解放思想是创新发展的前提。没有思想的大解放，就没有创新的大发展，更谈不上发展的先行者。企业竞争，核心亦是创新的竞争。众所周知的柯达公司从世界行业霸主到破产倒闭，诺基亚公司从曾经的全球第一大手机厂商到被收购兼并，这些企业失败的教训都反过来说明一个道理，谁能坚持守正创新，谁就能获得持久的竞争优势。在风险可控的前提下，一切从实际出发，坚持经营“活”的灵魂，“怎么好怎么做”，用适应市场发展的经营理念统领发展大局，破除制约发展的传统观念、体制机制等羁绊和束缚，坚持以市场为导向、客户为中心，大胆设想、勇于尝试、精细推进，是企业创新发展的现实要求。

二、战略引领明确方向

战略是企业经营管理的核心问题，它就像“定盘星”一样指引着企业未来前行的方向。成功的战略能使一家企业在收入、利润和股东回报等方面持续超越竞争对手，并在经历了业务周期、行业分化等考验后依然保持优势。一家企业能够实现基业长青，首先要靠正确、清晰、稳健的战略引领。没有战略引领的企业，发展容易盲目和短视，很难经得起风浪的冲击和洗礼。而战略定位不准、谋划不及时，或是执行不到位，也是企业经营管理最容易犯的错误。

谋划全局性愿景。古人云："不谋万世者，不足谋一时；不谋全局者，不足谋一域。"全局性愿景，就是从实际出发，正确处理全局与局部、未来与现实的关系，并抓住主要矛盾制定相应规划，描绘出全局性、长远性目标的蓝图。新中国成立前后，毛泽东同志曾提出统筹兼顾、"弹钢琴"等思想方法和工作方法，提出了新中国发展的阶段性任务和目标。在改革开放不同时期，邓小平同志也提出了一系列"两手抓""分步走"的战略方针和宏伟蓝图。治国理政如此，企业经营管理同样适用。企业经营管理，对外涉及市场定位、客户营销、同业竞争、监管政策等领域，对内涉及人、财、物等资源的优化配置，相互关联，彼此影响。没有大局观，看待问题、解决问题时容易短视、局部，处理不好容易陷入"头痛医头、脚痛医脚"的被动局面。因此，要坚持两点论和重点论的统一，立足全局，从多角度、多侧面、多层次、长跨度来看待和分析问题；善于抓主要矛盾，处理好整体推进和重点突破的关系，在统筹全局中突出重点，在突出重点中协调各方，实现整体可持续发展；加强战略协同，避免企业内部各自为政、单打独斗，构建推动竞争发展的强大战略态势。

构建开放式平台。视野决定格局，格局决定思路。开放式平台，就是要以开放的视野、共赢的理念，洞察机遇、整合资源、寻求突破，避免自我设限。我国经济社会的发展得益于改革开放。实践证明，一个国家和民族要发展壮大，必须坚持对外开放，主动顺应经济全球化潮流，充分运用人类社会创造的先进科学技术成果和有益管理经验。对企业经营而言，面对的亦是一个开放、动态的生态系统，新技术、新市场、新政策、新需求层出不穷，闭门造车、固步自封注定失败。要紧盯同业先进找短板，不断寻找发现业务弱项和管理短板，深入分析背后的成因，制定针对性措施。要从客户角度想问题，在产品服务、系统流程、内部管理等重大举措的制定和出台时，多从客户体验和感受角度进行思考和权衡，在后续评价时要多聆听客户的声音和反馈，并及时采取针对性措施进行完善提升。要善于借力借势寻求共赢发展，有效调动和利用社会方方面面的资源，加强多方联动合作，实现资源共享、信息互通、队伍共建、优势互补，有效延伸自身的经营网络和服务能力，构建以客户为中心的生态系统。

体现差异化策略。20 世纪 80 年代，随着商业竞争的日益激烈，美国哈佛大学教授迈克尔·波特出版了《竞争优势》和《竞争战略》，指出企业经营存在三种基本战略：成本领先战略、差异化战略和目标集聚战略。其中，差异化战略又称别具一格战略，是指为使企业产品、服务、品牌形象等与竞争对手有明显的区别，以获得竞争优势而采取的战略。在市场竞争日趋激烈的今天，企业和企业之间在产品、技术、成本、设备、工艺等方面的同质化越来越强，竞争中胜出，关键要通过差异化创新，提升竞争层次，增强竞争壁垒，打造持久不衰的“护城河”，形成难以复制的核心竞争力。要有清晰的差异化的市场定位，明确与众不同的价值诉求，打造极具个性的为客户精心设计的价值链。要把握“取舍之道”，学会“取所当取，舍所当舍”。很多时候“取”相对容易，而“舍”对于大多数企业而言是十分困难的，尤其“舍”去近在眼前的短期利益，走出当下的“舒适区”，更是难上加难。没有很好的取舍，企业发展必将陷入无序的扩张或经营的困局，并最终被淘汰。

三、以人为本，科学发展

目标定了，能否完成关键还是要靠队伍。人是第一生产力，“办企业就是办人”。经营“人”是企业永恒的主题，人在企业经营中始终处于核心地位。曾提出著名的“帕金森定律”的英国历史学家、经济学家诺斯克特·帕金森指出，“管理即是处理人的关系”，道出了企业管理的真谛。企业的日常运营和发展壮大，离不开对人的有效管理，离不开人的作用发挥，只有把“人”的工作做好了，才能有效激发正能量，企业持续发展才会有源源不断的动力。

人性管理。时代在变，而人性却没有变。人性管理，前提在于洞悉人性，把人视作最重要的资源，充分注重人性要素，关心关爱员工，有效挖掘人的潜能。人力资源是企业资产负债表中无法反映出来的最重要资源，也是最具主动性、能动性，也最为活跃的资源。人可以被激发出极强的创造潜力，也可能发挥很大的破坏能量与作用。正因为如此，注重人的潜能开发和引导至关重要。如果用冰山来比喻人的潜能，有人认为有 90% 是沉在水面下未被开发的，而漂浮在水面上的 10%，才是展现出来的各种能力。因此，要注重人性要素，充分考虑到人的价值、尊严、权利、思想和欲望等因素，全方位了解员工的心理和情感诉求，有效挖掘人的潜能。树立“合适就是人才”的观念，做到知人善任，人岗匹配，良性流动，提升效能，最大限度发挥人力资源价值。

配置提升。经营“人”的关键在于选好、用好人，着力选拔、培养、使用和凝聚优秀人才。要有一个良好的选人用人机制与文化，用对人，可以带领激励整个团队；错用人、用错人，不仅仅是一个人的问题，更会影响一个企业的用人导向和风气。作为管理者，在选人用人方面，要严把德才标准，坚持德才兼备、以德为先的用人导向。德才兼备，方堪重任。要做到“人岗匹配”“人尽其才”，避免“认为自己下面无人可用”的误区。古语有云：用人所短，天下无可用之人；用人所长，天下无不用之人。“没有不好的员工，只有不好的领导”，说的也是同样的道理。作为管理者，要善于发现和挖掘员工的优点和长处，将合适的人放在合适的位置。加强人才队伍梯队建设，大胆提拔使用青年干部，强化人才队伍培训，加强员工轮岗和交流使用。要建立“员工评议”常态化机制，完善多维度评价制度，多听取群众意见，增加动态了解，做到“能上能下”“优胜劣汰”。同时，坚持管事与管人结合，把好选人用人关，加强重要岗位员工管理，关心、监督和管理并重。

培育文化。企业文化是一个组织由其价值观、信念、仪式、符号、处事方式等组成的、特有的文化形象。企业文化是企业的灵魂，是推动企业发展的不竭动力，文化竞争力是企业核心竞争力的重要组成部分。价值文化。企业存在的本质和意义在于创造价值，为股东创造价值是企业经营的根本目的和持续发展的重要保障，为社会创造价值是企业的社会责任所在，为客户创造价值是企业竞争发展的立身之本。除了为股东、为社会、为客户创造价值之外，企业关键是要能为员工创造价值。这是整个企业价值链上最根本、最基础的前提和环节。企业效益的最终创造是依靠员工来实现。员工发展的同时，更多收获的是企业的发展、客户的认同、股东和社会的回报。只有把员工与企业共成长的价值理念认清楚、讲明白，才能有效激发员工的内在动力，经营管理中的许多矛盾和问题也会迎刃而解。管理者文化。管理就是服务。某种程度上，管理者的服务意识和服务能力决定着管理的质量和效果，管理者的威信也来自高水平的服务。管理者只有树立“为员工打工”的意识，通过服务员工、服务一线、服务经营发展，才能赢得员工的尊重和认同，从而真正地调动广大员工的积极性和创造性。为员工打工、为员工服务，不是一句简单的口号，而是体现在企业经营管理的日常活动和文化塑造之中。团队文化。“人心齐，泰山移；人心散，搬米难。”要最大限度激发员工的参与意识和创新活力，引导员工心往一块想，劲往一处使，彼此勉励、团结协作，真正做到凝心聚力，形成合力。要让员工“参与决策”，重视“集体智慧”，强化“执行认同”，建立健全公开透明的民主决策机制，让员工明白做什么、为什么做，提高主动执行效果。要让员工

"参与管理"，注重听取员工的合理化建议，让员工加强自我管理，参与日常管理，努力营造"人人参与，人人有责"的氛围。要让员工"参与监督"，丰富员工监督的载体和平台，推进权力公开透明、规范行使，确保考核激励、资源配置、员工福利等重大决策和实施情况接受员工监督。

四、有效决策精细管理

老子曰："天下难事，必做于易；天下大事，必做于细。"企业经营发展亦是一个从小到大、从粗放到精细化的过程。正是精细化管理，才能赢得客户、赢得市场，塑造品牌、打造百年老店。精细化管理，需要将精细化理念融入企业经营管理各项工作，加强科学管理、规范管理、有效管理，重过程、重落实、重效果，不断提高经营管理水平。

精准决策。制定决策是基础，实施决策是关键，达到效果是目的。管理者的核心任务是做决策，决策失误是最大的失误。做好决策，首先定位"准"。业务发展，重在解决好"市场在哪里、空间有多大、具体怎么做、做了怎么管"，只有深入市场、把握前沿，才能回答好这些问题。业务经营往往是在不确定性中寻求发展空间。做什么、怎么做，不能一成不变，而要随着外部环境变化而不断调整优化，紧贴市场、研究市场、尊重市场，在充分掌握信息的基础上，全面理性思考，找准发展定位。其次是形势“明”。知彼知己，百战不殆。经营决策，既要了解对手，又要洞悉客户。不掌握对手动态，没吃透客户需求，所谓的市场营销、产品创新、定价策略等举措，就不会取得好的效果。只有充分掌握对手信息，明晰双方优劣势，才能及时有效应对，取得市场竞争主动权。只有坚持需求导向，虚心向客户学习，真正洞察需求、创造需求、引导需求，才能赢得客户信任，创造更多业务机会。再者问题“清”。问题是实践的起点、创新的起点。问题导向，是一种实事求是的工作方法，只有找准关键问题，才能抓住根本，掌握企业经营的主动权。发现问题，本身也是管理能力的体现。许多时候，“看不到问题”“看不清问题”，本身就是问题。实践证明，只有深入实际、贴近一线，从调查研究中发现问题，从批评抱怨中反思不足，才能找到真正的问题和短板，从而针对性地采取措施加以整改，提升整体发展水平。

精细执行。俗话说：“三分战略，七分执行。”离开执行力，企业所有决策都将成为空谈和泡影。要处理好目标与过程、部署与督导、控制与反馈等方面的关系，确保决策执行到位，取得预期效果。强基础重过程。完成目标任务，结果是执行的目标，过程是实现目标的基础。重结果轻过程、重指标轻基础，往往会导致发展与管理脱节，留有风险隐患，严重制约企业健康持续发展。企业经营发展，切忌只想赚快钱、做一锤子买卖，必须立足现实、放眼长远，扎实练好内功，突出质量效益，优化经营结构，夯实发展基础。重督导戒形式。经营中有时会出现这种情况，形式上布置了，但缺乏跟踪指导，对于“有没有真的做、做时遇到什么问题、怎么做更有效”等信息并没掌握，导致“雷声大雨点小”“虎头蛇尾”现象。作为经营管理者，要少做观察员、评论员，多做参与者、践行者，深入基层了解实情，着力解决实际问题，提升执行效果。重反馈求改进。管理不是单向行为，反馈互动必不可少。实际经营管理中，一些制度办法不接地气，执行效果不好，员工有怨言；一些新产品对市场需求和客户体验考虑不够，售后服务和后续管理欠缺，等等。作为企业管理者，要确立“闭环思维”，做到有始、有终、有反馈，才能推动管理水平的持续提升。

精益求精。这是精细化管理的内在要求。各项工作做深、做细、做到位，需要聚焦客户和员工关注的焦点和细节，充分发挥团队合力，集中精力全力突破。把握细节。“魔鬼藏于细节。”飞机涡轮发动机的发明者帕布斯·海恩提出了“海恩法则”：每起严重事故的背后，必然有29次轻微事故和300起未遂先兆，以及1000起事故隐患。无数事实告诉我们，成也细节，败也细节。粗放式的管理，无法保证服务品质，更打造不出精品企业。只有从点滴做起，从细节入手，在抓薄弱环节上下功夫，用钉钉子的精神一锤接着一锤敲，才能不断提升管理水平。攻克短板。根据“木桶原理”，木桶盛水的多少，并不取决于最高的那块板，而恰恰取决于最短的那块。增加木桶容量，补短板至关重要。具体到企业经营，短板就是制约企业持续发展，带有全局性、深层性、关键性、决定性的薄弱环节或瓶颈因素。短板不补，难有作为，甚至隐患无穷。精细化管理，是不断发现和解决短板、持续优化、超越自我的循环过程。企业经营，只有经常查找、补齐短板，才能实现持续发展。打造特色。特色创造优势，独一无二、别具匠心的东西，哪怕是微小的，也蕴含着不可替代的优势。通过精细化管理、差异化经营，可以打造独具特色、难以复制的核心竞争力。企业要以市场为导向，以客户为中心，从细微的关键之处入手，通过差异化创新，提升核心竞争力。

五、明确职责机制保障

企业管理者，既要会“管”，更要会“理”。所谓“理”，就是理顺关系理清流程，调整和创新体制机制，建立和完善有效的制度和规则，形成有效的激励约束机制，使整个机构有序高效地运行。

顶层设计。顶层设计是一个工程学概念，是统筹考虑项目各层次和各要素，追根溯源，统揽全局，在最高层次上寻求问题的解决之道。对企业经营而言，“顶层设计”是用科学的方法论，基于对目标市场的理解，对用户需求的把握，对竞争格局的认知，对企业未来的发展做出系统性的规划。单纯依靠一事一点的零星想法就能战胜竞争对手的时代已经一去不复返。企业经营管理需要更加科学化、规范化和流程化操作，需要进行顶层设计，加强制度创新，建立符合现代企业经营规律和要求的公司治理体制、组织架构和运行机制规则。

强化治理。研究表明，无论在发达国家还是新兴市场，实行科学的公司治理的公司都能获得机构投资者的青睐。据调查统计，在新兴市场上，机构投资者愿意为治理良好的公司的股票付出更多的溢价。企业要建立以客户为中心，以市场为导向，以公司稳健持续发展和包括股东利益的相关者长远利益为目标的公司治理模式。要处理好董事会、监事会、管理层之间的关系，构建决策科学、执行有力、监督有效、运行稳健的工作机制。

完善架构。战略决定组织，在明确公司目标愿景和战略重点的基础上，按照“有利于市场开拓、有利于控制风险、有利于提升效率”的原则，以客户需求定流程，以流程优化定职能，以职能整合设机构，使“权、责、利”更好地匹配，有效激发经营的积极性。对于特色业务、新兴业务，可以按照专业化机构、专业化团队、专业化产品、专业化经营的要求，成立专业化经营机构，有效激发经营活力。对重要客户建立客户重大事项协调机制，提升市场反应速度。

优化机制。通过科学的考核、有效的激励和约束机制，优化经营资源配置。建立企业内部资源共享、业务联动和分润机制，打破“部门墙”“机构壁”和“区域界”，构建高效的经营格局。实施结构化个性考核，改变简单化、“一刀切”的考核模式，实施分层分类的结构化评价，统筹考虑业务、客户、产品、渠道、队伍等要素，建立分层分类的多维评价体系。

权责匹配。企业管理，强调责权利一致原则，即在其岗，授其权，承其责，得其利。缺乏责任，容易产生低效，甚至腐败；缺乏权力，工作无从执行。只有负责任的权力才是合法的权力，才具有权威性。权责匹配，关键是明确岗位职责和权利，建立激励相容的激励与约束机制，对于具有业务决策权力的部门，可以采取“补充激励”或“对称问责”的思路强化责任。

补充激励。当某项经营任务达标，可按照业务相关性和参与度，以内部计价或直接奖励的形式，给予相关决策部门一定比例的分润，激发其主动参与业务经营，形成整体经营合力。

对称问责。对市场竞争力下降、重要客户或项目流失、核心经营任务未达标等情况，相关决策部门需分担责任。同时，贯彻“谁营销、谁受益”的原则，充分调动广大员工积极性。总之，通过特定的激励约束机制，实现“激励相容”，促使个人理性转化为集体理性。

合理授权。授权是指管理者将自己的部分职权授予下属行使，使下属在一定的职责范围内全权进行工作；同时，管理者对下属的工作结果承担最终责任。授权不授责，说的就是这个道理。授权是管理能力的一种体现，也是企业经营管理的内在要求。

差异化授权。企业经营，要具体问题具体分析，不能“一刀切”，凡事一个标准、一种手段，往往扼杀创新、抑制活力。大客户有大客户的偏好，小客户有小客户的特点；每个地区有每个地区的区域特色。因此，内部管理中可以实行差异化授权，充分考虑经营区域或对象的个性化特点，尽可能扬长避短、激发活力。授权的实施与内部管理基础、专业化水平密切相关，关键是要做到“能力匹配，风险可控，效益最大化”，针对不同管理对象的职能定位、资源禀赋、能力素养等特征，灵活制定授权内容和标准，实施分级分类授权，实行授权报备制，并根据环境变化，及时进行调整。

尝试负面清单管理。近些年上海自贸试验区改革，其中非常重要的一项探索就是推行负面清单管理，倒逼政府职能和管理模式的转变。这对企业经营管理也具有很好的借鉴意义，可以尝试负面清单管理，对未列入“黑名单”的事项，可根据实际，授权机构在风险可控的前提下自主决策开展。

“按规律办事”，反映的是理性的思维和导向，是“知行合一”的体现，也是现代企业经营管理的内在要求。企业经营是活的，企业情况千差万别，外部环境复杂多变，需要在概括总结洞察普遍性规律的基础上，实事求是，灵活运用，具体问题具体分析，才能有的放矢，事半功倍，提高经营管理的有效性，也才能不出偏差，不走弯路，保障企业走健康发展的道路。

精神的价值

毛泽东有句名言：人是要有点精神的。其言也简，其意犹远。我以为这个“精神”是一种追求，一种境界，一种超越，一种不甘平庸的宝贵品质。人无精神不立，国无精神不强。企业没有精神，就会忘记责任，忘乎所以，不思进取，也会失去存在的价值和意义。

精神不是凭空而生的，来源于历史，来源于传承，也来源于实践，是生命的延续和绽放，是内在责任与环境和形势斗争中形成和发展的一种处世的态度和哲学。

我小时候爱好运动，十岁那年正值“文革”开始，举国上下都裹挟于这股政治潮流当中。那时候通过体育运动强壮身体，比试技巧，虽是天性使然，但带有明显的时代符号，更看重的是随时为轰轰烈烈的革命事业做好准备，当然也抱有助人为乐、一展身手的美好愿望。除了体育运动，我也喜欢阅读，清楚地记得，当时书店的书籍多数是反映战争年代的革命和军事题材作品。出于好奇的阅读过程中，战争场面和对敌斗争的情节惊心动魄，扣人心弦，竟使人欲罢不能。多年以后有了电视，我热衷于观看体育比赛和军事题材的影视节目，无论是竞技体育项目的个人技巧与能力、整体规则与战术，直至创造梦想奇迹，还是军事战争中运筹帷幄决胜千里、狭路相逢斗智斗勇的场景，都在我心中打下了深深的烙印。

随着岁月流逝，恰逢十年“文革”结束，沐浴着新历史时期的阳光，我迎来了职业生涯的机会，踏上了银行工作岗位。银行是近代才出现在中国的金融机构，古时一般叫钱庄或者银号。在民国时期，银行业在中国发展非常迅速，20 世纪 30 年代，上海成为远东国际金融中心之时，大量中外资银行云集上海，资金往来巨大、业务日新月异，竞争也是异常激烈。与此同时，在边区、根据地、解放区，党领导下的红色金融业也在蓬勃发展，为人民生活的改善以及军事上的胜利不断添砖加瓦。1948 年 12 月 1 日，中国人民银行成立，新中国成立后国家沿用的是计划经济体制，银行也是如此，在 1955 年公私合营银行并入中国人民银行之后，银行体实现了“大一统”，即只有中国人民银行独此一家，既履行央行职能，又承办储蓄信贷等商业银行业务。计划经济体制下的银行，主要经营任务是由政府主导，银行负责执行，大多从事单纯的收付业务，不重盈利，更缺乏竞争。1979年起，中国农业银行、中国银行、中国人民建设银行，先后从中国人民银行和财政部分设出来。1983年9月，国务院决定中国人民银行专门行使中央银行职能。1984年1月，中国工商银行成立，原中国人民银行办理的工商信贷和储蓄业务，由中国工商银行接办。这些国有专业银行的设立，意味着改革开放的不断深入，社会也逐步向市场经济阶段过渡。20世纪90年代初，银行间的市场竞争已经日益显现，国有专业银行也需要应时而变，逐步转变为责、权、利、险相结合，相互制约、自主经营、自担风险、自负盈亏、自我发展的国有商业银行。“专业”和“商业”的一字之差，带来了银行经营理念和经营方式的巨大的变革。而到了21世纪，以2009年农行完成股改为标志，中国的国有银行又完成了“股份制”的巨大飞跃。

工作后，我从一名普通的中国人民银行基层员工开始了职业生涯，并完整经历了从人行到股份制商业银行的不同历史阶段。尤其是在进入国有商业银行阶段之后，在工作过程中，我日益感受到市场开放带来的同业竞争和业务挑战，并不断进行自我学习、完善和总结。随着我走上各级管理岗位，经营管理时常遇到各类矛盾、纠结、窘境，并为谋划突破困境，寻求解决方案而时常冥思苦想。现在回想起来，早年的体育运动爱好，军事题材的书籍，曾带给过我许多触动和启发。在不断的工作和实践中，渐渐感受到“商场如战场”的寓意。就拿企业经营与军事战争来说，表面上“隔行如隔山”，但解决问题的理念和方式是共通的。在企业管理和商业竞争中，有时候面临形势被动不利的情况下，个人和团队精神力量的发挥，往往成为主导成功的关键。这与军事战争中磨砺队伍，绝地反击，克敌制胜的感觉何等相似。精神的价值在不同领域的作用，从表面上看千差万别，实际上理念和方法是相通的。企业经营与竞技体育乃至军事较量，都是为了达到既定的目标，通过有效管理来提高团队成员的能力，并制定相应战略战术，调动各种有利因素，使自己在竞争中处于有利地位，最终取得胜利，可谓殊途同归。“殊途”，意味着在不同的领域，通向成功终点的道路不同，方式有别；“同归”，则暗示在某个领域取得成功之时，需要依靠某种相同的作用力，作为成功的重要支撑，我认为是精神的力量。

面对困难和挑战，在客观条件不可变化，或者竞争双方技术层面的能力已经达到极限的情况下，精神力量的发挥程度，某种程度上成了掌控最终成败的“胜负手”。要大力培育弘扬积极向上，奋发有为的精神，在实践中能迸发出难以阻挡的力量。

追求卓越的做事态度。人们的日常行为，往往由内心产生的“态度”为基础而发挥作用。影响个体行为的因素有很多种，诸如生理因素、心理因素、环境因素、文化因素、经济因素等等，态度是重要的心理因素之一。从事经营管理的“态”，不涉及物理性状等其他外延，而专指精神层面的状态。态度有正面的，也有负面的，不同的态度，也可以互相转化。追求卓越是积极向上的精神状态之一，而上进多少，又需要“度”来衡量，所以，“态度”一词，一定意义上就是“状态”与“程度”的总和。态度影响人的行为，并体现在最终成效的差异上。企业管理者所秉持的经营态度，往往对企业的生存和发展，产生直接的影响。尤其市场经济环境下，企业竞争激烈，不进则退，时刻需要保持追求卓越的态度。通过强化自身，弥补短板，保持向往优秀、追求卓越的热情和动力。勇于追求卓越的态度，为辉煌的铸就奠定了客观基础。

人类发展到今天，离不开对未来事物的美好想象和憧憬，更从未停下过追逐未来的脚步。每个人都曾畅想过未来，并希望有朝一日能够实现远大的目标。打造一家卓越企业的过程中，追逐未来的态度，如同一盏不灭的明灯，始终照耀企业成长的道路。追逐未来，意味着企业需要拥有前瞻的眼光，充分把握住时代发展的脉搏，瞄准行业发展的前沿趋势，加大行业分析和战略研究的力度，用一种超前的思维考虑经营发展问题，大胆设想，小心求证、稳步推行。追逐未来，意味着树立明确的经营愿景不动摇。未来并非虚无缥缈难以捉摸，有了追求企业卓越发展的愿景，就相当于树立了引领企业走上卓越道路的标杆。想都不敢想，追求卓越根本无从谈起。追逐未来，意味着企业要树立起领军的姿态，走在同业前面，面对未来充满自信，用积极的态度面对挑战，拥抱变革，用自身的行动和汗水，谱写未来的新篇章。

万物运行皆有其法则，春生、夏长、秋收、冬藏，这是人类千百年来从农耕实践中归纳总结出来的经验，遵循自然法则进行耕耘才会有好的收获。人类社会和人的思想同样如此，它不以人们的意志为转移，并且必然、本质、稳定和反复出现。企业经营乃至其他行业也一样，都有自身运行法则，遵循法则办企业，是现代企业经营管理的客观要求。遵循法则可以从三对关系上加以把握。首先是注重把握原因与效果的关系。企业经营中，时常需要分析各环节的因果和关联，从中加以总结梳理，如管理的规矩与方圆、传承与创新、理念与方法等，这些都是企业管理中需要充分认识的法则。原因的不同，导致管理效果的差异，而效果的产生，又能佐证原因的确切与否，通过因果间的反复印证，可以进一步准确遵循企业管理的法则。其次是把握注重学习与实践的关系。企业经营既可以学习其他企业既有的成功经验，也需从自身的经营实践中，学会观察思考，不断总结和尝试，找到最适合自己的模式。最后是注重谋划和创造的关系。人们常说“谋事在人，成事在天”。“谋”在经营管理中，就是思考解决问题最有效的办法，多动脑，集思广益，不断优化方案。“天”从某种意义上讲，可以理解为“法则”。遵循法则做事，谋定而后动，在“谋”的基础上，创造出新方案，开创出新局面，实施新创举，面对弱者不轻敌、不自满，以最小的消耗赢得竞争；面对强手有针对性地克己短、扬己长，因而无往不利，取得骄人业绩。

时代的发展充满了变革，机遇和挑战并存。人们会时常遇到这样那样的诱惑和干扰，让人分散心神，忘却初衷。抱诚守一是追求卓越核心价值的重要内涵之一，意味着秉持一颗真诚的心，用心做好同一件事。追求卓越过程需要心正气顺，“抱诚”，在经营管理中表现为对事业抱有高度热情，以高标准，严要求，甘于奉献，吃苦耐劳的态度来面对日常各项工作；以高质量的产品和诚信服务，赢得客户对企业的信赖；以精诚合作的姿态，协调企业内部的关系，形成企业经营的合力。“守一”，则表示对技术精益求精、一丝不苟的态度，迎接挑战时具备超越常人的决心毅力，钻研业务时专心致志，心无旁骛地全心投入。通过在自身领域不断精耕细作，水滴石穿，把时间、精力和智慧全部贯注于事业，最终达到工匠精神的境界。“十年砥砺，一朝亮剑”，抱诚守一的态度，往往会在关键时刻爆发出长年积累起来的巨大能量，在面对竞争和挑战时全力以赴，以狭路相逢勇者胜的姿态，直面对手、展现优势，取得令人信服的胜利。

坚韧不拔的不懈追求。人们对于何为成功，一直有着不同的理解和看法。不同的个体，不同的目标，有自己成功的定义。从一定意义上讲，成功没有标准答案，只有无数种的解释。有时是实现事业、金钱、物质上的某个目标，或许是达成学业成就、家庭幸福或某种理想而带来的满足。成功往往意味着在某一领域，超越了普通和平凡，需要靠努力和奋斗才能实现。所以，自古以来成功不会从天而降，没有一蹴而就的事业，也没有一帆风顺的人生。无论个人成才还是企业发展，时常会遇到各种挫折和障碍，而坚韧恰是战胜逆境的一种宝贵品格。坚韧，既包含坚定顽强，又意味柔韧不倒，是一种刚柔并济的精神。人无精神不立，国无精神不强，坚韧不拔的精神是一种从失败中崛起的能力，是一种扭转乾坤，化逆境为胜利的特质，更是将思想转化为物质的强大能量。秉持坚韧不拔的精神，是通向胜利彼岸的桥梁，也是物质与精神相辅相成的辩证统一的结果。

登山的过程，由低向高、逐级向上，但又曲折蜿蜒，并非呈直线上升。登山是一项极具综合性挑战的户外运动，考验人的耐力、身体平衡性、意志力、技巧等一系列特性，有时一个细节失误就会造成登山者的伤亡，因此被称为“勇敢者的运动”。尤其攀登那些著名的高山险峰，对登山者而言更是从身体到精神的全方位考验。登山者需要付诸日常艰苦训练，携带专业装备，不断适应高海拔环境，提升登山技术。登山过程中更需步步为营、善于发现和排除风险，跨越障碍、不懈努力，最终才能登顶。登山运动充满魅力，富于挑战。企业发展如同登山，从创业伊始到事业有成，时常是一个漫长而艰辛、逐级攀登、逐步发展、曲折上升的过程。企业经营既要具备运行发展的各类软硬件条件，也要克服随之伴生的障碍、变化、瓶颈和挫折等不利情况。决定企业发展高度的因素有很多种，既有内外部的客观条件，也离不开精神因素的发挥。高峰只对攀登它，而不是仰望它的人才有意义。每次攀登都意味着一种挑战，通过克服前进途中的各种困难，达成目标和成就，最终领略山顶的无限风光。企业的发展道路崎岖险峻，面对各种不可预知的艰难险阻，需要具备行动力、进取心、果敢决断甚至一定的牺牲精神。人们常说发展是永无止境的，没有最好的企业，只有更好的企业，但企业究竟能发展到怎样的高度，一定程度上，发挥持续攀登的精神就显得尤为重要。在竞争中敢于与强者争雄，以恬淡的心态面对失败，会给人留下刻骨铭心的印象。以永不停歇的战斗精神，克服千难万险，一步一个脚印，终于登上顶峰，达到“会当凌绝顶，一览众山小”的至臻之境。

有人说人生如同一场赛跑，每个人都是和自己赛跑的选手，每个人都能在自己的赛程中收获沿途的风景。但人生不像考验爆发力的短跑，更似考验耐力的马拉松。在途中，时常面临各种取舍和抉择。放弃是一时的念头，不放弃则是一种长期的信念。企业发展也是一个长期的过程，发展道路上会遇到各种难题，有些来自同业竞争，有些源于自身转型，绕道而行很轻松，说服自己放弃很容易，在通向终点的道路上停步不前，意味着与胜利失之交臂。在正确目标引导下，咬牙继续坚持很难，但这恰恰是导向成功的秘诀。不抛弃，不放弃，持之以恒奋斗到底，是坚韧不拔精神的重要价值所在。碰到艰难险阻，沉着应对，冷静观察，决不放弃，这是一种拼搏向上的勇气，一股“虽千万人吾往矣”的担当精神，一种不达目的誓不休的信念。战胜对手，首先战胜自己，高手对决往往在于拼一口气，谁先松了这口气就会输。在强手如林的竞争场合，不断迎接挑战，将潜力发挥到极致，胶着时的寸土必争，落后时的惊天逆转，危急关头的绝地反击，靠的是顽强的毅力和永不言败的精神。企业管理时刻面临各种困难阻力，荆棘坎坷一路相随，成就和掌声的背后是无数次的挫折和探索。只有咬牙一路坚持，才能达到成功的巅峰。

先进技术的探索实践。如果将精神比喻为一座建筑的支柱，那么先进的、科学的实践是建造这座建筑的基石。两者是相互依存，相互促进的辩证统一关系。先进科学的方法，是发扬精神的物质基础。方式方法得当，精神力量的发挥能体现更好的正向效果，反之则容易南辕北辙，欲速不达。发扬精神是一个努力的过程，单靠精神不能获胜，还必须实力过硬，才能到达胜利的彼岸。企业经营管理光有精神层面的建树还不足以成功，具备实实在在的“硬功夫”才能在竞争激烈的商海中脱颖而出。实践，是为达到某种目的，而采取的手段和行为，包括了“方式”和“办法”。领导者的智慧和能力，以及团队影响力，具体体现在如何运用合适的方法取得业绩。

经营管理就像船只在大海中航行，需要指南针和航标灯来引领前进方向，避开暗礁险滩。实践有科学的思想作先导，则谋事精准，执行有效。理念基于长期的理论思考及实践所形成，具有先导性，影响行为，决定结果。企业团队领导人，都需要拥有正确的经营管理理念，把握好战略性、纲领性、引领性的东西，依此定好发展思路、发展方向、发展着力点。理念正确，目标任务就准，方案举措就实。利用先进的竞争理念，是创造辉煌的前提条件。在管理实践中，需要系统理解经营管理的内涵，进行梳理，形成判断，归纳出战略重点和战术途径加以执行。

有数据表明，当今世界每天产生的信息量，相当于1500个国家图书馆的信息总和。世界日新月异，新技术、新思想、新环境、新模式层出不穷。面对变革，优秀的企业以创新为动力，与时俱进，不断跟上时代步伐。企业发展到一定的阶段，几乎都会步入“爬坡乏力”的阶段，发展速度减缓或者停滞。欲筑百年企业、持续发展，出路在于解放思想、不拘一格、大胆尝试。根据实际情况，通过调整思路、转变方式，应对新的情况和挑战，在原有的平衡态势被打破的时候，寻找新的发展动力。创新无极限，只要敢想，没有什么不可能，同样的“招数”在高手对决中，往往很难第二次奏效，此时就需要审时度势，通过不断创新，形成符合自身特点的个性化策略。企业可以利用自身特点和优势，打造多元化运行体系，应对不同类型的对手。经营中知己知彼，善于抓住主要矛盾，扬长避短，攻其不备，不断适应变化，及时调整，做事得法，事半功倍。

千百年来，人们从处事处世经验中，通过积累、总结和实践，得出一个重要的结论，叫“行胜于言”；实干，需要踏踏实实去做，去执行。执行是所有理念和方法有效转化为成果的唯一途径。在制定战略目标后，利用资源逐步推进，最终实现预期的结果。在此过程中，需要分解战略目标、分配资源人力，形成分工清晰，职责分明的执行团队。建立顺畅的信息交流体系，使战略意图实施过程中，精准传递要求，正确领会意图，坚定贯彻执行，不自行其是，战略战术不走样。执行力在实现战略、战术过程中起到关键作用。

事实证明，一家成功企业的背后，至少有数十家同类企业倒在了通向成功的路上。尤其是一些创业公司，能从天使投资到D轮的，甚至不足2%，可见淘汰率之高。做事情难，把事情做好更难。去做很容易，把事做成很不容易。经营好一家企业，是一件非常不容易的事情，经营者需要兼顾和处理好方方面面的事情。企业发展是个体利益和整体利益的统一，以维系组织的高效率运转。在工作中，一个人的力量或是水平毕竟是有限的，通过团队结合，将所有人能力和特长发挥出来，将五个长短不同的手指握成拳，形成强大战斗力。团队精神是企业经营管理中凝心聚力的制胜法宝。团队是一个共同体，有共同理想目标，愿意共同承担责任，荣辱与共。在团队发展过程中，经过长期的学习、磨合、调整和创新，形成主动、高效、合作且有创意的团体，解决问题，达到共同的目标。良好的团队就像一个和睦的大家庭，成员之间情同手足，团队的凝聚力，是独有、不可复制的核心竞争力。团队成员形成共识，有效沟通，积极配合，遇事互不指责，善于补台，规避负能量，最大限度地激发彼此的正能量。

在变化的世界中守住初心。变与不变，本身是一对哲学命题，事物总是不断变化，并在变化中前进和发展。同时，事物本质的内在规律性是不变的，具有稳定性、长期性和坚韧性。

“变”是客观存在的现象，就经营管理而言，市场竞争的内部和外部因素交织，错综复杂，瞬息万变，变化无处不在、无时不有。“不变”，指事物内部存在的客观规律，是需要坚守和秉持的根本原则。爱因斯坦曾经说过：“生活就像骑自行车，只有不断前进，才能保持平衡。”这句话当中的“不断前进”，意味着变化是持续存在的，而“保持平衡”，则是“不变”的客观要求。经营管理同样如此。企业经营面临的各类变化因素并作出调整，但总有一些企业需要长期坚持，一以贯之的要求，在管理中起到主导作用。“变”是围绕着“不变”的“变”，“不变”是引领“变”的“不变”，企业的经营管理，也是不断理解和把握“变与不变”的过程，通过梳理“变”与“不变”之间的关系，来推动经营管理不断发展前进，这是企业赖以长期发展和成长的核心规律。

经营方式在变，经营本质不变。企业经营管理的本质是发展。离开发展这个“不变”的本质，其他目标都无从谈起。企业的经营方式，从过去的个体分散型经营，有限责任公司组织，到现代跨国公司、股份制企业等，或者不同的行业不同的领域，所有体制，所有模式的企业，其经营最终的目的，是盈利和发展，否则企业必将难以为继。所以企业经营在于牢固树立发展的理念，以提高发展质量和效益为中心，找准市场定位、实行科学管理，创新管理思维，实行合适自身的运行组织架构，达到发展的最终目的。

外部因素在变，业务核心不变。事物变化是由内因和外因共同作用的结果。外因是各类外部因素，内因是事物内部的核心本质。在市场经济条件下，企业经营围绕的核心永远不变，就是客户。通过向客户提供商品和服务、满足客户需求，实现企业的发展目标。秉持以客户为中心的经营理念，不断为客户创造价值，关注个性、强调体验，服务民生与实体经济，顺应市场大环境的变化、依据政策制度调整方针、符合市场和客户需求，应时而变，顺势而为，经营信用，防控风险，牢牢把握客户为核心的本质。

竞争模式在变，精神价值不变。常有人将商场比作战场，竞争无处不在。随着时代的发展，从商品本身，到商业模式，到经商理念的竞争如火如荼，企业每天都在面临来自各方的挑战。从“价格战”到“服务战”，从单赢模式到双赢乃至多赢模式，从搏杀“红海”到开拓“蓝海”，企业的竞争模式一直在变。但是企业在经营中，保持追求卓越的做事态度，坚韧不拔的不懈追求，采用科学的方法探索实践，发扬企业家精神，这些宝贵的品质和精神，则是永恒不变、代代相传的。随机应变是“术”，而持之以恒则是“道”。秉持理想信念，恪守价值理念，不忘初心，方得始终。

我熟知的企业家

改革开放以来，我国涌现出了一大批优秀的企业家，他们为中国的经济腾飞做出了杰出的贡献。我因所从事工作的原因，结识了不少企业家。在交往中，企业家对经营企业的态度，折射出丰富的思想境界，使我学到很多，受益匪浅。有一位企业家，我了解相对较多，他的低调沉稳、执着追求的奉献精神感人至深。20世纪80年代末，一个偶然的机会，我结识了这位刚刚从事企业经营的管理者。他在当地很有人气，还是政府官员身份。可能是冥冥之中的缘分，在首次谋面中，他的机智与幽默，使我们相谈甚欢，颇有一见如故之感。回首往事，此情此景，历历在目。至今我们相识、相知已数十载，彼此的友谊经受住了时间和环境变迁的考验，虽然见面并不频繁，却也称得上“君子之交，其淡如水”的挚友。在改革开放的大潮中，他经营的企业在几十年里，经历了从无到有、从小到大、从弱到强、转型发展的坎坷历程，凭借他不屈不挠、顽强拼搏的精神，践行着“不经历风雨怎能见彩虹，没有人能够随随便便成功”的人生真谛，在时代变迁的洗礼下成就一番非凡的事业，成为名副其实的企业家。

一、敢于梦想

长期以来，我们只要有见面的机会，自然而然就会综观时事变化，研判经济形势，保持良好的沟通与交流，展望未来，畅所欲言，彼此共勉。他敢于梦想，勤恳务实，心里装着星辰大海，有为企业规划宏伟蓝图的大气和为实现目标而燃烧自己的决心。他气质非凡，说得少做得多，言出必行，脚踏实地，一步一个脚印。他的最大梦想，就是执着追求企业发展的宏伟蓝图，通过奋斗来实现自己的人生目标。

1. 敢去做

英国著名文学家劳伦斯有一句名言：成功的秘诀，在于养成迅速去做的好习惯。梦想的实现需要强大的行动力作为支撑，他非常清楚地认识到：机遇需要主动创造发现，等待机遇无异于盼天上掉馅饼。通过观察，不难发现，像他这样的企业家之所以能够取得成功，很大程度上并不是他的想法多么出类拔萃，而是他的行动比别人先行一步，并且能够孜孜以求。在企业发展中，他追求卓越，审时度势，善抓机遇，努力将自身的优势、能力及资源发挥到极致。他敢于创新，不拘泥于传统思维的束缚，善于接受新事物，乐于迎接新挑战，敢想、敢闯、敢试，不断经受市场考验。他以敏锐的眼光洞悉本质，看准的事，不朝三暮四，不犹豫，不懈怠，大胆地付诸实施。

2. 踏实做

一个企业的成败，很大程度建立在优秀管理者的智慧上，脚踏实地是他作为企业家的显著特征，也是他仰望星空的底气，梦想成真之道。他紧密联系自身企业的实际，量力而行，不盲目追大，严格防范因蛮干引起的各类经营风险。崇尚脚踏实地做事，注重日积月累，积小步为大步，避免“一日千里”，又防止“昙花一现”。对于经营主业，他见解独到，扬长避短，找准定位，不为外界的利益纷扰所透惑，因势利导，心无旁骛地坚持做实体，做实业。在经营管理实践中，他弘扬正气，坚决克服投机取巧、作风漂浮、自欺欺人的倾向，使企业发展扎实有序，他的企业经营理念，受到业界高度肯定。

3. 坚持做

锲而舍之，朽木不折；锲而不舍，金石可镂。企业发展中困难、挫折在所难免，实事求是，坚持对的，改正错误，是他管理企业的优秀品质。他以一种异于常人的顽强毅力，“咬定青山不放松”，坚定不移地朝着自己的目标前进。有人风趣地说：“他出身于普通的农民家庭，但有政治家的眼光和企业家的风范。”在企业发展的不同阶段，他以愿景为引领，紧盯目标，遇到困难不动摇，遭遇坎坷不退缩，一切从实际出发，妥善解决发展中的困难和矛盾。面对市场波动和环境变化，沉着冷静，积极应对，总结经验，反思教训，不消极、不气馁，使企业始终沿着正确的航向前行。

二、保持定略

定略是企业发展的战略思想。他探索、研究企业发展策略，思路清晰，定位准确，方法得当，使企业发展建立在符合客观实际的基础之上，积极承担社会责任，不断回馈国家和社会。

1. 办好企业

这是企业家的“经营”之本。《论语》中有“君子务本，本立而道生”之句。企业家的首要任务，也就是“本”，即把企业经营好、发展好。这是一个最基本的道理，也是对企业家最大的考验。在多年交往中，从他身上折射出一位坚持“务本”的企业家形象，令我印象深刻。在其管理理念中，发展是经营之“本”，“务本”意味着在经营实践中，找到正确发展方向，紧扣主业深耕细作，不随波逐流，将主营业务做大做强。他始终致力于打造企业经营特色和具备核心竞争力的产品，不断提升经营管理水平。他认为，人员是管理之“本”，“务本”也对企业家践行以人为本的管理理念提出了很高的要求。他既能经营好企业，也能经营好人，这就是从一位成功企业家身上得到“务本”的启示。办企业过程中，他坚持以人为本，科学发展，将员工视为企业经营的核心资产，作为各项工作的出发点和落脚点，凝聚合力，形成强大的发展动力，实现企业发展与员工福祉的同步提高。稳健经营，依法合规，按规律办事，一切从实际出发，适应变化，严控风险，促进企业健康、稳定、协调发展；诚实守信，说到做到，把企业发展与完善产品和服务质量有效统一，完善管理，有计划、有步骤地调整结构，努力提升企业经营水平。

2. 服务社会

这是企业家的“反哺”之心。人的成长离不开父母养育，师长教导甚至乡亲帮扶，一家企业的发展，背后同样有各方的支持。他常说，树高千尺也忘不了根，当个人和企业发展壮大之后，回馈与反哺，是一种人性本真向善的回应。他积极投身公益，造福桑梓，这也是企业家精神的重要组成部分。随着国内经济持续增长，企业家的财富与日俱增，作为其中的一员，他与许多企业家一样，以身体力行承担更多的社会责任。在他看来，国内社会发展还存在较大的不平衡现象，而企业家们作为先富起来的群体，通过践行公益事业，引领健康向上的社会风气，提高社会效益，起到良好的示范作用。尤其是扶贫、医疗、教育、环境之类的百年大计，更是功在当代，利在千秋的大好事。他造福社会的善行善举，为许多当地企业家树立了良好的榜样。

3. 贡献国家

企业家的命运离不开国运，贡献国家是民族企业家毕生所求。在他看来，国家经济的发展，从微观层面看，靠的是一个一个企业的发展。每个企业和企业家充分发挥积极作用，就如同国家的每个细胞都健康成长，对国家良性发展的促进作用毋庸置疑。从海外企业的发展经历观察，西方发达国家走过的道路，可以印证企业家精神的重要作用。19 世纪末，美国民营企业发展迅速，一批现如今中外闻名的企业家渐露头角，他们的工作在很大程度上推动了美国经济的发展和国际地位的确立。日本也有类似的现象，在日本经济高速发展时期，涌现出一批知名企业家，他们的企业如今都世界知名，与日本经济的发展相辅相成、相互成就。中国企业家是中国社会经济发展建设中的“排头兵”，身处改革发展的前沿，勇于承担责任，充分发挥专业专注的创业精神，永远保持不畏艰难险阻的信心和勇气，为企业谋发展、为国家做贡献。他始终葆有家国情怀，奉献社会，主动肩负起企业公民的社会责任，不因善小而不为，捐资助教、扶贫济困、造路修桥、恢复生态，尽力造福一方。四川汶川地震时，他在第一时间捐款支持重建；新冠肺炎疫情暴发后又慷慨解囊，以重金援助医疗单位和赴湖北医疗队。多年来，他做的慈善不计其数，自古杭州地区景色宜人，他修缮的寺庙及自然环境，已成为绝佳的森林旅游景区，自然环境和社会文明和谐统一，体现了企业家的高风亮节。

三、知恩图报

美德是企业家人生名片上的隐形“头衔”，内涵丰富，无法一概而论。企业家也是芸芸众生中的一员，家庭中为人父母子女，社会上普通公民，与其他人别无二致，同时又因其从事行业的特性，在道德领域还被赋予了更多的内容和要求。

1. 为人之德

中国传统儒家思想，对于人之美德，有“仁、义、礼、智、信”五常及“孝、悌、忠、信”四德之说。企业家作为经济社会中的一类群体，对于其为人之道被赋予了更加丰富的内涵。他始终从中华传统文化中汲取养分，这些思想贯穿于中华伦理体系发展历程，是中国传统精神价值中最核心的一些元素，并在不同时代被赋予不一样的具体含义。他欣赏君子以厚德载物，秉承良好品德是立身做人的基本要求，是与人相交的信任基础，更是扮演好其他社会角色的重要前提。他在事业上取得如此辉煌成就，与他日积月累的品德修养所造就的独特人格魅力密不可分。

2. 为商之情

人的品德由两个要素构成，一是与生俱来的先天性格，二是后天的、在成长过程中学到的人生哲学。企业家的美德，是在“为人之德”的基础上，兼具为商之德。与其商业交往、业务合作中，有时是智勇碰撞的“竞技场”，有时也是道德品格的“试金石”。他格外讲求诚信经商，带来信誉；推己及人，赢得友情；平等相处，和气生财；义中取利，维持稳定；互惠互利，谋划共赢；富而好礼，收获尊敬。他秉承以德经营的思想，不断提高心性，将学到的先贤教诲付诸实践，时时反省以维持高尚的人格。在商道之中，他确立做人做事的判断基准，遇到考验时敢于正确面对，这也是优秀企业家所共有的特质之一。

他既是孝子，也是义士，孝敬父母，重情讲义，滴水之恩涌泉相报的秉性，远近闻名，有口皆碑。我对他待人处事的认识是：崇尚“真善美”，有刚正不阿的浩然之气。我感佩他为人的“真”，与他人共事，坦诚相待，以心交心，敢于讲真话，办实事，知行合一。处事的“善”，在于胸怀坦荡，不计名利，以菩萨之心，做有利于社会和他人之事。向往的“美”，在于爱国爱家、创造幸福，与时代同行。他在与朋友、同事多年相处中正直豪爽，敢于担当，不矫揉造作，不敷衍行事，在自己力所能及之处，办其力所能及之事；以谦和之心来倾听各种声音，兼容并蓄，从善如流，回应关切；常怀感恩之心，情深义重，奉行“谁言寸草心，报得三春晖”的处世哲学，彰显智者的勇气和力量。

四、不忘初心

企业品格集中反映了企业家的道德、良知和审美，也是企业发展之基。基础弥坚，道路弥广。在企业的发展过程中，他时时回望一路的足迹，以襟怀洒脱的思想品德与行稳致远的经营理念为标尺，检视踏出的每一步，力求至臻至善。

1.“终点”思考

不忘初心，方得始终。初心发端于“始”，实现于“终”。终点思考，即以终点为起点，反复对照初心的思考方式。经营管理中的“终点”，是企业家为之奋斗的目标。在他看来，这个目标既有长期的、系统的，也有短期的、阶段的。但无论何种终点，其本质恰与内心的起点相吻合。当初为何出发，如何实现目标，是初心的真实写照。和许多优秀企业家一样，他在事业发展过程中，常以初心为镜，反复对照，确保终点不移位，目标不丢失，凝聚奋进的动力。在到达某一“终点”之时，回望来路，有助于分析一路上的成败得失，是否走弯路，如何避险阻。而以“终点”作为下一个目标的“起点”，则更像是对长远目标的一以贯之，把成功当作一瞬间的小憩，不被眼前景物所迷，最终抵达“初心”之地。

2.“行稳”思维

他的企业发展态势长期保持良好，在市场变化的常态中，始终保持着稳定的经营方针和战略定力，是行稳致远经营理念的集中体现。以他所见，“行稳”与“致远”具有因果关系，行稳是主导因素，致远则是水到渠成的结果。企业家在经营发展中，会遇到许多机遇，但其中不乏隐藏着非理性繁荣的成分。筑牢企业经营根基，深耕厚植、稳健经营、审慎抉择，发展过程中不盲目图快，不急功近利，保持适度低调，企业发展之路才能走得稳，进而走得远，实现高质量发展的美好未来。

在多年的交往中，我深感他信念坚定，与企业同呼吸共命运，在风雨经历中锤炼，在岁月磨砺中成长，坚持正确的方向，执着如一。做事有度，考虑问题周全务实，遵循企业发展宗旨，砥砺奋进，在正确时间做正确的事，与新时代同行承担新的使命；做人有方，统筹兼顾各方关系，协调推进有效发展，妥善处理大与小、长与短、义与利、得与失等不可回避的现实问题，即便企业财富积累可观，也不狂热浮躁，盲目幻想，仍然低调做人，艰苦奋斗，勤俭办事，坚守创业初心，方得基业长青。

企业家是市场竞争中的特殊群体，在推动社会进步中发挥着不可替代的作用，应该具备与众不同的气质，需要在市场风浪里、经营实践中不断修炼、提升、蜕变，从而实现人生价值和理想。由此，我想到了被誉为“花中四君子”的梅、兰、竹、菊的喻志象征：梅，不惧严冬，凌寒绽放，可谓坚守初心；兰，空谷幽芳，不媚不争，可谓低调高贵；竹，直干劲节，负雪不折，可谓坚韧执着；菊，众卉凋时，霜秋吐芳，可谓回报社会。而这，正是企业家需要不懈追求的精神境界。一旦企业家具备了这样的品质，毋庸置疑，其行必远，其业必丰。

任正非先生从平凡走向辉煌

任正非是我国最具影响力的老一辈民营企业家，他创办的华为技术有限公司，在国内企业界独树一帜。目前，中国5G在世界上展现出巨大的竞争力，甚至引发彼岸强国忌惮猜疑，很大程度上是因为有这样一位成功企业家和华为通信技术的存在。他的经营管理方式，是管理学界和诸多企业学习与借鉴的“教科书”。其经历特殊，饱经磨难，但始终高瞻远瞩，深谋远虑，提前布局，坚持按企业经营规律办事，终于造就了独一无二的“任正非现象”。

华为诞生于1987年，这三十多年里，它从小到大，由弱到强，在电信通讯这个高度竞争的高科技行业里，逐步成长为全球市场份额第一的、极具核心竞争力的头部企业。在通信、消费电子还有5G等领域，华为已然站到了行业的最前端，进入全球竞争的制高点，并造就了无数热点与传奇。华为取得的这些巨大成就，与任正非独特的企业管理密不可分。毫无疑问，华为发展至今，离不开成熟的管理方法和规范的职业经理人团队，但企业始终深深打上了其个人气质的烙印，创始人光环无法阻挡。

作为华为创始人，他用实际行动重新丰富了中国企业家精神内涵。他的创业故事激励着无数企业家搏杀奋斗。他和他缔造的企业一样沉稳而坚定，历经沉浮坎坷，却最终披荆斩棘，登上了个人意志和时代的巅峰。

一、其人其事

1. 苦难，成长的宝贵财富

1944 年 10 月 25 日，任正非出生在贵州镇宁县一个贫困的小村庄。他的父母是乡村中学的普通教师，家中还有兄妹六人。那时窘迫的家境让一家人吃不饱，穿不暖。年少时，他每天饥肠辘辘，最大的理想就是能吃一个白面馒头。即使偶然有一个馒头，母亲也会切成九等份，每人只能分到一块，聊以解馋，也已算是改善伙食了。高中那年，一家人甚至穷到只能去山上挖野草根煮食充饥。平时家里几个人合用一条棉被，在地炕里做饭，贫困的景象令上门抄家的“造反派”都目瞪口呆。直到高中毕业，他都没穿过一件衬衣，炎炎夏日里，他仍然穿着厚厚的外衣。然而，正因为父母对知识的重视和追求，即便是最艰难的三年自然灾害时期，父母仍然坚持让孩子们读书，不准他们荒废学业。

1963 年，任正非考上了重庆建筑工程学院，但此时家里的经济状况更加捉襟见肘。母亲竭尽全力为他做了两件衬衣和一条拼接起来的被单，正是这些朴素到极致的衣物，陪伴他度过了四年艰苦的大学生活。任正非在校期间学习十分刻苦，不仅顺利完成了规定课程，还另外自学了自动控制学、逻辑学、哲学和几门外语。

苦难是人生一笔最宝贵的财富。任正非曾经非常感慨地说："如果没有经历童年的贫苦饥饿以及人生的挫折，就不可能取得今天的成就。如果不艰苦奋斗，就不可能有今天的华为。"

2. 挫折，跌倒爬起的台阶

大学毕业后，任正非入伍成为一名建筑工程兵。1983 年，国家调整建制，撤销基建工程兵。任正非从部队以副团的身份转业来到改革开放"试验田的"深圳，在当时深圳最好的企业之一——南油集团下属一家电子公司任副总经理。

在这里，任正非即遭遇了人生的第一个"陡坡"。当时他在一笔生意中被人坑了，导致公司 200 多万元货款收不回来。在内地城市月平均工资只有100多元的当时，200万元无异于天文数字。不出意料的，他被南油集团“炒了鱿鱼”，成为了一名失业者。

没有收入的他，家庭失去了主要经济来源，妻子也与其离了婚，然而还上有老下有小，和父母挤住在一间小屋里，阳台兼当厨房，同时还要承担六个弟妹的生活开销，生活一时间陷入了困顿。可以说，当时在一波接一波的挫折中，他直达了人生低谷。

处于中年危机，他没有时间去感伤，个人的抱负和家庭的重担，也让其破釜沉舟、下定决心，义无反顾地冲向了下海干实业的艰辛之路。

3. 创业，注入理想的蜕变

1987年9月15日，43岁的他找朋友凑了2.1万元在深圳注册成立了华为技术有限公司，起初主要作为香港康力公司的HAX模拟交换机的代理商，并将公司起名为“华为”，寓意“中华有为”，并愿为中华的崛起而为之。创业初始，他的所思所想并没有太多的理想主义，更多的是为了养家糊口，这是一个扛着压力向前、被逼无奈的创业故事。他的创业初期带着些许悲情色彩。

当时，凭借深圳特区在信息方面的优势，华为从香港进口产品到内地，以赚取差价——这是当时最常见的商业模式。对于身处深圳的公司而言，背靠香港就是最大的优势，至于技术问题，都需要从零开始学习。在卖设备的过程中，他看到了内地电信行业对程控交换机的渴望，同时他也看到整个市场被跨国公司所把持。当时内地使用的几乎所有通信设备都依赖进口，民族企业在其中完全没有立足之地。他毅然决定自己做研发，前瞻性眼光和商业头脑，就已初露端倪。

他军人出身，似乎天生具有比一般人更加强烈的爱国热情和守土护疆的使命感和责任心，在那个时代，便清醒地认识到"技术是企业的根本"，从此彻底和"代理商"这个身份告别，坚定踏上了专注自主研发的创业之路。

4. 事业，奋斗拼搏的舞台

1991 年 9 月，华为租下了深圳宝安县蚝业村工业大厦三楼，开始研制程控交换机。最初公司员工仅 50 余人，办公条件也相对简陋。当时的工作场所有点像个作坊，既是生产车间、库房，又兼作厨房和卧室。十几张床挨着墙边一字排开，床不够时，就用泡沫板上加床垫代替。所有人吃住都在里面，不管领导还是员工，做累了就眯一会儿，醒来再接着干。这种情形也是创业型企业所常见的，只不过后来在华为成为了传统，被称为“床垫文化”。后来华为漂洋过海与国外公司直接竞争，华为的员工在欧洲如法炮制打起地铺的时候，引得外国同事无不惊叹。

为了激励员工，也为了坚定自己的决心，在某次动员大会上，他站在五楼会议室的窗外对全体员工说：“这次研发如能成功，我们就都有发展，如果失败了，我只有从楼上跳下去。”他最初的选择既充满了背水一战的悲壮，也充满了只许胜不许败的信心与气概。

1991年12月，首批3台BH-03交换机包装发货。公司当时已经现金断流，再不出货以回笼资金，即将面临破产。幸运的是，这三台交换机很快回款，公司终究得以维持运营。到了1992年，华为的交换机批量进入市场，当年产值即达到1.2亿元，利润则过千万元，而当时华为的员工，还只有近百人而已。从1996年起，华为正式进军国际市场，有人这么形容：一群饥饿的“土狼”从华为总部深圳坂田基地出发，开始向国外迁徙、觅食，不断扩大自己的领地。其间公司也经历了颇多曲折，直到1999年海外业务收入占其总营业额还不到4%，这一数字也从侧面反映了拓展海外市场的不易。华为以机动策略开辟海外市场，躲过国际巨头的视线，通过提供一应俱全的产品线以及难以置信的低价，尽管“屡战屡败”仍执着地坚持“屡败屡战”的国际扩张步伐。

从两间简易房里“孕育”出来的“草根”企业——华为，现在已经成长为国内最大的民营企业，全球最大的通信设备供应商，全球第二大智能手机厂商和世界百强企业，这不得不说是一个奇迹，一个关于中国制造的奇迹，也是中国科技企业30多年发展的一个缩影。

二、思想体系

任正非是一名卓越的企业管理者，30多年来，他把一个小公司培养成震惊世界的科技王国，并形成了一套独特的经典管理模式。他作为企业家的身份毋庸置疑，但在我看来他更是一名“商业思想家”。他以独到的经营意识、卓越的发展眼光，以及创新的管理理念应用于实践，并在此基础上形成具有个人风格的思想体系，使他和他的企业成为令全球尊敬的“教父”和典范。

1. 实施领先战略

在他的经营管理思想体系中，“领先”两个字贯穿始终。从确立《华为基本法》开始，跻身国际顶级企业就成为了华为人矢志不渝的奋斗目标。《华为基本法》第一条写道："华为追求的是在电子信息领域实现顾客的梦想，并依靠点点滴滴、锲而不舍的艰苦追求，使我们成为世界领先企业。"这个当初被认为十分难以达到的目标，正在他的带领下逐渐变得清晰起来。华为的领先战略，重点体现在：

技术领先。华为创业初期，国内交换机市场上的大型局用机和用户机基本来自国外的电信企业及其在国内的合资企业，在通信圈中的人都非常清楚这个行业的风险性。所以，很多人不理解为何华为公司放着唾手可得的钱不赚，却去劳神耗财地搞科研，"实在太傻了"。然而，任正非自有他的一番见解，他认为："华为技术开发的动力是为了生存。"他曾自我解嘲说，无知使他跌进了通信设备这个天然的全球力量竞争最激烈的角力场，竞争对手都是拥有数百亿美元资产的全球知名公司。这个角力场的生存法则很简单：你必须首先拥有一支全球力量，拥有自己的核心技术，才可能自主，才有核心竞争优势，才能活下去并活得更好。

为此，华为坚持每年拿出不低于销售收入的 10% 作为研发投入，投入力度之大，在国内企业堪称首屈一指。最近十年里，华为的创新发展更是不断提质提速，对全球通信行业形成了巨大冲击，甚至一度颠覆了行业格局。在超越对手的道路上，华为终于成为了领跑者，一步一个脚印地登上了世界通信设备领域的珠穆朗玛峰。华为已完成从低价到高价、从数量向质量、从产品到品牌如凤凰涅槃般的脱胎换骨，充满自信地站上了C位。不仅在通信基站领域，近年来华为智能手机品牌在全球市场也取得了极大成功，在欧美和东南亚等海外市场均拥有较高的品牌知名度，甚至在一些国家已经成为“国民机”，几乎人手一台。

市场领先。立志成为全球企业的华为，从2000年开始推进它的“海外扩张”战略。最初，华为走的是“农村包围城市”路线，进入的大部分是发展中国家的市场，而全球通信设备市场近70%的份额在北美和西欧，如果不能有效开拓北美和西欧市场，华为将始终停留在“农村市场”的初级水平，超越世界顶级企业的目标就根本无从实现。在与国际接轨的努力上，华为分了四个方面进行突破，即技术国际化、市场国际化、管理国际化和资本国际化。华为一直致力于核心技术研发，在技术上早已能够与世界顶级企业竞争，即完成了技术的国际化；市场国际化方面，华为在远东、南亚和非洲市场初步取得成功后，在西欧的几个国家也相继拿下了订单，再通过与国际巨头合资的方式拿下最“难啃”的北美市场；管理国际化上，华为斥巨资请来国际老师，如IBM咨询公司、普华永道（KPMG）、毕马威（PWC）、德国国家技术应用研究院（FHG）、美国 Mercer 公司等对集中产品开发、集成供应链、财务体系、生产工艺和质量控制体系、职业化管理及核心业务流程进行了重构，极大优化了流程，提高了管理效能，从而充分释放了产能；在资本国际化上，华为选择将各主要业务板块分拆，分别引入战略投资者且分别上市，化整为零，各个击破，成熟一个上马一个。稳扎稳打，厚积薄发，时至今日，华为无论在电信运营技术领域，还是手机等产品，在全球市场的占有率，都已经数一数二，江湖地位难以撼动。

服务领先。华为的一位顾问，曾经写过一篇《为客户服务是华为存在的理由》，之后他在题目上加上了两个字，改为《为客户服务是华为存在的唯一理由》。30 多年来，华为经历了诸多变革，但始终围绕着一个聚焦点，就是“以客户为中心”。在华为内部流传着这样一句话：用“华为对用户的忠心”换取“用户对华为的忠心”。这句话的意思就是华为要对客户投入百分之百的精良服务，让客户对华为一百个放心，会始终选择华为作为最优合作对象。他认为，除了要为客户提供利益之外，对客户进行感情投资也是非常重要的，华为的销售对客户不是冷冰冰的，他们和客户不光是谈生意、做买卖，他们在发展客户关系时，不是签完单子就走人，而是会和客户保持长期的良好的关系，让客户感到温馨。在合作中，华为对待客户的态度始终热情，客户遇到任何问题，华为都会立刻提供服务和帮助，即便是合作结束了，华为也会和客户有友好的往来。

有一次，华为的工作人员在阿尔及利亚参与项目投标时，恰好遇到了地震，强度为五点八级，余震达到了四百多次，很多竞争对手纷纷离开了阿尔及利亚，怕危及员工生命，但华为的工作人员却选择了留下来。就在搭建的临时帐篷中，华为的工作人员制定了标书，在客户最需要帮助的时候，也是华为的工作人员第一个赶到了现场，伸出了援手。一个月之后，其他竞标者都赶回来继续参加投标，但结果已经毫无悬念了，华为一举夺标。正因为华为对待客户的虔诚般的服务，深深打动了客户。只要始终诚心地为客户着想，总是能获得生意的机会。

2. 创新经营机制

在企业不断的发展进程中，任正非认为："不创新就会被消灭"，"如果不创新，跟在别人后面，永远是二三流企业水平，没法与跨国公司抗衡，也没有权利继续活下去。"

产品创新。近年来，华为在欧洲等发达国家市场所取得的成功，得益于两大架构式的颠覆性产品创新，一个叫分布式基站，一个叫 SingleRAN，后者被沃达丰的技术专家称作"很性

感的技术发明”。这一颠覆性产品的设计原理，是指在一个机柜内实现2G、3G、4G三种无线通信制式的融合功能，理论上可以为客户节约50%的建设成本，同时也很环保。华为的竞争对手们也企图对此进行模仿创新，但至今未能获得实质性突破，因为这种多制式的技术融合，背后有着无比复杂的数学运算，并非简单的积木拼装。正是这样一个革命性、颠覆性的产品，过去几年为华为斩获了不少欧洲和全球的市场。有人问任正非：“你们靠低价战术怎么在全世界获得这么大的成功?”他脱口而出，你错了，我们不是靠低价，是靠高价。在欧洲市场，价格最高的是爱立信，华为的产品平均价低于爱立信5%，但高于阿尔卡特—朗讯、诺基亚—西门子5%—8%。有了技术优势，华为不再需要单纯打价格战来制胜，转而依靠核心竞争力来吸引和黏住客户。然而，“创新”一词在华为的“管理词典”中却不多见，有人统计过，在他20多年来的上百次讲话、文章和华为的文件中，“创新”是被提到最少的。尤其在近两年所谓的“互联网思维”大行其道、风靡整个中国产业界的氛围中，他却在华为15万员工中大谈以乌龟精神追赶龙飞船，要求上上下下“拒绝机会主义”，沿着华为既定的道路，并且不被路旁的鲜花所干扰，坚定信心地朝前走。可见，华为在产品上的创新思维，是一种基于解决问题的创新，而并非为了创新而创新。换句话说，对华为而言，创新只是手段而非目的，目的是为客户提供更多价值的同时，塑造企业更优的核心竞争力。

组织创新。军事化的组织策略，是任正非军人出身这一背景所带来的独创心得和做法。在市场组织建设上，他非常推崇“一点两面三三制”，这是中国军队 80 多年前的创造发明。一点两面，就是尖刀部队先在防线上撕开一个口子，随后两翼部队蜂拥而上，把这个口子向两边快速拉开，然后迅速占领阵地。三三制就是一个班三个战斗小组，一组三个人，小组内部分工明确，进攻—掩护—支援，小组之间呈三角进攻队形，相互接应。早期，他要求华为的干部们就“一点两面三三制”写心得体会。“一点两面三三制”便作为华为公司的一种市场“作战”方式、一线组织的组织建设原则，在全公司得到广泛推行。应该说，这是华为受到军事战术的启示从而在市场组织建设上设计的一种创新，对后来的市场成功助益甚多，至今仍然被市场一线的经营者们奉为圭臬。

除了学习我国军队的先进战术，华为也注重博采众长，吸取外国军队的战术体系精华。比如铁三角、蜂群战术、重装旅等等，这些美军的作战体制变革也都相继成为华为管理创新的学习标本。比如“重装旅”概念，就是一线营销人员发现战机后，及时传导给后方指挥部，山头在哪，目标在哪，总部专家们要进行充分评估。当专家团们认为可以派重装旅过去，这些由商务专家、技术专家、市场解决方案专家组成的专家小组就立即奔赴前线，与市场一线的团队联合确定作战方案，甚至共同参与客户的技术交流、商务谈判等。

3. 持续完善管理

与技术变革相比，管理变革会剧烈改变企业原有的思考模式和行为模式，在一定时期内员工会因为惯性抵制模式的转变，不仅员工会不适，企业也会阵痛。正如任正非所言："革命革命，革自己的命才是最痛苦的"，"只有削足适履，对系统先僵化、后优化、再固化"，才能排除阻力引入西方先进管理经验。

人的管理。华为既提倡"狼性文化"，向员工传导压力和紧迫感，让员工最大限度为企业付出，同时也采取"工者有其股"的制度，提倡一分耕耘、一分收获的价值观。这一刚性与人性有机融合的员工管理模式，为创造奇迹奠定了最重要的"人"的基础。如何在互联网、全球化的时代对知识劳动者进行管理，在过去很长一段时间内一直是管理学研究的薄弱环节，任正非的管理方式，无疑为当代管理学研究带来了具有填补空白性质的重大贡献。

从常理上讲，任正非完全可以拥有华为的控股权，但在华为创立的第一天起，他就给知识劳动者的智慧——这些非货币、非实物的无形资产进行定价，让“知本家”作为核心资产成为华为的股东和大大小小的老板，到今天为止，华为有将近8万名员工股东，占到其全球员工总数的逾40%，受众面之广，足以覆盖整个公司的高中低各个核心骨干层。而这一员工持股模式仍在不断优化中，据悉最新的股权创新方案是外籍员工也将大批量成为公司股东，从而实现完全意义上的“工者有其股”，这无疑是人类有商业史以来未上市公司中员工持股人数最多的企业。这也同时是一大创举，既体现着创始领袖的奉献精神，也考验着管理者的把控能力：如何在如此分散的股权结构下，确立并固化公司的长期使命和中长期战略，兼顾满足不同股东阶层、劳动者阶层、管理阶层的不同利益，从而达成多种不同诉求的内外部平衡。仔细想来，这一股权架构对于企业而言其实是极富挑战的，但这就是华为所追求的价值观。

事的管理。美国的美世咨询（Mercer）公司，曾在2004年受华为委托，对公司开展了决策机制咨询。咨询意见是让任正非主持办公会，于是他提出一个模型，叫轮值COO。七位常务副总裁轮流担任COO，每半年轮值一次。轮值COO制度实行到现在，结果是什么呢？

首先，任正非以非凡的智慧远离经营，甚至远离管理，变成一个“头脑越来越发达，四肢越来越萎缩”的领袖。真正的大企业领袖在企业进入相对成熟阶段时，脑袋极其发达，也有较多的时间和精力聚焦于思想和文化，以及企业观念层面的建设；但如果“四肢不萎缩”，就会忍不住时常对那些具体问题指手画脚，下面的人就会无所适从。

创业的前10年，起初他是大半个思想家和小半个事务主义者。10年以后的他完全脱离开事务层面，成为完全意义上的华为思想领袖。轮值COO的成功实践，进一步促使华为开始推行轮值CEO制度。顶层经营管理团队由7位常务董事组成，负责公司日常的经营管理，7个人中3位是轮值主席，每人轮值半年。运行3年来效果是显著的，最大成效之一就是实现了决策体系的动态均衡。如果上任轮值主席偏于激进，整个公司氛围磨刀霍霍，战鼓隆隆，那么半年以后会有偏稳健的人上来掌舵，把前任风格调节一下，而太过稳健又可能会影响到发展，于是再上来的人就可能又对之前的风格进行调适。这种轮值从表面上看是人的轮值，但其实是管理手势和经营风格的轮值。这种模式能够较为有效地避免一种极端倾向较长时间占据主导地位，从而导致企业误入歧途且积重难返，给了企业及时纠偏的机制性选择作为保护。这套体制的原型来自咨询公司的建议，但华为在当中又加了很多改造和创新，包括从美国的政党轮替制度里所借鉴的一些经验，融入华为的高层决策体系。

实施领先战略、创新经营机制、管理持续完善，是华为经营思想体系中最具有代表性的核心内容，也是其之所以成为“商业思想家”的立足之本。任正非的经营轨迹，也是“理念引领、方法为要”的现代企业制度哲学观和方法论的有机统一。

三、经营特色

一支成功的部队，往往都有自己的性格和气质，而这种性格和气质，总和它的军事主官密切相关。主官性格强悍，这支部队就强悍，就嗷嗷叫，于是这支部队便有了灵魂。自此以后，不管换多少茬人，军魂犹在。这段话转述于影视剧《亮剑》的台词，描述的是男主角李云龙对所率独立团的影响，用在任正非和华为身上同样十分贴切。任正非的个性中所体现出来的对知识的崇拜、低调的行事风格和军人的“铁腕”作风、自我批判否定的精神，与其经营华为、管理华为的思想有着密切的联系，也给华为企业经营风格打上了深深的烙印。

1. 以技术为核心

崇尚知识和不断学习使任正非拥有比别人更加丰富的知识背景，他从华为和其他企业每一次的成功和失败中得到更多借鉴，因而在战略制定过程中，能够避免因无知而犯错，从一开始就提高了战略的精准度。当中国正在进行模拟转数字的时候，他做了 CC08；当开始固定转移动的时候，他做了移动软交换；当开始由 2G 转 3G 的时候，他做了 IP，做了移动宽带；当客户不再仅仅是产品化采购的时候，他开始向服务和解决方案进行转型；当运营商由于 IT 冲击出现了很多控制能力无法掌握的时候，他开始向大数据、云、全联结进行转型；当 5G 技术还在应用的起步阶段，华为已经启动投入研发 6G。他深刻明白兵贵神速、战略领先的重要性，科技企业最大的竞争优势就在于技术。从早期的技术模仿，到技术赶超，最终实现技术领先，华为以技术为核心的思路一直没有改变。走在时代前沿，领风气之先，不断走在每个关键时期的风口浪尖上做出正确的选择，这正是商业战略家的高明之处。

2. 有效控制风险

任正非低调而坚定的管理风格，从侧面体现了他的远见卓识和危机意识。他经常能够通过敏锐的洞察力，提前预见到华为即将遭遇的危机，并为此做好充分准备。例如，为了避免多元化让华为分散精力，在一开始就将专业化写入《华为基本法》；为了减少国内市场变化对华为的冲击，他坚决“把华为送到海外战场去磨炼”，让华为体验到“痛苦的进化”；为了避免在海外树立过多的竞争对手，他严令华为坚持遵守市场规则、不打价格战、与海外企业互利共赢。时时自我批判，让任正非不断修正自己曾经犯下的错误，不断革除经营管理中不再符合时宜的部分，通过创新一步步走向更高水平。他懂得适时抛弃那些不适合华为发展的战略，而不是墨守成规、故步自封，从不因为“这句话是我说的”就不愿否定自己，从不为所谓的“面子”而困扰，可以说将“见贤思齐焉，见不贤而内自省也”的传统哲学思想发挥到淋漓尽致。不论是进军海外时发现自身的“寒碜”和差距，还是在小灵通、CDMA、高层人员管理战略上的失误，都让他及时醒悟、及时修正，从而确保公司始终走在持续创新的正确道路上。

3. 鲜明的执行文化

任正非硬朗的军人作风，使他的字典里从没有“畏难”二字。他有着极强的执行能力，会千方百计实现既有的目标和任务，保证战略实施及时、到位，而不是停留在纸上谈兵。曾经担任过其秘书的徐宏波说过：“给他当秘书不是一件容易的差使，他要一件东西的时候，你不是要去找出来，而是要去变出来。”他做事从来不拖泥带水，提出要求之后就必须马上做到。

1998 年正值华为招聘的高峰期，光收到的简历就有将近 20 万份，海量简历给招聘效率与质量带来了巨大挑战。为了解决这个问题，人力资源部门以极快的速度拿出了新的方案，取消了新老方案交替的缓冲期，以坚决的态度推动新方案立即执行，最终确保了招聘工作的顺利开展。

诸如此类的事例其实还有很多，优秀的企业家，往往在其控制力、创造力、责任力、自信力、执行力、凝聚力、表现力、领导力等诸多方面，具有鲜明的特色和独特的魅力，从而根本上影响到一家企业的发展和走向。优秀的企业家造就优秀的企业，这是企业管理中一个永恒的现象，说任正非是其中最具有代表性的人物之一毫不为过。他将个人与团队完美结合，将经营管理思想与企业运作紧密融合，取得了相得益彰的良好效果，为现代企业管理研究，提供了非常经典的样本和范例，铸就了其从平凡到辉煌的精彩人生。

绽放智慧

管理是一门创造性艺术。与时俱进的理念和方法，是实现有效管理的前提条件。

经营企业，人是最大的资本，人才是企业发展的决定性因素。聚人先造梦，做事先安人，育人先铸魂。

企业发展必须按规律办事。要一切从实际出发，不断适应变化的环境，以变应变，抓住主要矛盾，统筹兼顾，协调发展。原则性与灵活性相结合，是竞争发展以智取胜的灵魂。

为美好的时代奉献才华!

智慧与聪明

智慧是生命所具有的基于生理和心理器官的一种高级创造思维能力，包含对自然与人文的感知、记忆、理解、分析、判断等，是一个人的素质和修养的综合体，可以让人在探索真理过程中，通过思考、分析，深刻理解人、事、物、社会、宇宙、过去、现在和将来。智慧包罗万象，心如宝山，是对“道”的体悟，是人的心灵和精神的一种升华。

由于人生阅历、学习环境、工作际遇的异质性，在工作实践中，每个人都有自己的强项和弱项，当两者相互补位、运用自如时，产生的智慧会达到常人所不及的高度。换一个角度看，每个人都有专长的领域，只是强弱的分配不同。基于人的能力特点差异，不同的行业、不同的职位、执行不同的任务，由此迸发不同的智慧，在实现个人价值的同时，也为他人和社会创造着价值和财富。

一、智慧的来源

智慧不是天生的，而是源于人类的实践，是对社会实践不断思考、反思、总结和提炼的过程。现代社会为智慧产生提供了更多工具，在这个充斥着海量数据的时代，发达的信息技术将其加工处理成知识和有效信息，并在实践中成为解决问题的智慧。

1. 书本与实践

理论指导实践。理论的价值在于理论对实践具有巨大的指导作用。要使理论对实践的指导达到预期效果，就要求确保理论的科学性，而建构科学的理论，首要避免教条主义和经验主义。在历史和现实中，科学的理论不能指导实践甚至被束之高阁的情形并不鲜见。理论来自实践，经过实践的检验，并为实践所需要且使实践取得新进展。经过了实践的检验，被实践证明是科学的理论，才能得到广泛的认同。

实践修正理论。实践是理论的基础，是检验理论真理性的标准。在现实生活中，理论不可能百分之百地描摹实践，实践往往比理论更复杂，甚至有时候会使人对理论产生疑惑。因此，实践对于理论格外重要，通过实践验证理论，修正、完善和补充理论，能够使理论更接地气，更有底气。通过从理论到实践，从实践到理论的反复循环论证，使理论更加客观、准确，也更具有可操作性。

知识转化能力。知识是人们在社会实践中积累起来的经验，而能力是将经验转化为实践的综合素质。知识不是能力，也不能替代能力，知识和能力之间存在着一段重要的距离。从知识到能力，需要经过理解、实践运用、反馈调整、反思总结，最终才能形成能力。首先要构建知识体系，把书读薄，深入思考，提升认知，形成适合自身条件的思维方式和心得。其次要在实际工作中有意识地把知识转化为实践能力，把握核心，抓住重点，解决实际问题。如此不断循环往复，最终把知识转化为能力。

2. 反思与总结

反思己过，常思人长。反思是智慧培养提升的重要环节，在为人处事中，通过审视得失，把事情做得精准，与他人相处得更和谐。古人说，“以铜为镜，可以正衣冠；以古为镜，可以知兴替；以人为镜，可以明得失”。“三人行，必有我师。”在一个团队中工作，切忌以为自己总比别人强。团队作战是集单个人的力量，凝成一股巨大的合力。“三个臭皮匠，顶个诸葛亮。”

合几个人的智慧，自然要比一个人“孤军奋战”效果好得多。团队成员要尊重彼此，谦虚谨慎，认真向对方学习，真心实意地相互合作，这样既赢得了友情，又增强了团队的凝聚力。反思可以让人“知不足”，总结得失、找准差距，对的继续发扬、提升，错的及时避免、修正，从而不断提高能力、挖掘潜力，扬长避短，把事情做得更准确、更完美。智慧的人明白，事业是汇聚大家力量做成的，而要把大家凝聚到一起，靠的就是人格魅力。只有仁爱正向、公正无私，大家才敢信任、依靠，从而齐心协力，把事业做得更扎实。

总结经验，吸取教训。总结经验，是对过程进行回顾与复盘，总结“为什么做、怎么做和做得怎么样”，特别是对于那些错综复杂的矛盾和问题是怎么发现的、怎么解决的，其中有哪些重要启示和规律，并善于从认识论、方法论层面去梳理提炼蕴含其中的感受与体会，去总结贯穿其中的成败得失、经验教训等。在前进中及时总结经验，这是提高自己的重要方法。吸取教训是为了坚持对的、改正迷途，避免犯同样的错误，也能廓清迷雾、找准方向，更好地行稳致远。“磨刀不误砍柴工”，总结经验教训就是下功夫“磨刀”，让自己的“后备箱”有更多锋利、管用的“刀具”，避免两次犯同样的错误。

3. 汲取与借鉴

取其精华，去其糟粕。每个人都不可避免会遭遇失败，而善于从失败中吸取教训，是智者需要具备的基本素质。人生经历过的人和事，经过梳理、归纳、总结为自己的思维模式，并借鉴到类似的社会情景中。这种思路模式，就可以作为以后同类型事情的参照，不需要每一次都从头思考，极大地节省精力和时间。完成一项重要工作后，第一时间回忆过程，及时复盘，最能系统完整地留下印象，把自己认为最有用、最值得保留、最能反映成绩或缺憾的要点记录下来，为总结提炼留下第一手资料。要善于提炼，用最简洁的方式厘清经验、成效。好的经验形成具有可复制、可借鉴、可挖掘的内在价值和意义。

借鉴经验，触类旁通。思维的基础是积累的知识和见识，但人的思维往往具有局限性。古人讲“读万卷书，行万里路”，读万卷书可以帮助我们积累知识，行万里路可以帮我们开拓见识。很多时候，经验就是智慧，这个基础越大，思维点就越多，思维联结也越多，思维的局限性就越小。发散思维与逆向思维，往往有助于突破思维的局限性。当人的注意力，全部聚焦在一个点上的时候，就极有可能看不清除了这一点以外的任何东西。

正所谓“一叶障目，不见泰山”，这种状态需要高度警醒，避免“只顾埋头拉车，忘了抬头看路”。

二、聪明与智慧

“聪明”，即智力发达，耳聪目明，头脑灵活，博闻强记。世界上的聪明人很多，一代比一代见多识广，更加聪明。而智者相对罕见，往往是百里挑一。古希腊哲学家苏格拉底都认为，按照智慧的要求，自己是无知的。某种程度上，聪明是一种天赋，而智慧则是一种能力和境界。

1. 聪明人先天注定，智者后天修炼

传统意义上，聪明靠耳朵和眼睛，所谓耳聪目明。随着生命科学的发展，生命的密码——基因正逐渐揭开人类大脑思维的奥秘，先天遗传确实对个体的智力发展有着巨大的影响，尤其是科学巨匠、文学奇才无不有着独一无二、与众不同的先天才华。某种意义上，这部分“天才”群体是先天注定的，也是他们成功的必要条件。比如，全世界公认“聪明的犹太人”，从文艺复兴以来，犹太人在各个行业都产生过世界级的大师；到了近现代，犹太人虽仅有 1600 万人，占全球人口不到 0.25%，

但却获得了全球22%的诺贝尔奖，概率远高于其他民族。爱因斯坦、弗洛伊德、马克思、冯·诺依曼等闪耀着历史光辉的大师都出自这个人数不多的民族。美国《福布斯》杂志统计显示，在美国富豪排行榜中，前100名富豪中，与犹太人相关的富豪占比接近50%。

智慧则来自心灵和思考，即所谓“慧由心生”。科学让人聪明，哲学教人智慧。老子有一句名言：上善若水。水无色无形，是天下至柔之物，然而柔只是水的外表，本质却是至刚至强，坚韧不拔，水滴石穿。老子还说：“水善利万物而不争，处众人之所恶，故几于道。”水善于滋润万物却不与万物相争，心甘情愿地处于众人都不喜欢的低洼之处，所以最接近于“道”。智慧如水，随物赋形，智者大多也来自普通人、平凡人，前提条件是后天的勤奋不懈。通过学习、工作、生活的积累，只要内心强大有信仰，既敢于创造，又有所思悟，智慧就在你的身边。

2. 聪明人及时发现，智者勤于思考

谈到聪明，人们往往把它与机灵、反应快联系在一起。聪明的人，其观察能力总是出类拔萃，善于发现问题的洞察力是一种独有的特长。在实际工作中，及早发现就能尽早应对，也给自己留有思考、选择的余地。用哲学家弗洛伊德的话来讲，洞察力就是变无意识为有意识。就这层意义而言，洞察力就是“开心眼”，就是学会用心理学的原理和视角来察看一个人的行为表现，或曰察言观色。可以说，洞察力其实更多是结合了分析与判断的综合能力。

智慧是更高层次的思考。古人一日三省，指的是圣贤的智慧。智者在观察、发现问题和洞察趋势的同时，能够有前瞻性地思考和布局，协调资源有效配置，最终达成整体目标。智慧需要格局，也是种格局。人们在工作、学习、生活中遇到问题，总要“想一想”，这种“想”，就是思维，通过分析、综合、概括、抽象、比较、具体化和系统化等一系列过程，对感性材料进行加工并转化为理性认识从而解决问题的一种方法。概念、判断和推理是思维的基本形式。但倘若心无格局，就事论事，拘泥细节，终究只是小聪明，而不是大智慧。

3. 聪明人擅长行动，智者善于促成

聪明人能发现机会，具有行动力，能够去做自己想做的事；对自已能力不足的事，也会策划战略意图，制定计划，下决心去完成；但“知易行难”，做起来并不是想象得那么容易。智者能够把握机会，甚至创造机会，知进退，明舍得，知道什么时候出手，要办到什么程度，达成什么目标。办一件事，会做是聪明，但做了成、办了好就需要有一定的智慧。这里面，思考的深度决定了人的反思、总结、感悟和促成，这是所谓的“智慧”。

智者能够促成包括整合能力、撮合能力在内的诸多能力。比如对企业而言，整合能力是企业对不同来源、不同层次、不同结构、不同内容的资源进行识别与选择、汲取与配置、激活和有机融合，使其具有较强的柔性、条理性、系统性和价值性，并创造出新的资源系统的一个复杂的动态过程。资源整合，是企业战略调整的手段，也是企业经营管理的日常。整合就是要优化资源配置，获得整体的最优。撮合能力是在多方交易中，存在中间一方将多方的信息集中起来，通过整理和评估，将信息进行匹配，将多边信息集合在一起，然后将有效信息针对性地反馈给各方。在这个过程中，资源得以有效匹配，效率得以有效提升，创造并产生诸多有益的价值。

4. 聪明人授人以鱼，智者授人以渔

聪明人往往是以结果导向来思考和解决问题，试图最快达成目标。为此，有时希望改变别人甚至是控制别人。智者则总是会尊重人、信任人。现代企业的管理方式越来越系统化、数字化，管理范畴更加精细。“授人以渔”是解决企业发展问题的重要途径。孔子有句名言：君子不器。即君子不应该拘泥于形式教条，被万物各自的外表形象与用途限制，那样的话就不能领悟、回归到无形的大道之中。因此，君子应心怀天下，不要像器具那样，作用仅仅限于某一方面。管理亦是如此，企业给员工的不同，则员工回报企业的也会有相应的不同。企业应当采取哪种保障、报酬、激励、提升机制，抑或兼而有之，都是因人而异的。很多时候，一个头衔、一点奖励，哪怕官职再小、奖品再薄，也不要轻易授人，最好能够激励部属们通过公平竞争的机制去获得。“授人以鱼”是给员工养家糊口的报酬；“授人以渔”则是教会员工做事情的思路和方法。“授人以欲”是激发员工上进的欲望，让员工树立自己的目标；“授人以娱”则是把快乐带到工作中，让员工快乐工作，在工作中获得幸福感；“授人以愚”是训练团队扎实稳重，大智若愚，不可走捷径和投机取巧；“授人以遇”是给予、创造团队成长、学习、发展的机遇，成就人生价值；“授人以誉”是帮助团队成员获得精神层面的赞誉，为成为更有价值的人而战；“授人以宇”则是上升到灵魂层次，顿悟宇宙运行智慧，乐享人生。

三、智慧的运用

智慧在实践中往往知易行难，更关键在于运用。虽面对的人、事、物、境各不相同，仍可归纳共性规律：纵览大局，俯瞰细节，取舍平衡，进退有度。

1. 大局与细节

运筹帷幄，择时而动。“顾大局者成大事。”所谓大局，就是整个局面和整个形势以及由此带来的长远利益的走势。大局意识，是善于从全局高度、用长远眼光观察形势，分析问题，自觉地在顾全大局的前提下做好本职工作。有大局意识，首先得有大局观。一个集体在“看齐”的过程中，还要有人对全局、对主要矛盾、对发展趋势有清醒的把握和认识。企业管理者要胸中有大局，思想认识“一条心”，实际行动“一盘棋”，在企业管理体制、合作机制、利益分配格局上打通梗阻，结成利益共享体、责任共担体和命运共同体，实现协调发展、高质量发展。其次要把握好整体利益和局部利益的关系，把目光放长远，分清主次，不因小失大，做出快速的反应和正确的决策，使整体利益最大化。无论在哪个管理层级，有大局意识的人一般都是团队的灵魂人物，知“时”知“势”，适时而行，顺势而为，方能运筹于帷幄之中，决胜于千里之外。

关键细节，决定成败。细节决定成败。企业管理者对于不清楚、不了解的事物不要轻易下定论，有时一个微不足道的细节，往往能够决定事情的走向。“魔鬼存在于细节之中”，无论做人、做事，都要注重细节。要成就一番大事业，要有所作为，要获得硕大的胜利果实，就要从身边的小事做起，把一个个小的胜利果实聚起来，才能获得更大的胜利。商业上的成败，细节也很重要，许多企业将大笔资金投入产品的开发，往往只是为了赚取百分之几的利润，而在生产中任何一个细节的失误，就可能将这些利润完全吞噬。千里之堤，毁于蚁穴，细节往往因其“小”而容易被人忽视，掉以轻心；因其“细”，也常常使人感到烦琐，不屑一顾。但就是这些小事和细节，往往是事物发展的关键和突破口，是关系成败的双刃剑。因此，在工作中要树立细节意识，注重细节、把小事做细。比如，抓好某项工作的落实，目标要细化，要求要具体，权责要结合，措施要保障，坚决克服心浮气躁、华而不实的作风，改变随意性、粗放式的管理方式，始终保持精益求精的专心和久久为功的恒心。

2. 获得与舍弃

平衡得失观，保持好心态。得是本事，舍是学问，小舍小得，大舍大得，不舍不得。在人生前行的道路上，总会经历一些挫折与磨难。有得到就会有舍去，生活既有失望也有希望，有痛苦也有快乐，不管身处顺境还是逆境，要始终秉持坚定的信念、乐观的心态，珍惜当下拥有的美好。得意时不骄不躁，失意时不轻言放弃。有所得必有所失，想要得到就得先付出。舍是付出，得是收获。之所以说“舍得”而不是“得舍”，就是因为凡事只有先“舍”才能有“得”。围棋讲“劫活”，有舍才有“活”，才有“气”，需要做出一定的舍弃，才能获得重新前行的动力。舍弃是一个痛苦的过程，但唯有经历，才会有所获得、有所成就，知舍得是一种人生大智慧。

保持正能量，转化负能量。能量有正负，应用需智慧。每个人都带着正、负两种能量。所有积极的、健康的、催人奋进的、给人力量的、充满希望的人和事，即为“正能量”，正能量与人的情感深深相系，表达着渴望与期待。很多成功人士都具备很强的正能量。使自己充满正能量，首先要找出一些正面的行为，就是做这个行为的时候，保持好的心情，做事的效率最高，比如，聆听音乐能够逐渐将负能量转化为正能量。能量是会互相传染的，多与充满正能量的人交朋友。倘若有人向你传递负能量，而你又没有能力改变他，可以果断选择远离。我们每天都会接触到各种负能量，当状态不佳时就很容易让负能量入侵，这就是需要修炼的时候，要尽量缩短将负能量转化为正能量的时间。负能量是“迷路的能量”，每个人的身体中都潜藏着巨大的正能量，需要及时疏导调整自己的负能量，找回属于自己的正能量。

3. 进取与控制

顺时应势，御风而为。机会窗口稍纵即逝，考验一个人在洞察判断上的决断力和执行力。判断机会、把握机会，要切换掉线性思维，并站在一个更多维的角度统筹思考问题。很多时候，只是看到了机会并不能解决问题，甚至是看到了就立刻去做也未必一定会有收获，有时机会也会成为一个误区。一些人常常这样认为：自己已经非常努力，就差一个机会了。但把握机会，要顺应事物的发展规律。机会不是仅仅靠“抓”的，还要靠“借”。趋势来了，更多是要跳进趋势、赶上风口。事实上，只有少数智慧的人可以让趋势为我所用。因此，别人能抓住的机会未必属于你，别人敢追逐的风口你也未必适合。要提高思维格局，保持“空杯心态”，创造机会，获得指数型成长。

比如，现代社会智能手机的普及使得越来越多原本在电脑、相机端的功能可以通过手机完成，新能源汽车的普及提供了低碳绿色的出行方式，也使得未来城市的交通治理更加智能化，智能手机、新能源汽车的发展对于手机行业、汽车行业是颠覆性的变革，对于上下游的企业来说既是挑战，更是新的发展机遇，唯有把握大势，顺势而为才能不被这个飞速发展的时代所淘汰。

行稳致远，风控为要。经济、社会和技术的进步在给人类带来巨大利益的同时，也带来了前所未有的风险。如今，风险管理已经成为企业管理中一个具有相对独立职能的领域，在围绕企业的经营和发展目标方面，风险管理和企业的经营管理、战略管理一样，具有十分重要的战略意义。风险管理包括了对风险的量度、评估和应变策略。理想的风险管理，是一连串排好优先次序的过程，对其中可以引致最大损失及最可能发生的事情优先处理、而相对风险较低的事情则延后处理。现实情况中，优化的过程往往很难决定，因为风险和发生的可能性通常并不一致，所以要慎重权衡，作出平衡。风险管理亦要面对资源有效运用的难题，这牵涉到机会成本。把有限的资源一部分用于风险管理，可能会使有回报活动的资源减少，而理想的风险管理，是希望能够花最少的资源去尽可能防范与化解可能的风险，从而使企业在高速路上精业笃行。

总之，智慧是不同领域知识的有机融会，不同层次实践的贯通思考，认识并把握其内涵，智慧自然而然产生。聪明和智慧是两种不同的境界。聪明的人缺少智慧，最终难以成为真正的聪明人。人的修养对智慧的表现，就像给鲜花生长提供充分的养料，使其开得更加艳丽夺目。

凡事人为本

传统政治经济学将“人”作为一种生产资料，参与企业生产和经营管理全过程。随着社会的发展，人的主观能动性和“资本”属性日益显著，企业管理更多地将“人”作为人力资本进行管理，现代企业从而进入人本管理的时代，强调员工在生产组织中的主体地位和主导作用。人本管理是“以人为中心”，通过尊重人、依靠人和发展人，实现企业的高效、健康、持续发展。

一、经营之道经营人

人是企业经营的主体，人才是经营的核心资源。发挥人的潜能和创造力，使之保持旺盛的精力，是经营管理的中心环节。

所谓“以人为本”，是强调领导工作要以人为管理工作出发点，强调对人性的理解，尊重人、关心人、爱护人、培养人、教育人，牢固树立以人为中心的管理理念。

对于人的概念，哲学家往往把“人与神”“人与物”联系起来。西方早期诞生的人本思想，主要是相对于神本思想，主张用人性反对神性，用人权反对神权，强调把人的价值放到首位。中国历史上的人本思想，主要是强调人贵于物，“天地万物，唯人为贵”。《论语》记载，马棚失火，孔子问伤人了吗，而不问马。这说明在孔子看来，人远比马来得重要。在现代社会，无论是西方还是中国，作为一种发展观，人本思想都主要是相对于物本思想而提出来的。在现代企业经营管理的范畴内，“人”可以理解为企业内部的每个员工，一定意义上也包括各级管理者，而不是企业的其他经营管理要素。

人们对“本”有多种理解，在哲学上可以有两种理解：一种是世界的“本源”，一种是事物的“根本”。以人为本的本，不是“本源”的本，而是“根本”的本，它与“末”相对。以人为本，不是要回答什么是世界的本源，人、神、物之间，谁产生谁，谁是第一性、谁是第二性的问题，而是要回答在我们生活的这个世界上，什么最重要、什么最根本、什么最值得我们关注。企业管理中的以人为本，并非讨论企业本源从何而来，而是经营企业，最重要的是经营什么。以人为本，意味着与其他经营要素相比，人最重要、最根本，不能本末倒置，不能舍本求末。因此，经营企业必须紧紧围绕“人”这一最核心的资源，统筹兼顾，协调发展。

1. 关注需求

心理学、社会学、行为科学等学科的大量研究表明涉及人与人的关系是世界上最复杂的事务。处理好企业与员工的关系，是体现以人为本管理的重要表现之一，而了解员工的需求是首要任务。人类的需求，基本上囊括了生理需求、安全需求、社交需求、尊重需求和自我需求这几个方面。企业管理中，满足需求也符合这个金字塔形状的“需求层次”。最基础的是要了解清楚员工在物质上的需求，比如关心员工的薪酬、伙食、交通、工作环境、劳保这些生存必需。之后要根据企业的状况，有针对性地了解员工更高层次的需求，诸如关心员工有些什么精神追求。比如他有什么爱好，近来心情如何，团队氛围怎样，业余生活如何度过，个人发展的目标在哪里，他的人生理想是什么，等等。关心了解员工的精神需求，员工就会感受到企业对他的尊重，就会觉得管理者和他之间有心灵的沟通，容易产生强烈的归属感和认同感。

2. 凝聚智慧

人都有愿意展现自己智慧的冲动，但是在具体的管理活动之中，面对系统的、复杂的问题，单个人的智慧又显得是如此的渺小，甚至于人人都觉得自己的智慧是那么的微不足道。因此，大家就会比较压抑自己的智慧本能的发挥。实施以人为本的管理，把员工的聪明才智的发挥与个人发展和团队发展有机结合起来，采取一些适当的激励措施，个人的智慧就可以在集体中得到巨大的激发，形成一个智慧风暴，许多问题都将迎刃而解。以人为本的机制下，员工将更倾向于愿意表达观点、敢于表达想法。高明的管理者，会让员工觉得自己的观点、意见受到重视和肯定，从而产生良好的凝聚力。民国时期，许多经营富有特色的银行都不约而同有这么一条不成文的习惯：银行董事长经常召开工作午餐会，每次都邀请不同层面的员工代表参与，边吃边聊，通过一顿饭，大家打通了层级之间的鸿沟，达到了畅所欲言的效果。从实践情况来看，基层员工一旦得到与企业高层对话与表达观点的机会，一般都会非常珍惜，既视作荣誉，也当成自我展示的机会，而对管理者来说，不仅可以贴近基层一线，增加员工亲近感，还可以听到来自经营管理第一线的活情况、好想法，集思广益，为企业发展所用。**激发潜**

能。无论从科学研究报告还是实际发生的案例来看，人的潜能是不可估量的，在没有外部力量激发的时候，由于人的惰性使然，许多的潜能埋伏于人的内心深处。因此调动人的积极性，激发人前进的动力是取得最大绩效的前提。人本管理，本质上可以说是员工自我的管理，人本管理一定意义上可以理解为淡化领导权威和命令式的管理。企业中员工与员工之间的协作配合、资源的安排、投入与产出全过程等方面，以往都是由领导者的权威和命令来组织、协调与监控管理的，而人本管理思想追求的是引导式管理，即以引导来代替权威和命令，以引导来协调员工的自我管理，最终有效地完成企业既定的目标。以人为本的管理活动是否有效，衡量的标准之一就是要看员工的积极性是否被引导和调动起来，人的潜能是否得以充分发挥。只有调动人的积极性，人们才能积极参与，勤奋工作，为实现团队目标而共同努力。

3. 提升技能

科学技术在高速发展，企业规模在不断扩张，工艺技术日新月异，设备更替马不停蹄。现在的科技发展可以说十年就能更新一代，而职业生涯却是几十年光景。在这几十年的光阴里，一个人再也不可能像以前的补锅匠似的能够“一招鲜，吃遍天”。所以，要以人为本就必须从职工自己的切身利益出发，为了他们自己的岗位竞争、社会竞争的需要，不断地提升他们的技能，增加他们的综合竞争实力，使他们在长期的工作之中都可以是企业的有用之才。管理者站在企业生存发展的高度，要从思想上高度重视，充分认识搞好员工技能培训的重要意义，真正从认识上统一，从行动上支持，把员工技能培训作为提高企业竞争力的大事列入重要的工作日程，制定短期、中期、长期培训目标、规划和切实可行的措施，不断加大投入，建立长效机制，使之真正达到较好的效果。技能培训内容是否科学合理，直接影响着员工技能培训的质量和效果。培训内容要是失误了，培训的人才用不上，就会造成时间和资金的浪费。员工培训要与企业生产经营目标和企业长远发展目标相一致，培养德才兼备的人才。同时，培训要有针对性、实效性和前瞻性，要以提高员工的综合素质为内容进行培训，要注重培养复合型人才。复合型人才包括知识复合、能力复合、思维复合等多方面。

4. 促进发展

“通过发展人来发展团队”的管理理念已成为越来越多企业的共识，这是以人为本管理理念的实际应用。企业领导者的管理活动的根本目的是企业的发展，部门管理的根本目的也是为了本部门能够不断前进。这些发展最终都不得不依赖于人的发展。也就是说，企业的发展必须建立在员工发展的基础之上。许多成功企业的案例表明，它们之所以能吸引、留住并激励这些高级人才，不仅靠丰厚的物质待遇，更重要的是靠向这些员工提供良好的提高、成长和发展的机会，其中帮助每位员工制定适合他们需要的个人发展计划是一个关键因素。为员工提供职业生涯设计，就是要对员工个人职业活动中的一系列可能的发展趋势作出设想和规划，指明途径和方法，提供帮助和支持，促使员工自觉地把企业的发展和个人的成功联系起来，为实现目标设想而不断提升能力水平，充分发挥自己的聪明才智，克服职业活动中的各种困难和挫折，始终朝着职业发展计划设计的目标发展。科学的职业生涯设计可以帮助员工从更高的角度看待工作中的各种问题和选择，在服务于职业目标的前提下，把职业生活和非职业生活中的各个要素联系起来综合考虑，正确地处理职业生活同个人追求、家庭目标等非职业生活的关系，使职业生活更加充实和富有成效，有利于职业目标的达成，其激励作用是强烈而持久的。而对企业而言，将员工的职业生涯，与自身发展紧密“捆绑”在一起，最终将有效形成共同发展的良性循环。

因此，管理活动都应该以此为出发点，以“发展人”为根本目的，以发展企业为终极目标。人的发展是多方面的，可以是职位的晋升、岗位的转变、薪水的增加，也可以是技能的提升、爱好的扩展、竞争力的增强，或者是获得一定的精神鼓励和物质奖励，这些都是员工发展的途径。

二、管理之本用好人

回顾我数十年的职业生涯，大部分时间都在不同的管理岗位上度过。在工行浙江省分行担任人事处长期间，由于职责所在，对于选人用人做过诸多研究，深刻感受到“管理人”是一门最难的经营管理艺术。有人风趣地形容制度和人的关系是：“死的管活的，活的管死的。”其表达的意思主要有两层：一方面，制度是刚性的，必须严格执行，没有妥协余地；另一方面，制度的实行同样依赖于人的执行，对于制度的制定者，也就是企业的管理者来说，如何形成一套合理有效的制度无疑是一道难题。同时，人是有思想的，制度对人的管理不可能涵盖全部，有时明知不合情理，也无可奈何。可见难度之大，学问深奥。“人”是企业发展的压舱石，首要任务是围绕“以人为中心”来开展工作，坚持选好人、用好人来提升业务的发展。

1. 德才兼备德为先

用人时要优先选道德素质和技术能力兼而有之的人。因为德是才的统帅，决定才的作用和方向；才是德的支撑，影响德的作用和范围。德是思想基础，才是服务本领。两者缺一不可。选人用人在经营管理中的“乘数效应”明显，就是用好一个人会产生无数的正面效应，激励一大批人；用错一个人，就会失去一片心，对企业发展的负面效应难以估量。《资治通鉴》是中国一部编年体通史巨著，它以深邃的历史眼光，全面总结了历朝历代的政治智慧，记录了上起春秋战国，下至宋朝建立之前，总共1362年历史发展的轨迹。全书展示了在这一千多年的时间里，曾经出现的诸多王朝兴衰交替的沧桑历史，揭示了其中蕴含的历史发展的规律。作者司马光在书中，曾多次谈及关于“德”与“才”之间的关系，并以史为鉴，讲述了许多相关的历史典故。司马光提出：“才者，德之资也；德者，才之帅也。”其意思是才能、才华是德行的辅助因素，而德行、品德是才能的统帅；用现在的语言，同样就是“德才兼备，以德为先”之意。此外，司马光还提出：“才德全尽谓之圣人，才德兼亡谓之愚人，德胜才谓之君子，才胜德谓之小人”，同样表达了“德”与“才”之间的辩证考量。

人是企业最重要的资本，经营不当，就成为发展中最大的风险。现代社会也有无数案例证明，有时候用错一个人，就会给企业带来颠覆性后果，因此必须严格把控选人关。选拔有德之人，就会得到大家的拥护，使用了无德之人，将会失去人心，直接影响企业的经营发展。

2. 知人善任合理用

合理使用人，让合适的人做合适的事。每个人的能力特点不一样，要发挥特长，按照资源配置的效能最大化要求，在团队人员的配置上，使其结构合理互补，让每个人的能力特点得到最大限度的发挥，达到人尽其才、事得其人、人事相宜的资源配置要求。

全面衡量，用得其所。现代企业管理中，正确地使用人首先要全面了解人才的知识水平、思维方式和性格特征，全面加以衡量。比如，学历和对口专业虽然重要，是做好某项专业工作的基础，但做工作有时还得考虑一个人的口才、情商、胆魄、执行力等多方面因素。学会量体裁衣，把人才放在最能发挥其特长的岗位上，才能实现人与岗的完美结合。

扶正抑短，博采众长。“金无足赤，人无完人。”要善于放大优点、包容短处，做到扬长避短、用人不疑，就会使效益最大化。“骏马能历险，犁田不如牛”，任何短处必定蕴藏着可用的长处。比如，性格倔强的人或许富于主见，办事缓慢的人实则踏实细致，我行我素的人或善于创新，我们在使用时不能机械刻板，要善于变消极因素为积极因素，要知人善任，让人才的短处也能闪光。

合理搭配，优化团队。人才组合不一定追求“强强联手”，更重要的是优势互补，要体现知识、能力、年龄、性格等多边互补原则，让每个个体各得其位、各展其能，将单兵作战能力进行整合，形成强大的团队的综合能力，优化组合成一个和谐的群体。

3. 发现培养使用人

就是要善于造就人。或许可以这么说，没有人才是尽善尽美的。自进入企业后，所有员工都面临着能力与岗位相匹配的问题。能力不足的，要不断提升能力，符合岗位要求。能力超越现在岗位的，要以更高一级的岗位为目标。对管理者而言，以人为本理念很重要的一点在善于培养人，将能力不够的人培养成胜任的人，而将能力出众的人培养成胜任更高要求岗位的人。

人才如宝刀，磨砺见锋芒。培养人才，需要锻炼人才。将有潜力的人，放到重要岗位、适合的环境，加压力、加担子，给予其磨炼的机会，相信是金子总会发光。宰相发于州郡，猛将起于卒伍，经过实践培养出来的人才，是经得起考验的。

人才如花木，需雨露养料。时代变革的浪潮下，昨天的能力不等于今天的能力，昨天的人才可能不是明天的“人才”，所以要为员工创造终身培训的机会，加大教育投入，不断提升员工适应岗位、任职履责的能力，使其技能不落伍，意识不守旧，不断适应企业发展的需要。

激发正能量

正能量蕴含事物前进与发展的内在动力，在企业经营管理中，正能量包含了发展创新、提升管理效率、优化管理水平、强化核心竞争力与人员凝聚力的先进理念和正确方法。由此，正能量也成为当今社会的热门话题，内涵十分丰富。对个体而言，正能量表示人的正面情绪，它可以使人拥有一个积极心态。对自然环境而言，正能量传递着一种舒适、协调、平衡的有机感觉。对社会而言，正能量意味着社会公平、正义、廉洁、法制、和谐等状态。对企业而言，它已经成为经营管理的重要理念，并在经营实践中发挥重要的作用。

企业经营管理中，处理问题的思路清晰准确，管理的方式方法运用对路，有助于激发经营管理中的正能量，从而有效地促进企业健康协调发展。

1.“主”与“新”齐飞

企业经营管理是对经营活动的组织、指挥、协调和控制。其成功的主要因素，在于管理方式的正确应用。激发正能量，能有效地促进企业健康协调发展。企业经营既有其最为核心的基本目标任务，也有围绕核心任务的各项系统工作，所以需要经营管理者抓住最为主要的环节开展工作。“主”，包含着发展的基本之义，很大程度上代表了企业的正确经营观，是对企业根本问题的认识，通过制定经营发展战略，形成自己的竞争优势和良好的经济效益，树立良好的企业形象等。“新”，则有新鲜、新生之义，是一种方法，主要是通过人与物的有效结合，文化发展的高度融合的创新方法来实现。准确把握企业经营“主”与“新”，有助于更好明确企业经营管理中的目标，采用行之有效的方法，最终提升企业管理的效率。

企业发展充满丰富的哲学思想，事实上企业经营的“主”和“新”就是一对永恒的哲学关系。2400年前，古希腊哲学家柏拉图，提出了一个哲学命题，至今仍然为学界所不断探讨和研究。命题包含三个问题，即我是谁？从哪里来？到哪里去？这三个问题表面上看讨论的是人，实际上却与世间万事万物相关联，是分析和解答事物本质、任务和目标的普遍性问题。现代企业发展至今，已经形成了完整的运行体系和方式，就像一个小世界，同样包含自身的“经营哲学”。企业是集经营要素和经营行为于一身的综合体，复杂程度不言而喻，从某种角度观察，也要回答好“柏拉图三问”。理解企业经营的客观规律，紧紧抓住企业管理的第一要务，解决经营发展的难点，促进企业健康协调成长。

这三个问题在企业历史长河中，始终伴随企业的发展，并且无法回避。企业源自商业发展和社会分工，并非从来就有，它是商品生产和商品交换发展到一定高度的产物。在人类社会早期，生产力水平十分低下，社会分工不发达，没有商品生产和商品交换，也就谈不上企业问题。随着社会生产力的发展，出现了商品生产和销售的组织，如作坊和店铺，也出现了专门从事商业活动的商人。商品生产和商品交换的不断互动，促进了商品交易组织的变迁。商人们为了减少交易成本，获取相应的利益，创办各类经营性的机构和组织，这些都是现代企业的起源。经过很长一段历史时期的发展，现代意义上的企业才真正确立。企业有其鲜明的特征，首先企业是以盈利为目的的机构，离开“盈利”二字，企业的长期运行和发展便无从谈起。其次，企业要运用各种生产要素，向市场提供商品和服务，自主经营、自负盈亏，也就是说，企业需要经营。最后，企业是一种经济组织，是一种区别于个体经济的组织形态，具备组织所具有的系统性和复杂性，也带有其特定的目的性和运行方式。

企业发展是社会进步的客观需要，也是增进人民生活福祉的必然需求。一家企业的诞生，往往有其特定的背景，不同经营者，开办企业的目标也不尽相同，没有任何标准答案。从历史角度看，许多企业诞生于特殊历史时期，如近代许多民族工业，是为国家救亡图存、发展民族企业，并与洋商争利而兴办。从现实角度看，企业同样是时代发展的需要，是经济发展、社会就业、价值创造的一个重要的平台。对国家而言，各类企业的生产能力，是综合国力的重要体现，企业盈利也是税收的重要来源之一。对未来而言，企业所蕴含的生产力、科技水平、创新能力，是推动时代发展、迈向未来的根本动力。

从企业的本质和使命看，最终落脚点始终是围绕如何办好企业这个根本目标。实现这一目标，把握“主”与“新”之间的关系，就显得至关重要。办好企业不是一件简单的事，归根到底需要先解决好生存、盈利等最直接和迫切的问题，而解决这些问题的“第一要务”在于发展，这就是企业经营的“主”。事物从小到大，从简单到复杂，从低级到高级的变化过程，通常称之为发展。唯物辩证法认为，物质是运动的物质，运动是物质的根本属性，而向前的、上升的、进步的运动即是发展。

与万事万物相同，发展同样是企业长期生存的根本所在。在激烈竞争的市场环境中，能否解决好发展问题，关系到企业的兴衰成败。发展是企业实现经营使命的必经之路，企业的根本目标是盈利，发展意味着企业生产力和服务水平的进步，也就能给企业带来持续不断的收益。发展是企业解决前进中问题的"钥匙"，企业的前进道路充满挑战，用发展的眼光来看待这些问题，用发展的方式来克服困难，能使企业保持积极向上的良好态势。

现代企业发展，时常处于一种高度竞争的环境之下，面临复杂多变的条件，企业不断推出新产品、新服务、新思维，依靠创新来有效解决发展的问题，这就是企业经营中的"新"。创新是新生事物代替旧有事物的过程，于企业经营而言，意味着不断开拓市场、革故鼎新的努力。创新在于突破常规思路，将新的生产要素或管理方法，引入生产经营体系，并由此获得新的市场空间和盈利增长点，从而推动企业发展。

发展是永恒的主题，创新是腾飞的两翼，"主"与"新"相辅相成，即在经营管理中坚持发展和创新相结合，树立全面、协调、可持续的发展观，实现对经营管理全面统筹、协调兼顾、可持续发展，抓住经营管理中的主要矛盾，兼顾次要矛盾，不断创新发展、科学发展。

唱响发展“主旋律”。旋律是由许多音乐基本要素，如调式、节奏、节拍、力度、音色表演方法方式等，有机地结合而成。主旋律则构成乐曲的主要精神或基调。主旋律是曲子的灵魂，也是演奏的主线。企业管理也有需要把握的“主线”，就是发展。发展是硬道理，从企业经营的角度看，在解决发展问题时需要处理好一些关系。明确发展和客户的关系。谋发展，要抓住客户最根本的需求，紧盯需求和环境的变化，不断优化调整，精耕细作，以产品、流程、渠道等资源为抓手，有效挖掘潜力，最大限度为客户创造价值，使企业成为客户心中的第一选择、最终选择和长期选择。明确发展和员工的关系。员工是企业的主体，企业发展既需要依靠员工，也要成就员工，用以人为本的理念经营企业，选好人、用好人、管好人，实现发展和员工之间的良性循环。明确发展和科学的关系。有些企业在发展过程中，盲目追求规模和进度，经营中出现“泡沫”，这种发展是不健康、不可持续的。企业的经营发展，一定要以科学发展为前提，紧盯发展环节，实施规范化管理，找准市场定位，实现战略化管理，创新管理思维，推进信息化管理，使得企业在发展过程中，持续保持健康、稳定与可持续。

演绎创新“协奏曲”。促进事物发展的动力有很多种，既有各种外在条件，也有许多内在因素。在诸多因素中，创新可谓引领发展的第一动力。创新是一种主动求变的思维，通过打破常规思路，以创新为驱动力，实现稳定健康协调发展，这是有别于其他发展模式的一种高效手段。创新是企业发展动力的内核，是市场竞争的必然结果，创新促进企业组织形式的改善和管理效率的提高，不断适应经济发展的要求，使企业在竞争中处于主动，立于不败之地。企业创新在一般情况下，可以通过多种角度“组合”入手，比如通过引进新技术、加大研发投入，不断适应当今经济全球化和知识经济化时代的要求，实现技术创新；通过机构的重组和流程的再造，促进企业资源的合理配置和利用，实现制度创新；通过提升客户体验和客户价值，获得并维持竞争优势，做到人无我有、人有我特，实现产品和营销创新；通过强化服务意识，激发一线的自主性和积极性，不断提高客户满意度，实现服务创新；通过文化引领，价值观的打造，转变企业经营理念和对创新的认识，实现理念创新。把握好发展和创新的关系，经营管理中的核心问题就能迎刃而解。

2.“刚”与“柔”并用

“刚”，在汉语中有坚硬坚定，不易改变的含义，与之相对的则是“柔”。“柔”呈现一种轻微、平和、易于变化的状态。

刚柔相济，顾名思义就是“刚”与“柔”的并用与互补，并且产生优于单一性状的效果。刚柔并济既描述物体的性状，也是一种常见的为人和处事的技巧，而且这一方法同样适用于企业管理。“刚”在现代企业管理中泛指规范性或制度性的东西，即合规运行，照章办事，具有强制约束力。俗话说，“没有规矩，不成方圆”。在管理中善于利用章程、制度、办法、法规、纪律等刚性原则，可使企业管理过程中权责清晰，任务明确，流程有序，结果可控，确保团队整体高效，管理目标得以有效落实和执行。如果没有规矩，企业经营就容易变得混乱。有章不循，规矩也会成为一纸空文，对企业管理产生不了任何作用。“柔”在企业管理中则更多地体现为企业文化和人性化管理的方法，依靠主动性而不是强制性来实现管理和完成目标。柔性管理为刚性制度的实施起到保驾护航的作用，管理者从企业实际出发，实事求是，采取灵活的方式化解矛盾，通过对人性深入探索，了解和掌握人性特点，采用人性化管理的方式，使管理的措施和办法通过管理对象得以实施，使解决繁杂的问题更有针对性。“刚”与“柔”既是一对辩证统一的管理哲学概念，也是两种行之有效的管理方式方法。实现企业管理的目标，是综合运用各种管理手法的结果，刚柔相济是行之有效的方式之一。优秀的管理者，善于运用好刚柔相济的模式，进而经营管理中的“事”

与“人”，将更为显著地激发效能。

规范化运行。企业是一个有机统一的生产经营系统，为了保证整体经营管理活动有效、科学和安全开展，管理者需要根据实际情况，制定相应的规章制度，并以公开性、权威性和带有约束力的方式进行推行。规范运行是对企业运行中的重复性事物和概念，通过制定、发布和实施标准达到统一，以获得最佳秩序和社会效益的管理方式。注重流程系统的规范，通过规范工作流程，减少因流程不合理而导致企业运行管理中低效的问题，使流程更符合实际操作的需要，便于执行者看得清、学得会、用得着、走得通；注重部门设置的规范，为了企业高效运行，在业务部门的配置中，明确界定职能，防止岗位职责的重叠和冲突，使各岗位能分工协作并资源共享，以达成工作目标的一致；注重管理执行的规范，企业管理按章办事，规范操作流程，通过有效制度约束经营行为，需要建立规范的激励奖惩考核制度，形成长效机制，在企业制度面前人人平等，任何人没有特权。在规则和制度的制约下进行经营，有利于明确权责、加强效率，反之则可能导致混乱，得不偿失；注重教育培训的规范，通过教育学习，让企业的各类规章制度深入人心，敬畏制度是从事经营管理的重要保障，企业要依法经营，敬畏市场、遵守监管要求，按照市场的规矩办事。无知者无畏，对制度不了解，是最大的管理风险。

人性化管理。管理，归根到底是对人的管理。人是构成企业的基本要素，企业的经营和发展，最终依靠人来完成。人是企业发展的根本动力源，是有独立思想，也是最为活泼的因素。柔性管理建立在研究人的心理和行为规律的基础上，采用非强制性方式，产生一种潜在说服力，从而把组织意志变为个人的自觉行动。整个企业管理过程中要充分注意人性要素，以充分挖掘人的潜能为己任。企业要实现高效稳健发展，需要重点考量凝聚人心的问题。凝聚人心首先要塑造美好愿景，愿景的形成需要了解员工的所思所想，按照公开、透明的原则，充分征求各方意见，通过情感化管理、民主化管理、自我化管理和文化管理等多种形式，把奋斗目标变成企业与员工的共同意志，避免管理者所思与执行者所想“两张皮”的现象。通过统一思想，增强使命感，形成发自内心的愿望。

有了“刚”与“柔”，还需要从实际出发，合理加以运用。在规范运行的前提下，要重视因需而变，灵活运用政策，妥善处理疑难杂症。强调注重协调各方关系，整合整体资源，解决突出矛盾。在统一方针政策下，不搞“一刀切”，适时调控，合理授权，扩大经营自主权，以达到有效应对各种挑战的目的；分类实施，区别对待，使政策、制度、办法更符合实际，有效激发经营发展的活力。在人性管理的前提下，加强对人员的管理，鼓舞士气，激发潜能，唤起员工主人翁意识，形成勇于拼搏的向心力、创新发展的驱动力、同舟共济的凝聚力，努力营造新的发展增长点。

3.“集”与“精”共进

公元前221年秦朝建立，并通过10年左右时间灭六国，成为中国第一个中央集权的封建国家。秦军缘何能形成如此强大的战斗力，一直以来为历史学家和考古学家所探究。从秦军兵器的制作，或可一窥端倪。学者发现，秦国在兵器制作过程中，已经出现了“集约化”和“精细化”管理的雏形。在兵马俑坑中的4万多个三棱箭头，制作极其规整，数以万计的箭头竟是按相同标准铸造的，秦国的弩机每一把的部件都可互换，这得益于秦国的军工管理的方式。他们的兵器制造部门集中生产，负责人分为四级，从相邦、工师、丞到一个个工匠，层层负责、层层把关，每个人都在生产的兵器上刻上名字，任何一个质量问题都可以通过兵器上刻的名字查到责任人。这样，生产的兵器质量和效率大大提高，为秦统一六国奠定了军事基础。集约化经营和精细化管理，是现代企业改变增长方式，提升管理效率的重要手段。集约化经营通过生产要素的统一配置和优化组合，以节俭、约束和高效为价值取向，注重资源效率提升和内涵式增长。精细化管理，则是通过管理职责的进一步细化明确，产品质量的精细打磨，各环节的精准配合等，以明确分工和提升品质为取向，注重过程控制的管理方式。两者综合运用于现代企业管理，引导企业逐步改变过去重速度、轻质量、重规模、轻结构的粗放型发展方式，坚持以效益为中心，重视各内在经营要素的优化配置和科学利用，发扬工匠精神，对企业的长远发展具有重要意义。

科学布局。企业管理就像下围棋一样，经营管理的思考过程，实质上类似于谋篇布局的过程。布局是一种战略思维，考验管理者的格局和眼光。企业发展的布局，必须是建立在科学的基础之上的“三部曲”。第一步是经营分析，在进行资源配置之前，对企业整体经营发展状况和目标有比较明确的把握。通过市场调查、企业内部调研、经营管理现状分析等方式，确定企业未来的发展点、增长点，合理处理局部与全局、近期与长期、内部与外部、微观与宏观等方面关系，统筹兼顾，权衡利弊，形成科学合理的论证结果和配置方案。第二步是优化结构，按照优化调整，升级增效为原则，坚持以市场为导向，持续推进结构优化，通过业务流程改革、机构整合等方式，为下一步的资源配置夯实基础。第三步是资源配置，企业经营计划围绕效益为中心来制定和展开，在对人力、物力、财力等生产要素进行统一配置的过程中，通过资源倾斜使用，进一步优化要素配置、顺应市场需求、提高经营回报、创新使用信息技术、增强管理应变能力等，实现企业经营效益最大化。

精细执行。伴随着社会分工越来越细，专业化程度越来越高，实施精细化管理已经成了企业做大做强的必经之路。“针尖上打擂台，拼的就是精细”，精细化已经成为企业竞争中最重要的表现形式之一。精细化是一种精益求精的文化，是追求极致和永无止境的过程。精细化管理是企业管理理念上的重大转变，是现代企业发展的大势所趋，这是一种最大限度地减少管理所占用的资源和降低管理成本为主要目标的管理方式。精细意味着准确，企业在管理中对各个环节进行精准的“切磋琢磨”，通过精细落实管理责任，将管理责任具体化、明确化，要求每一个管理者都要到位尽职，工作日清日结，发现问题及时纠正，及时处理，等等。精细意味着效率，通过精细把控产品质量，提升生产效率，减少不必要的损耗和浪费，建立以精品、精工、匠心为特色的核心竞争力。精细意味着差异，在同质化竞争的市场中，企业通过精细服务、精细生产、精心思考，就能在同样的竞争平台中，看到别人看不到的，做到别人做不到的，想到别人想不到的，逐渐拉开与竞争对手的差距。

打造特色。许多人都听过这样一句关于经商理念的话，叫做“人无我有，人有我优”。别人没有的时候我先有，等别人也有了，我的质量更好，就能在竞争中时刻保持先机。而随着市场竞争的加剧，企业之间的技术实力差距常常不断缩小，甚至实现反超，原先的优势便不复存在。为了寻找应对之策，在“人无我有、人有我优”的基础上，管理者又进一步提出了“人优我特”这个设想。同质化是企业经营的全球性难题，在市场竞争日趋激烈的今天，企业之间产品或服务日益趋同，打破这种局面的出路，就在于打造特色，实现差异化经营，杀出“红海”，拥抱“蓝海”。特色是企业的独特“品牌”，是区别于其他企业的标志性竞争力。企业借助个性化经营，拥有自己的特质，打造一种与众不同的效果，借此锁定某一特定客户群体，保持客户忠诚度和满意度，提升品牌知名度和营销效果。同时，企业充分发掘历史底蕴、拳头产品和深耕专业领域，用好长期发展所积累的优势和底气，集中力量进一步增强企业市场竞争力和定价权，降低成本、形成壁垒、巩固行业龙头地位，增强抗风险能力。如果盲目将资源投入到自身并不了解的陌生领域，容易丢失企业已有的特色和优势，给企业带来意想不到的隐患和风险。

4.“繁”与“简”相融

“繁”，汉语中表示多而复杂，诸如繁多、繁盛、繁冗、繁复等词语，都蕴含这样的意思。与之相对的则是“简”，简代表少而精，如简约、精简等。繁与简虽对立而存，却都各自发挥着作用。由简入繁，常意味着研究的进一步深入和突破，艺术表现和细节更趋丰富，或者经营管理更为细致具体，这是一种由浅及深的发展。由繁入简，更多时候是一种回归本源的境界，是一种去粗取精的选择。

繁与简是世界万物呈现的某种关系和状态，也常是为人处世的一种选择。这种关系选择和处理得恰当，有利于问题更有效率地解决。一般情况下，繁简适当是处事的基本原则。然而在企业管理中，管理者在处理各类问题和化解矛盾时，经常会由于种种原因，把简单的问题复杂化，最普遍的比如“短话长说”显得“有素养”，“小题大作”显得“有水平”，“直路弯走”显得“有身份”，“实事虚做”显得“有成就”，类似情况屡见不鲜，由于信息不对称，给人一头雾水，使人难以适应，滋生各种负面情绪和经营弊端。与之相对应，把复杂问题简单化，则是高效解决经营管理问题的重要途径。

“断舍离”原本是个佛学用语，近年来日益流行并作为一种生活为人所接受，简而言之即“多变少”。“断”，意味不再收取不需要的东西，“舍”表示抛弃既有但是无用的东西，“离”则是舍弃对更多物质的迷恋。通过“断舍离”，原本纷繁复杂的日常生活和精神世界，变得更为简单自由，人的生活不再迷失在物质的海洋中。将“断舍离”的原理运用于企业管理，也是将复杂问题简单化的一种具体方式，有其积极意义。在实际工作中不盲目跟风，蹭热点，尝试开短会、写短文，一切以解决问题为导向，不做冗长的报告，枯燥的发言，提倡认认真真做好一件事，胜于花里胡哨吹上一百件，加强信息的直接沟通，减少信息传递的环节，避免有效信息的“衰减”，把复杂的问题，尽量用简单明了的方式来解决，在企业管理中运用好“断舍离”的道理，有利于轻装上阵，有效解决问题。

繁变简，用简洁方法处理复杂纷繁的事情，做到简单易行，精简高效，这是成功企业鲜明共性的管理特征。“删繁就简三秋树，立异标新二月花”，艺术创作的境界，讲究以简练的笔墨表现更丰富的内容，删除多余的枝叶藤蔓，以少胜多，计白为黑，企业管理亦然。当今许多全球著名企业成功的案例也足以印证这个道理，比如在产品设计和客户体验的营造中，尽量简化操作流程、界面清晰明了，用户易于操作，不断提升客户的满意度和体验性，使产品也能达到“删繁就简”的艺术境界。

简单不是消极，需要事前周密规划、明确目标，让战略简单，善于抓住重点，让制度简单，便于执行落实。就像交响乐团的一场演出，虽然各门乐器技艺不同，配合复杂，但指挥的手势简洁明了。围绕主题曲目，在统一指挥下，让每一个角色和成员都知道该做什么，有效配合，运转有序。

激发正能量是企业管理者的经营智慧，考验其依靠正确的理念和方法，充分利用内外部各种资源，协调处理企业经营中的各种关系和矛盾，从而最大限度推动企业发展，达到事半功倍的效果。

适应信息时代

信息是现代企业经营管理的灵魂。进入 21 世纪，人类进入了一个崭新的信息化时代，从政治到经济，从教育到社会，所有部门都需要信息技术作支撑，都受到了信息化浪潮的冲击。

信息引领创新发展。社会信息化，是以计算机信息处理技术和传输手段的广泛应用为基础和标志的新技术革命，影响和改造社会生活方式与管理方式的过程。

20 世纪 70 年代末至 80 年代初，世界范围内兴起的新技术革命是现今社会信息化的发生背景。信息化依赖发达的信息处理手段，近 30 年来，计算机技术的进步使信息处理技术有了高度发展，并得到广泛应用。自 20 世纪 40 年代末由美国数学家申农创立信息论以来，信息技术的应用领域迅速扩大，急剧增加了社会的信息需求量。据有关资料记载，人类文献信息的总和，从 1950 年起每十年翻一番，到 1970 年后每五年翻两番，这种被人们描述为“信息爆炸”的现象，实际上就是社会信息化的时代背景的表征。

信息技术发展和应用所推动的信息化，给人类经济和社会生活带来了深刻的影响。进入21世纪，信息化对经济社会发展的影响愈加深刻。世界经济发展进程加快，信息化、全球化、多极化发展的大趋势十分明显。信息化被称为推动现代经济增长的发动机和现代社会发展的均衡器。信息化与经济全球化，推动着全球产业分工深化和经济结构调整，改变着世界市场和世界经济竞争格局。从全球范围来看，主要表现在以下三个方面：

第一，信息化促进产业结构的调整、转换和升级。电子信息产品制造业、软件业、信息服务业、通信业、金融保险业等一批新兴产业迅速崛起，传统产业如煤炭、钢铁、石油、化工、农业在国民经济中的比重日渐下降。信息产业在国民经济中的主导地位越来越突出。国内外已有专家把信息产业从传统的产业分类体系中分离出来，称其为农业、工业、服务业之后的“第四产业”。

第二，信息化成为推动经济增长的重要手段。信息经济的一个显著特征就是技术含量高，渗透性强，增值快，可以很大程度上优化对各种生产要素的管理及配置，从而使各种资源的配置达到最优状态，降低了生产成本，提高了劳动生产率，扩大了社会的总产量，推动了经济的增长，在信息化过程中，通过加大对信息资源的投入，可以在一定程度上替代各种物质资源和能源的投入，减少物质资源和能源的消耗，也改变了传统的经济增长模式。

第三，信息化引起生活方式和社会结构的变化。随着信息技术的不断进步，智能化的综合网络遍布社会各个角落，信息技术正在改变人类的学习方式、工作方式和娱乐方式。数字化的生产工具与消费终端广泛应用，人类已经生活在一个被各种信息终端所包围的社会中。信息逐渐成为现代人类生活不可或缺的重要元素之一。一些传统的就业岗位被淘汰，劳动力人口出现向信息部门集中的趋势，新的就业形态和就业结构正在形成。在信息化程度较高的发达国家，其信息业从业人员已占整个社会从业人员的一半以上。一大批新的就业形态和就业方式被催生，如弹性工时制、家庭办公、网上求职、灵活就业等。商业交易方式、政府管理模式、社会管理结构也在发生变化。

信息化浪潮的持续深入使人类社会日渐超越“工业社会”，而呈现“信息社会”的基本特征。其主要表现在：信息技术促进生产的自动化，生产效率显著提升，科学技术作为第一生产力得到充分体现；信息产业形成并成为支柱产业；信息和知识成为重要的社会财富；管理在提高企业效率中起到了决定性作用；服务业经济形成并占据重要的经济份额。

信息描绘市场需求。在市场经济条件下，企业生存发展，前提条件是了解市场，满足客户需求，失去客户，企业经营就似无源之水、无本之木。在愈演愈烈的市场竞争中，信息对于企业经营发展的影响尤为突出，能否有效识别客户，发现市场，准确定位，制定策略，都离不开数据和信息的有效支撑，不过分地说，信息的有效利用事关企业的生死存亡。

企业经营，首先要掌握的是市场在哪里，到底有多大的规模。市场营销的成功与否很大程度上取决于对市场了解的精准度。通过开展市场调研、样本采集、趋势分析等方式，借助信息勾勒出市场的全貌。充分的、有效的信息，能够反映市场的发展动态；经过细分市场，就能了解到市场有多大，客户有多少，需求是什么，切入点在哪里。一旦有了适销对路的产品，就会取得客户的信赖，赢得市场的先机。

给客户画像。以客户为中心，前提就是发现客户，从客户的利益出发，深入客户实际，满足其需求，为其量身定制方案，通过为客户创造价值，来取得其充分信任，找到更多的业务机会，实现企业与客户的共赢发展。满足客户需求，主要通过市场调研、行业分析、人脉资源等渠道进行客户需求资料的收集，或通过面对面的沟通交流、拜访座谈等形式，获得直接的信息与意向的反馈，加以整理分析，形成准确的客户需求表。每一个客户都独一无二，如果仔细去看每一个客户个体，人人都有不同特征。无论是基础的客户编号、多种社会身份、特征属性标签还是地图行程记录、各种平台消费记录乃至网络浏览和互动记录，这些信息都同等重要并合力构成一个客户的360°画像。有了这些基本客户的信息，就可以判断客户所处的人生和社会阶段，从而可以分析他已经满足和尚需要满足的需求。满足客户需求是一个持续演进的过程，今天的需求并不代表明天的需求，常规的需求无法代替特殊的需求，在对客户营销过程中，要站在客户立场上想问题、谋方法，对客户需求及时做出回应，在别人无法解决客户需求的时候率先响应，适时创造需求，以长期锁定客户。

引导客户需求。在完成客户的个体画像之后，就可以进行客群的分层管理，人群细分是所有分析洞察和精准营销的重要基础工作之一。人群的细分可以依据不同的标签属性，包括客户基础属性、画像数据、行为数据、交易记录、会员档案、营销数据等。这些客户群体在某些方面都有一些共同的特征，也会有类似潜在的共同需求。有些需求是待挖掘的，有些需求需要风尚的引领。真正的营销高手，有时比客户更了解其需求。这些都建立在对客户长年深入研究的基础之上。“营销是 98% 的了解人性 +2% 的产品知识”，这是对客户需求导向的高度概括。适当时候，为客户的发展出谋划策，创造新需求，并提出一揽子解决方案，对客户和自身而言，往往能获得出乎意料的双赢效果。要走在客户的前面，就如苹果公司前领导人乔布斯所言，你不能只问顾客要什么，然后想法子给他们做什么。等你做出来，他们已经“另有新欢”了。有些人说：“消费者想要什么就给他们什么。”但那不是我的方式。我们的责任是提前一步搞清楚他们将来想要什么。我记得亨利·福特曾说过，“如果我最初问消费者他们想要什么，他们应该是会告诉我，‘要一匹更快的马！’”人们不知道想要什么，直到你把它摆在他们面前。正因如此，在产品开发方面，乔布斯并不完全依靠市场研究。苹果的任务是读懂还没落到纸面上的东西，然后去引导消费者。同样，微信的研发团队对每个细节的设计首先基于人性化的考虑，坚持用户体验为王，同时又远超过客户的期待，最后缔造了用户突破 9 亿的奇迹。

信息指导经营管理。企业管理者在经营发展中，对自身实际要有清醒认识，“鱼和熊掌不可兼得”，防止盲目扩张，要通过做好优势项目，来弥补劣势和短板，努力发挥个性特色，做强、做精、做优产品，打造市场的核心竞争力。

一是准确定位。通过对信息的实时分析与研究，不断了解市场，适应市场，在发展中调整，在调整中发展，形成企业品牌优势。企业的竞争某种程度上表现为信息的竞争。准确地掌握市场信息能够使商家提早获得商机，从而在商业竞争中取胜。了解自己一定程度上比了解市场更重要。把握企业真实的运行发展情况，兼听市场和客户的客观评价，知道自己需要什么、欠缺什么，才能有的放矢，去谋划发展思路。科学预判。市场的预测即是对市场需求、价格变化等所作出的预先判断。通过商品供求、消费水平以及社会环境的变化来预测市场走势，以便从中获取商机。比如一些成功的经营者，往往出其不意，“人弃我取”“贱中找贵”，通过精准预测，扬长避短，获得巨大的市场。适时调整。计划不如变化快，在多变的市场面前，信息同样不断在更新。适时调整是对信息快速研判并采取行动的处置能力。踏准市场脚步，克服经营惯性和思维惰性，将信息综合分析后，最终为我所用，转化为企业的生产力。

“知己知彼，百战不殆。”市场竞争需要掌握对手的情况，比较各自的优势与劣势。有了信息，就知道对手在想什么、布什么局，就能采取有针对性的竞争策略，因地制宜地落实在产品、渠道、客户、服务、流程中，取得竞争发展的主动权。市场信息收集。市场信息可分为宏观市场信息和微观市场信息。宏观是整个行业的情况，微观可以是区域、城市、片区的情况。现在媒体发达，宏观市场上竞争对手的一些动向可以从互联网获取，例如销量、市场份额、营业额等等，上市公司的信息更加容易获得。微观市场中，可以以客户的身份去考察和体验，了解竞争对手的情况。客户反馈收集。通过在与对方客户的反馈过程，发现自身的不足和竞争对手的优势。发挥自己的长处、规避自己的短板，形成差异化竞争。向对手学习。对手往往是最好的老师，学习竞争对手，帮助制定自己的商业战略。探索竞争对手曾经历的路程，可以有效地避免走弯路，并作出具有针对性的优化提升方案。

二是寻找热点。重点关注和分析梳理对于企业经营转型、创新发展的有益信息，深入挖掘“含金量”高的信息，顺应企业和时代发展方向，着力解决企业发展面临的主要矛盾。科学利用信息，分析市场风口和热点。重点关注国家时政方针，区位提升的政策举措、相关行业和科技最新的研究成果，乃至国际关系等热点问题，综合各方趋势进行研判。现代社会信息浩如烟海，鱼龙混杂，真假难辨。信息对称是企业经营产生效益的源头。如果收集到的信息源头失准，没有规范的操作流程，稍不留神，就会对产品的设计和营销产生误导，造成人、财、物的浪费和损失。甄别真实性是实现信息对称的基本功，要不断锤炼“眼力”，确保收集甄别质量，借助大数据、设定科学合理的参数指标，实施信息数据的标准化管理，将不同渠道获得的信息进行横向、纵向的比较，最终去粗取精、去伪存真，为选择市场和客户，提供真实可靠的决策依据。有些趋势和热点，似是而非，炒作成分大，如同顺流而下时，遇到江河中的暗礁，一旦触及后患无穷。诸如那些“一窝蜂”“烧钱”“蹭热点”“大干快上”之类的所谓热点和信息，需要严加甄别，规避热潮退去后的“搁浅”。

三是明确路径。通过信息数据研究，确定企业经营的战略和战术，明确责任，抓好落实，努力实现既定的发展愿景。

精确判断。面对海量的数据，要分门别类，在清理清分的基础上，建立筛选分析、综合利用、加工疏理等一整套过程管理，通过综合判断，作出结论。并将零散碎片信息整合为商业化情报，实现信息的系统化。建立信息研究机制，设立专门的信息分析部门，培养引进专业分析师，当好竞争发展的参谋，为经营决策和市场拓展，提供高质量的增值服务。

瞄准撬点。“撬点”是企业提升发展的准星，在实际运作中往往起到“四两拨千斤”的效果。首先，精准识别和判断客户个性化需求，以客户满意度为“撬点”，设计出特色产品。其次，寻求合适渠道，找到营销“撬点”。获取有效信息，就能把控“准星”，从而实现认准门、找对人、办成事，达到一击即中，事半功倍的效果。

以客户满意度为“撬点”。客户满意度也叫客户满意指数，这个概念体现的是客户期望值与客户体验的匹配程度。换言之，就是客户通过对一种产品可感知的效果与其期望值相比较后得出的量化结果。作为企业，在为客户提供服务的时候，也在不断地了解客户对于服务的期望值是什么，而后根据自己对于客户期望值的理解去为客户提供服务。提升客户信任度。与客户交朋友，加强与客户的沟通交流，对客户坦诚，想客户所想，打消客户顾虑，有利于准确获取客户个性化的需求，并随之提供相应的服务支撑。提升获客的精准度。基于大数据分析、从海量数据中为客户群“画像”，进行目标筛选。以此作为精准投放广告，植入应用场景的重要依据。留客的“黏度”。提升品牌的价值，为客户提供增值服务，让客户感觉受重视、受尊重，与客户良性沟通，让客户经常获得体验新业务的机会等方式，都是企业满足客户个性化需求，不断提升满意度的有效方式。

以合适的渠道为“撬点”。拓展渠道的新空间。传统渠道，主要是线下的实体，故有“渠道为王”一说。在新时代，营销的渠道更趋多样，即使是互联网平台，也已经派生出官方网站、电商渠道、微商渠道、直播平台等多元模式。渠道的转型，要求企业多元化拓展，开辟新的阵地。拓展渠道的新模式。现代营销渠道还有“圈层化”的趋势，诸如社交圈、工作圈、社区圈、专业圈等，融入圈子就能接触到相应的客户，实现一对多的拓展，获得事半功倍的效果。

四是择机而行。在解决近期发展的同时，还要谋求长远发展的战略目标。围绕目标做正确的事，需要方法和步骤，明确目标实施的行进路线。有了发展路径，才能避免走错路，不走冤枉路，最大限度地形成发展合力，企业发展愿景水到渠成。企业是市场的顺应者，而不是主导者，市场由客户说了算，而非企业说了算。要紧密结合自身实际，有针对性地做好信息分析判断，避免胡子眉毛一把抓。抓住重点，剔除无用信息，找出真实有效信息，避免捡了芝麻丢了西瓜。突出热点，紧跟市场环境变化，寻找市场竞争的焦点和风口，从一般规律中找特殊，从正常情况中找异常，及时发现苗头，控制轻重缓急，积极寻找商机，全力抢占优质市场。

借助信息技术的发展，有助于企业更好执行既定目标。通过科学的企业经营数据分析，可以清晰把握企业现阶段发展的总体情况，及时发现存在的短板与不足，以及未来发展的趋势性问题。在发展过程中，用数据和事实说话，对经营管理目标进行科学的跟踪分析，形成监控预警体系，防范和化解经营风险。用信息把握管理层和员工的动态，最大限度形成共识。通过信息指路，促进企业科学发展。

防控经营风险

风险防控，是指在一个必然存在风险的环境里，把风险降到可控的过程。具体来说，就是通过对风险的认识、衡量和分析，选择有效办法，积极主动地以最小的成本，争取最大的安全保证。

企业的风险形式多种多样，由于企业性质不一样，侧重点有所不同，但风险的内容大同小异。从性质看，有内部和外部风险；从类型看，有信用风险、财务风险、市场风险、营运风险、人员风险等等。企业经营与人、财、物打交道，随着业务的发生，风险滋生就时刻存在，从操作风险的角度看，主要表现在两个方面：一是外部的侵蚀，工作人员经不起诱惑，产生不良动机形成的风险；二是内部工作人员品德不正，私欲膨胀，加之风控不到位引发的风险。风险形形色色，无处不在，始作俑者始终是人，因此，人既是企业经营最大的资本，也是最大的风险。对人的管理是风险控制的核心环节。

风险的产生，起于动机，源于权力，作于机会。风险防控要从源头着手，将动机消除在萌芽状态，规范底线，实施硬约束，严格树立起“三条防线”，即“不去想、不敢为、不能做”，落实管控措施，将各类风险严格防患于未然。

“不去想”。教育为先，是控制风险的第一道防线。教育是一个内涵广泛的概念，是一种有目的的培育人的活动。教育既有知识层面的内容传习，也包含道德和品格方面的熏陶，以及合法合规、正确履职的提示。企业开展对管理者和员工的教育，通常侧重于后者。通过教育使人养成良好品德，从善去恶。人是有欲望的，欲望是社会发展的原始动力。但是欲望有好坏之分，好的欲望可以推动事业发展，坏的欲望让人陷入深渊。我们经常会碰到这样的案例：一个经营机构，制度健全，管理严格，但风险事件和案件照样发生，究其原因是管事与管人脱离，在管事的同时，忽视了人的管理。在企业经营过程中，员工的品德有问题，就会导致行为出现偏差，造成的结果是风险将防不胜防。开展形式多样，行之有效的教育工作，将风险防控阵地前移至思想精神上，使教育工作持续发挥好正心、示警、树人三方面的积极意义。

正心，使人心归向于正道。《礼记·大学》中有：“欲修其身者，先正其心。”修养自身的品性要先端正自己的心思，不使心存杂念。“正心”在现代企业管理中也发挥着重要作用。现代企业员工思想状况普遍差异较大，人与人面临的处境和发展机遇不尽相同，许多人忙于具体日常工作事务，较为忽视自我修养的提升，有些人在外界诱惑下，心态失衡，对企业的忠诚度低下，甚至为了一个“钱”字，牺牲职业道德和个人信誉。企业通过开展行之有效的品德教育，提升员工思想境界，培养立身做人的高尚情操，则员工做人坦荡真诚，有助于工作中避免思想偏差和发生极端行为，遇事可以用公平的眼光看待问题，用正确态度对待问题，用合理的手段解决问题。同事间精诚合作，上下级步调统一，则企业的发展也容易走上正轨，诱发风险事件的思想因素得到有效抑制。

示警，就是警钟长鸣。风险和违规行为其实离正常的生产经营并不遥远，有时就发生在身边，甚至是很多企业长期存在的顽固问题。德育教育重在正面引导，而警示教育则是用反面案例，增强威慑力。直观、具体地体现法律法规、制度条例的惩戒性特点。对意欲违纪违规者和风险重点岗位的人员，使其在心理上产生畏惧，不敢越雷池一步。企业开展警示类教育，通过对违规违纪案例的剖析，生产安全事故的展示等，使干部员工受到深刻启迪和警醒，产生强烈的震撼力和很强的惩戒提示性作用。通过以案说纪，能使广大管理者和员工从典型案件中吸取教训，清楚在什么情况下，在什么问题上，在哪些环节中容易犯错误、栽跟头，从而时常保持清醒的头脑和高度的警觉。甚至可以悬崖勒马，对已经处于风险边缘的人和事，起到及时停止的作用。

树人，就是形成氛围。十年树木，百年树人。培养员工防范经营风险的意识并非一朝一夕，需要企业持之以恒开展系统性教育。教育有别于灌输，也不是行政命令或者流水线式的“塑造”，而是一种春风化雨、润物无声的引导，从个体到群体，让员工发自内心地改变，使合规守纪、防范风险成为一种内化于心、外化于行的自觉。管理者和员工互为表率，逐渐改变企业的经营氛围，激发整体蓬勃向上的正能量，由一棵棵茁壮的“树木”，构建起防范经营风险的“防风林”。

因此，风险防控，教育是基础，是打造正确世界观、人生观和价值观的前提条件。教育的最终作用，一方面把制度讲明白，让人知道并遵守；另一方面，常敲木鱼，做到警钟长鸣，使人时刻保持清醒，从而树立正确的价值观、法制观、荣誉观和风险观，从内心深处“不去想”不良行为。

“不敢为”。制度为本，是风险控制的第二道防线。用制度管人，以有效的制度规定人的行为，形成威慑，使员工不敢随意违规。制度最一般的含义是指要求大家共同遵守的办事规程或行动准则。在现代企业管理中，公司为了规范自身建设，加强企业成本控制、维护工作秩序、提高工作效率、增加公司利润、增强企业品牌影响力，通过一定的程序所制定出的管理公司的依据和准则，也称作企业管理制度。企业管理制度在经营中的应用非常广泛，通常分为规章制度和责任制度。规章制度偏重于工作内容、范围和工作程序、方式，如管理细则、行政管理制度、生产经营管理制度。责任制度侧重于规范责任、职权和利益的界限及其关系。一套科学完整的公司管理制度可以保证企业的正常运转和职工的合法利益不受侵害。

企业经营的方方面面都离不开制度，在经营风险的防控方面，制度的重要性尤其突出，其主要表现为：

有效约束。制度对相关人员做些什么工作、如何开展工作都有一定的提示和指导，同时也明确相关人员不得做些什么，以及违背了会受到什么样的惩罚。人非圣贤，其思想和行为，会受到各种因素的主导而产生变化，道德的约束功能相对而言是有限的，人的思想也是“隐形”的。在规范人的行为时，具备“刚性”的制度往往更具说服力。人们常说“将权力关进制度的笼子”，制度天生具有强大约束效应，可以防止企业管理中的权力滥用。企业经营管理环节众多，上至顶层，下至每个操作人员，各层级必须配备与自身职能相匹配的权限才能做事，实质上人人都是或大或小的“有权者”。权力是把“双刃剑”，既能做成事，也会做错事。对错之间，关键在于是否符合制度。画红线、明底线、拉高压线，让权力对制度产生畏惧。使制度渗透到每个经营环节，发挥好约束效果，是有效防范风险发生的“紧箍咒”。

维护公正。公正是一个古老恒久的话题，自人类社会有史以来，人们便开始思考如何让社会变得更加公正。作为衡量社会文明与进步的一个重要尺度，社会公正始终与人类社会发展相伴相随。制度的生命力在于公平和正义，制度的最大效用也在于保障公平和正义。建立科学合理的管理制度，能使企业在一定的轨道上正常有序运转，每个成员的行为符合企业内部公认的准则，人际关系得到恰当的调整和处理。企业内部权、责、利的失衡，往往是造成人员流动大、劳动效率低、工作执行力差、管理方式落后、经济效益不佳的直接原因，更是引发严重风险事故的“导火索”。通过建立健全适应企业发展需要，公开公平公正的制度体系，管好权、明确责、分好利，有效化解企业经营中的矛盾和不安定因素。

促进执行。企业管理制度执行具有强制性的特征。没有过硬的强化手段，企业管理制度就是一纸空文。建立持久的强化执行方案是完成管理制度最有效的方法之一。当一种企业管理制度，经过一定阶段强化执行后，它就逐渐形成了一种习惯，甚至可以成为一种好的企业传统发扬下去。制度中明确的奖惩机制，根据员工的现实表现和工作实绩对其进行物质或精神上的鼓励，调动其工作潜能和工作积极性；通过剥夺员工的权利和增加员工的义务，对违规渎职行为加以最大限度的防范和纠正。正向的激励和逆向的惩戒相结合，轻重尺度有明确的量化依据，使得制度的拟定者和执行者更容易把心态放正，减少将个人主观看法掺杂在制度里。执行中能相互监督，落地生根。避免陷进“一根烟、一杯酒、你我大家是朋友”的怪圈，导致制度流于形式，停摆空转。

实践证明，遵守办事规程和行为，制度建设是关键，制度的约束力和执行力是防控风险的有力保障。通过案例分析，告诉员工违规行为与不良意图与法律的对应关系；通过惩处不良行为人，教育引导员工，敬畏制度，增强遵纪守法的自觉性。通过规章制度的不断完善，真正形成用制度规范操作，按章办事，靠制度管人的有效机制。好的制度起到给好人壮胆、让坏人惊醒的效果，使其去掉幻想，不敢做冒险的事。

“不能做”。科技为器，是风险控制的第三道防线。近年来借助科技提升管理效率，防控经营风险，已经成为各行业广泛关注的热点。企业管理中科技的运用，主要是改变传统以人工为主的预警防御和权限管理机制，改为更多采用业务管理系统、计算机、大数据，甚至云计算、人工智能、物联网、区块链等新型技术，来提升管理的效能，有效提升企业风险防控的精准性、预判性、客观性和严密性，使风险因素无机可乘，违规操作无所遁形，用科技力量为企业构筑起安全发展的“护城河”。

预警体系的变革。一般大型的企业都有自身的预警模型体系，当经营过程中某项参数达到设定值，就意味着存在与之相对应的风险。但传统手段在预警的“预”上效果不尽如人意，事后诸葛亮，预警模型最后往往演变成报警模型。其原因主要是没有找到足够的有前导性意义的风险指标，或是风险传导网络建设不健全，没有完整及时对关联风险进行传导。在现代物联网技术成熟的条件下，企业接入生产环节的各类数据，可大幅提升预警的有效性。完善风险传导网络，从工商信息、司法涉诉、发票数据、舆情信息中广泛提取企业间的关联关系，建立企业关系网。从运营商数据、社交数据、金融数据提取个人间的关联关系，建立个人关系网。根据风险类型，设置传导的路径和权重，克服人工判断带来的数据不足和认识偏差，对相关责任人的违规操作、恶意操作、严重失误的操作提前示警和干预，及早及小发现经营管理的异常问题。

排查方式的变革。企业对人员日常行为的监督和管理，传统模式一般靠采用异常行为动态排查模式进行排查。比如，通过日常观察、谈心谈话、家访、询问相关人员等等。这种模式容易发现一些显性的问题，但对于隐性问题，尤其是刻意规避检查的行为，则较难以发现。比如，员工在工作时间经常偷偷打私人电话、故意避开他人，对这类行为的观察分析，该员工或许存在一些不可告人的事情，对企业经营有潜在风险，当然也可能只是家庭亲友联络，出于不影响大家正常办公的动机。传统模式往往只能发现情况，却无法准确分辨出现象背后的真实原因，导致排查效率低下，无果而终。在符合国家监管法规、不损害员工合法隐私的前提下，借助科技手段，对重点领域、关键岗位的人员进行系统监测，诸如员工是否存在长期信贷违规透支无法偿还，是否有不明来源的巨额资金，是否被纳入各类“黑名单”，是否频繁拷贝单位的重要经营数据和客户信息等等，有助于提升人员和风险排查的精准度，减少无效劳动和凭空猜测。

操作流程的变革。许多经营风险，往往源自越权操作。企业管理每个环节都有各自权限，权限本质上是一种安全策略，上级授权下级，下级受权操作，不同角色在理论上只能在自身权限范围内做事。正如古代军队用的“虎符”，平时皇帝拿半个，将领拿半个，只有将领拿到皇帝手中的半个，得到授权，国家军队才能听其调动。企业管理中，有些授权行为边界模糊，有时靠口头指令，有时用一纸公文便要求执行，甚至凭内部关系的亲疏好恶，跳开上级授权而违规操作，致使有权人不知情，档案台账保存期限短，查找困难，易于销毁，最终导致严重的后果。借助科技力量，使得所有操作行为，都在预设的权限内进行。例如身份识别、权限设定、密码设置、操作痕迹、审核流程、存档保管、调阅核查等，都通过科技系统来实现，可以最大限度保证全流程的每个环节都权责清晰，即使有越权想法，最终也有心无力。

归根到底，现代信息技术具有程序化、精确化、集约化和刚性化等特点和优势，使用信息科技手段建立风险预警机制，发现异常动态，及时报警，有效处置。通过信息科技手段再造业务流程，可以对操作运行形成硬约束，人防加机控，有效防范各类风险事件。对人的行为实施硬控制，确保所有操作“大小有界、公开透明、网上留痕、全程受控”。树立“科技硬约束”的风险管控理念，对操作形成有效制约，使具有不良动机的人无法实施作案，有效控制具有不良行为预谋的人，使其不能做坏事。

企业经营要不断改革创新，用新理念、新方法和新手段，加强各类风险防控，强化风险意识和防范水平，为企业健康、稳步发展保驾护航。

企业文化建设

企业文化通常代表企业内一系列相互依存的价值观念和行为方式的总和。伴随着人类学、社会学、心理学、哲学等多学科的发展，关于企业文化的研究已经形成一个较为完整和成熟的体系。有关著作汗牛充栋，蔚为大观，极大地丰富了现代管理学乃至整个经济学的研究范畴。长期以来，西方企业的管理是偏向“刚性”的，思考以最小的付出来得到最大的回报，习惯于从成本、流程等维度来考虑管理中遇到的问题。近三十年来，特别是西方主要工业国家进入后工业化时代，随着物资生产的占比逐步降低，智力生产的占比不断提高，人在生产制造过程中作为创造主体，作用发挥的重要性也越来越显著，同时伴随人的生活水平和受教育水平的不断提高，人除了解决温饱等物质层面的需求以外，对于精神层面的自我满足和自我实现需求也在不断增强。西方企业界和管理学界越来越强烈地意识到，人不仅有理性，还有感性，需要被认可、被尊重、被鼓励。

对于企业文化的正式研究始于西方管理学界，20 世纪 80 年代，哈佛商学院的两位教授约翰·科特和詹姆斯·赫斯科特在长期研究后提出，企业是由人构成的，文化对人有着深远的影响，因而文化对企业成功起着重要作用。他们随后出版的《企业文化——企业生活中的礼仪与仪式》一书，开辟了企业文化研究的全新领域。

改革开放以来，现代企业管理的各种理念也传入中国，包括企业文化在内，在中国经历了长期的、理论与实践相结合的过程。时至今日，许多中国企业越来越重视企业文化建设，主动运用企业文化理念指导经营管理，取得了卓有成效的进展。当先进优秀的企业文化成为全体成员共同认同和遵守的价值观、信念和行为准则，就会在实践中显示出其强劲的生命力，发挥重要的作用。企业文化包含很多内容，但其根本是价值观问题。价值观作为经营理念的核心，为所有员工提供了一个共同的目标，并成为他们日常工作中的行动指南。研究发现，成功的公司无一例外对价值观都格外重视，不仅在高级管理者心中，而且在公司绝大多数人心中，价值观是一种实实在在的东西，能够把大家凝聚到一起，并产生巨大的推动力。

企业归根到底是由人组成的，企业管理很大程度上讲是“柔性”的，除了科技手段、管理规则以外，更多地需要一种从管理者到普通员工都认同的共享价值观，把大家凝聚到一起，激发共同的智慧，造就卓越的企业。近些年来，一些“老牌”的大型国际企业，坚持核心文化理念，在策略、组织、目标、行动等方面进行大幅调整，顺应时代潮流，恢复了活力，有效确保了基业长青。

企业导向激励。它具有方向性，既要遵循战略发展方向，又要兼顾短期利益和长期规划。它能够站在全局的高度上激励员工为企业发展而奉献，努力实现自我创造和自我发展。企业文化就像一个无形的指挥棒，让员工自觉地按照企业要求去做事，这就是企业文化的导向作用。企业核心价值观与企业精神，发挥着无形的导向功能，能够为企业和员工提供方向和方法，让员工自发地去遵从，从而把企业与个人的意愿和远景统一起来，促使企业发展壮大。优秀的企业文化能在无形中对员工起到激励和鼓舞的作用，良好的工作氛围自然就会让员工享受工作的愉悦，企业文化所形成的文化氛围和价值导向是一种精神激励，能够调动与激发职工的积极性、主动性和创造性，把人们的潜在智慧诱导出来，使员工的能力得到全面发展，从而增强企业的整体执行力。

员工凝聚归属。拥有先进文化的企业，员工会产生共同的价值观，凝聚人心，形成强大的合力。在实践中及时调整和不断丰富完善，避免企业在错误的道路上“一意孤行”。企业文化可以把员工紧密团结在一起，形成强大的向心力，使员工万众一心、步调一致，为实现目标而努力奋斗。事实上，员工凝聚力的基础是企业明确的目标。企业文化的凝聚力来自企业根本目标的正确选择。如果企业的目标既符合自身利益，又符合绝大多数员工的个人利益，即是一个集体与个人双赢的目标，那么说明这个企业凝聚力产生的利益基础就具备了。企业文化本身就具有规范作用，企业文化规范包括道德规范、行为规范和意识规范。当企业文化上升到一定高度的时候这种规范就会产生无形的约束力。它让员工明白自己行为中哪些不该做、不能做，这正是企业文化所发挥的“软”约束作用的结果。通过这些软约束从而提高员工的自觉性、积极性、主动性和自我约束，使员工明确工作意义和工作方法，从而提高员工的责任感和使命感。

组织规范行为。优秀的企业文化，有助于促进员工的思想观念、精神境界不断净化和完善。这种文化又能支配和引导员工的行为，具体来说，就是要宣传理念，塑造典型，将企业秉承的理念辐射至每个员工心中，为实现企业发展目标而共同奋斗。先进企业文化的精髓是先进的思想观念、道德准则和进取精神。通过文化熏陶教育企业员工，有助于员工形成团队意识、奋斗精神，摈弃与企业发展愿景不一致的想法，纠正不符合现代企业发展的陈旧观念，打造具有凝聚力和执行力的先进个人与群体。企业文化是一项传播工程，需要做好关键理念的宣导、典型示范的塑造和带动作用。在企业内部，文化也具有潜移默化的影响辐射效应，让员工认识到：只有企业发展了，企业中的每一名成员才有更好的发展，两者是利益共同体，相互配合、相互支持，为实现企业发展目标携手前进。

成功的企业发展路径各有千秋，但从历史视野看，核心在于文化的竞争力。企业文化的内涵十分丰富，包括员工的思想、观念、行为规范等方面，但在企业经营管理中，精细管理、高效执行和优秀团队文化，发挥着不可替代的独特作用。

一、精细管理

企业发展到一定阶段，讲究按章办事，重视细节、控制过程、讲求实效的管理思想。

1. 规矩在先

规矩就是约束人们行为规范的制度，包括需要共同遵守的办事规程或行为准则。好的制度可以使坏人无法肆意横行，不好的制度使好人无法做好事，甚至走向反面。用好的制度，就能规范经营行为，营造“懂规矩、讲规矩”的经营氛围，形成既入脑，更入心的良好风气。规矩在先，是制度文化在企业中的直观体现。制度是企业文化得以贯彻的保证，包括精细管理在内的一切企业经营活动，脱离规矩的保护与约束，就容易与良好的愿望背道而驰。企业经营管理是否细致精准、作风是否严谨有序、精神风貌是否高昂、人际关系是否和谐、职工文明程度是否得到提高等，无不与制度文化的保障作用有关。制度是精神文化的基础和载体，并对企业精神文化起反作用。企业制度的建立影响员工选择新的价值观念，成为新的精神文化的基础。企业文化总是沿着精神文化—制度文化—新的精神文化的轨迹不断发展、丰富和提高。

2. 细节作本

“小事永远是大事的根。”细节看似小事，但小中见大。它是一种严谨细致的态度，心中有细节，才会发现细枝末节处存在的问题；把握细节是一种长期积累养成的习惯，将细节落实到具体行为的一种能力；细节是精神，追求品质，追求完美，达到精准营销、精致运行、精细管理的目的。细节为本同样是企业文化的典型内涵之一。古语说，“窥一斑而知全豹”。人们对企业文化的感知，并非在于高高在上的口号和理论，而往往源自一些细节问题。比如员工的精神风貌、一言一行，产品的质量服务、设计细节，以此见微知著，对企业产生不同的认识与态度。细节作本，贵在认真做好每一件小事，将一件小事做到高水准，做出超越其表象的高价值，把简单的事做对，把平常的事持续做对，秉持高度的责任心、敬业精神和严谨求实的态度，付出比常人更多的汗水和努力，达到知行合一的境界，实现工匠精神的升华。

3. 质量为重

产品的质量是企业生存和发展的生命线。它必须最大限度地满足客户需求，坚守品质初心，从而得到客户的广泛推崇和社会的普遍认可。重点在于把握三个环节，即把精品作为精细化的落脚点，把产品作为核心竞争力的着力点，把品牌作为企业文化的展示点，只有这样，才能高效率地享受高质量产品带来的经营红利。质量文化是企业文化是否成熟的一个重要标志。

所谓质量文化，是指企业在生产经营活动中所形成的质量意识、质量精神、质量行为、质量价值观、质量形象，以及企业所提供的产品或服务质量等的总和。质量是精细管理的目标和落脚点，最终将转化为企业的产品、品牌和核心竞争力。质量为重是企业重要的经营策略和战略，企业通过树立质量理念，制定严格的质量管理规范，通过实际行动去传播、通过管理工具去加强、通过规章制度去固化、通过质量管理机构去贯彻，使之深入人心。明确质量责任，合理奖惩并举，推动质量标准化改革，提升市场竞争力，通过这一系列行之有效的持续行动，最终将形成自己特有的质量管理哲学和质量文化。

二、高效执行

高效执行，就是正确领悟战略战术，对下达的任务，拒绝借口理由，不折不扣执行。这种行事风格，就是风格统一、高效战斗的团队文化。战略重在执行，难在执行，赢在执行。

1. 自觉性

“态度决定一切。”对执行战略战术自觉服从，做到不发牢骚，不找借口，不谈条件，不计得失。看整体，讲大局，个人服从集体，集体服从组织，确保战略、战术决不走样。“自觉”的字面意义即“自我觉悟”，是人内在的认识。培养执行的自觉性，应当从内心入手，要确立精神支柱，找准奋斗方向。目标越明确，决心越强大，则意志更坚定，主观能动性更易于发挥。确定合适的目标和任务，制定切实可行的行动计划，唤起对成功的期待与追求。另外，要时常开展自我监督，进行自我反省，培养恒心毅力，杜绝养成为自己开脱、找借口、“甩锅”的职场陋习，以咬定青山不放松的姿态，做一名合格的执行者。

2. 合一性

知行合一，树立“说了算、定了干、言必行、行必果”的执行意识。发挥主观能动性，创造性地开展工作，克服艰险，排除万难，确保执行不打折扣，上下一致，无缝衔接，保质保量地完成任务。知行合一是高效执行的具体行动。常言道“知易行难”，难就难在做成一件事情，主客观方面往往存在诸多制约因素，在客观条件无法改变的基础上，主观上“行”的意愿和举动尤为重要。执行力只能在执行中体现，并不能靠思考和想象来获得。许多优秀的人拥有聪明的头脑和丰富的学识，但成功者往往更善于将拥有的知识结合于执行。光想不干，纸上谈兵；不想就干，盲目冲动。知行合一，行胜于言，工作中保持干劲和行动力，遇事果断坚决，结合专业知识，判断准确就及时出手抢占先机，使知行合一，无疑是推动任务圆满完成、治愈“拖延症”的一剂良药。

3. 实效性

以结果为导向、实效为目的。对交办的各项工作任务，一以贯之，有始有终，做到横向到边，纵向到底，克服前紧后松“虎头蛇尾”的现象，杜绝有始无终的“三天打鱼两天晒网”的松垮作风，使高效执行文化，在企业经营发展中恰到好处，落到实处。注重过程管理是提升执行实效的有力手段。将“靠领导推动工作”转向“靠流程管理工作”，首先要提炼目标工作的关键业务内容，明确每个流程的具体业务工作，其次要规定流程运作的时间，也就是每项布置工作要在什么时间内完成，最后还要保证每项目标任务执行过程中的信息畅通，以便于及时传递对结果的评估意见，随时进行修正，确保按照流程保质保量完成交办任务。

三、优秀团队

在团队成员相互合作的过程中，为实现企业共同的发展愿景，完成团队共同的目标，形成的一种潜意识的合作文化。

1. 诚信为本

人在一起是聚会，心在一起才叫团队。团队精诚合作，诚信是彼此可靠的保证。诚信，需要建立在彼此尊重对方人格、相互理解宽容、尊重相互意见的基础上。对客户的诚信，关系到品牌信誉和企业形象，这是企业赖以生存的根本前提。对合作伙伴的诚信，是互利共赢的必要保障，这是不断做大做强的重要条件。团队内部的诚信，是坦诚共事、勠力同心的基础，是企业持续发展的信心所在。以诚信为本，会令团队心无旁骛、共同奋进，离开诚信则将一事无成。为了实现团队绩效及产出最大化而进行的一系列结构设计及人员激励等团队优化行为，具有为了实现团队目标而进行一系列的结构性的设计动作。团队建设很重要的一项功能就是提升团队信任度，通过对群体意识的培养，通过员工在长期实践中形成的习惯、信仰、动机、兴趣等文化心理，来使人们思想沟通顺畅，从而引导人们产生共同的信任感、归属感和认同感，进而逐渐强化企业中的团队精神，产生一种强大的凝聚力。

2. 找到聚力点

团队配合需要成员找准各自定位，合理搭配，找到自己最能发挥特长的岗位，这也是挖掘潜能、激发正能量的有效办法。团队配合各尽所能，扬长避短，相得益彰，是效能最大化的法宝。找到聚力点并非易事，需要在实践中不断思考和调整。一个和尚挑水喝，两个和尚抬水喝，三个和尚没水喝。团队的“人”与“效”，并不能直接画等号。作为管理者，首先要清楚团队所需要完成的任务是什么，再根据任务来分析需要何种能力才能完成，梳理出需求表。其次，挖掘合适的团队成员，除了基本业务能力之外，还需要综合考量性格、工作方式等非直接因素。最后，还需要进行明确分工，根据个人不同特点，量才用人，不拘一格，勇于突破惯性思维，加强协调，形成“能者有其位”的良好团队状态。

3. 效率制胜

在当今信息化社会里，效率就是效益。竞争取胜的关键在于先人一步、快人一拍。很多时候竞争是同质化的，客户用脚投票，谁对其有利，就投谁的票。在战略战术既定的情况下，要简化手续，提高效率，注重客户体验，优化业务流程，满足服务需求，以服务和效率获取竞争优势。足球比赛中有一句至理名言，叫“球永远跑得比人快”。球员个体奔跑速度再快，也快不过通过有效的传切配合，整体推进。足球场上的默契配合，除了持球队员要时刻观察空档，伺机传送外，更在于剩下10名无球队员的有效跑位和及时到位。市场竞争也是如此，企业各部门、团队各成员，前中后台必须协同作战，提前“到位”，果断“卡位”，精准“补位”，时刻做好准备，全攻全守，整体运作，才能在市场竞争稍纵即逝的机遇前，有效把握战机，夺取有利形势，最终一举制胜。

迪士尼乐园合作案例

2013 年 12 月，中国工商银行与上海迪士尼度假区签署战略联盟协议，成为上海迪士尼度假区的首位企业联盟合作伙伴。2016 年，随着上海迪士尼乐园的开园，中国工商银行与上海迪士尼度假区的合作模式将成为上海探索旅游金融、度假区产业创新服务模式的新典范，同时也标志着中国工商银行的金融创新步伐在旅游服务行业翻开了新的篇章。

未雨绸缪

中国工商银行与上海迪士尼度假区的强强联合，是双方对合作机遇达成共识的必然结果，是双方合作共赢的实质需要。“中国金融航母”将充分发挥金融优势，不仅为上海迪士尼度假区提供结算及现金管理等全方位金融服务，更依托工行平台，为推动上海地区现代化旅游金融发展提供最强有力的支撑；“美国娱乐巨头”的入驻也将充分挖掘中国工商银行的金融服务能力，促进工行提升旅游金融的服务水平，为中国工商银行的金融服务创新提供新的历史机遇。

中国工商银行作为国内规模最大的商业银行，经过多年持续努力和稳健发展，已经迈入世界领先大银行行列，拥有优质的客户基础、多元的业务结构、强劲的创新能力和市场竞争力，在众多方面取得了出众的成绩，达到同业领军地位。

1. 庞大的客户规模

2018 年，中国工商银行向全球 703.3 万公司客户和 6.07 亿个人客户提供广泛的金融产品和服务，客户存款余额超过 21.41 万亿元，各项贷款余额超过 15.42 万亿元，持续领先同业，拥有卓越的品牌价值。

2. 出色的盈利能力

2018 年末，中国工商银行总资产规模超过 28 万亿元，比上年末增加 16124.97 亿元，增长 6.2%；总负债规模超过 25 万亿元，比上年末增加 14086.70 亿元，增长 5.9%；全年实现净利润 2987 亿元，较上年增长 3.9%；加权平均净资产收益率 13.79%，实现基本每股收益 0.82 元。中国工商银行净利润总量保持在全球银行业最好水平，继续稳居全国市值最大、盈利最多和客户存款最多的上市银行地位。

3. 稳健的财务状况

2018年，中国工商银行实现净利润2987亿元人民币，同比增长3.9%，平均总资产回报率（ROA）为1.11%，加权平均净资产收益率（ROE）为13.79%；成本收入比为23.91%，核心资本充足率为12.98%，资本充足率为15.39%。2018年，中国工商银行多项核心指标继续保持全球第一，连续五年位居《福布斯》全球企业2000强、《银行家》全球银行1000强、《财富》500强商业银行子榜单榜首，蝉联Brand Finance全球最有价值银行品牌。

4. 丰富的全球金融服务经验

中国工商银行拥有极其丰富的全球现金管理服务经验，以打造全功能、全球化的大型金融机构为目标，积极稳妥地推进国际化、综合化经营战略，充分发挥境内外联动的整体服务优势。自1999年中国工商银行推出现金管理服务以来，已为47万家境内中外资企业提供现金管理综合服务，其中包括世界第三、欧洲第一的国际大型装饰建材零售集团百安居，APPLE

STORE、HUGO BOSS、GUCCI、立丰、百盛、日立等国际大型集团公司。

5. 成熟的大型项目运作经验

中国工商银行凭借雄厚的资金实力、强大的结算网络、优质的产品服务和良好的商业信誉，始终坚持专业专注，开拓专业化经营模式，在国内各类大型项目综合金融服务上成为各大集团首选合作银行，其中长期项目合作集团公司包括中石化、宝钢集团、上汽集团、中国移动、上海电力等，拥有成熟的大型项目运作经验。

华特·迪士尼公司成立于1923年10月16日，由华特·迪士尼及其哥哥罗伊·迪士尼创立，经过多年的发展成为一个成功的跨国集团，其业务涉及电影、主题公园、房地产以及其他娱乐事业等多个领域。2018财年全年，迪士尼公司实现营业收入594.34亿美元，营业额在全球媒体公司中排名第二。2017年，迪士尼在《2017年BrandZ全球最具价值品牌100强》榜单中排名第18。2018年，迪士尼在《2018世界品牌500强》中排名第23，是全球最大的娱乐及媒体公司之一，全球最受尊敬的娱乐媒体公司。

迪士尼公司作为一个综合性娱乐巨头，拥有众多子公司，并且业务涉及很多方面，主要分为四大部分：影视娱乐、主题乐园度假区、消费品和媒体网络。

1. 影视娱乐

影视娱乐是华特·迪士尼公司的业务基础，主要是制作并发行真人和动画电影、音乐唱片、现场舞台剧和家庭娱乐业务。累计至今，迪士尼已经创作发行了大约1000部真人电影和1000部动画唱片，已授权推出包括《狮子王》《阿拉丁》《美女与野兽》《小熊维尼》《小美人鱼》等国际知名舞台剧；截至2017年末，在国际市场共有1900部活跃的影视作品。

2. 主题乐园度假区

主题乐园和度假区业务包括各类迪士尼主题乐园及旅游设施的建设与管理。至2016年底，迪士尼共在全球开设6个世界顶级的度假区，分别是加州迪士尼乐园度假区、奥兰多华特迪士尼世界度假区、东京迪士尼乐园度假区、巴黎迪士尼乐园度假区、香港迪士尼乐园度假区及上海迪士尼度假区。除此以外，迪士尼俱乐部还在全球14个不同的度假胜地（包括以上主题公园）拥有股份权益，有大约4000间度假俱乐部。迪士尼还在全球拥有4艘邮轮，包括“魔法号”“惊奇号”“梦想号”和“幻想号”。

3. 媒体网络

迪士尼的媒体网络业务主要包括有线电视网业务、广播电视网业务。其中，广播电视网业务包括：ABC电视网络，拥有226家附属电视台；ABC广播网络，拥有超过8900个节目和4600个附属广播台，覆盖大约50%的美国市场。同时，迪士尼还拥有ESPN、DisneyChannel等有线电视网络以及数家迪士尼公司的网站。

4. 消费品

消费品业务包括迪士尼动画形象专有权的使用与出让、品牌产品的生产和销售、相关书刊和音乐作品的出版发行等，商品涉及多种产品种类，主要是玩具、服装、家居装饰和家具、配饰、文具、食品以及各类衍生产品。迪士尼与厂商合作出售品牌特许经营权，合作的项目和开发的产品种类已达2400种，在全球合计拥有280家主题零售店。

上海迪士尼主题公园项目作为国内最大的现代服务业项目，对于上海建设成为国际一流大都市有着重要的意义。中国工商银行作为中国最大的商业银行，凭着强大的资金实力、丰富的管理经验和先进的IT技术、结算与现金管理等方面的优势，引领着中国银行业的发展方向。“美国娱乐巨头”与“中国金融航母”战略合作的强强联合，具有历史性的纪念意义，为迪士尼来到上海提供了强有力的金融支撑，同时将极大地促进上海文化产业和现代服务业的发展，对相关产业和周边区域具有明显的辐射带动作用，也为中国金融业提供了一次难能可贵的历史性机遇。

捷足先登

中国工商银行上海市分行自2002年得知迪士尼美国总部有计划入驻中国以来，紧跟项目进展，不断加强沟通，经过多轮谈判，最终凭借雄厚的实力与出众的服务，获得了迪士尼美国总部的青睐。整个项目在经历了整整14年时间后，终于在2016年，迎来上海迪士尼度假区正式开园。此后，中国工商银行上海市分行仍与上海迪士尼度假区在各类项目合作中不断开拓创新，探索旅游金融新路径，为上海建设国际旅游中心贡献力量。

一、拉开序幕

1. 项目发现

2002年，中国工商银行上海市分行与浦东新区政府工作人员共同前往美国开展主题乐园业务调研，过程中了解到迪士尼公司有计划进军中国内地。

2. 项目跟踪

2009年，迪士尼公司正式发函要求拜访中国工商银行上海市分行会面洽谈项目合作。中国工商银行上海市分行立即组建项目团队，由主要领导亲任项目组长，各专业部门一把手任团队责任人，外滩支行为落地支行成立了迪士尼项目推进小组，负责具体跟踪迪士尼项目的接洽及业务洽谈工作。

3. 项目谋划

项目团队成立后，紧急开展项目部署工作，立即向中国工商银行总行做汇报并取得总行支持，同时，着手制作项目洽谈方案。迪士尼项目洽谈共提出99个问题及23个辅助问题，不仅问题多，还涉及多个部门条线；此外，由于洽谈对方是美国迪士尼公司，项目方案在完成中文稿的同时，还需翻译成英文版本。在项目小组的带领下，连续奋战十几个日夜，加班加点，不断修改，完善方案内容及措辞，最终装订成册，形成完整的项目方案。

4. 捷足先登

整个项目洽谈阶段整整历时两年，共开展3轮正式述标，以及不计其数的项目沟通过程，中国工商银行项目团队认真对待每次项目谈判，不断完善项目方案。最终经过不懈努力，在2011年1月17日，时任迪士尼公司副总裁致电中国工商银行上海市分行，告知中国工商银行上海市分行成功入围，成为上海迪士尼乐园建设期唯一人民币金融业务合作银行，标志着中国工商银行与迪士尼的合作拉开了序幕。

二、深入谈判

1. 申迪公司成立

2010年8月，上海迪士尼乐园中方股东上海申迪（集团）有限公司成立。为了支持上海申迪（集团）有限公司土地前期开发及周边配套项目建设，中国工商银行上海市分行于2011年作为银团牵头行，完成首笔银团贷款发放工作。

2. 开展企业联盟谈判

2011 年 3 月，迪士尼开展企业联盟谈判，中国工商银行总行授权上海市分行全权参与迪士尼企业联盟谈判工作，中国工商银行上海市分行高度重视，召开行长办公会议研究，组成了由主要领导牵头，包括办公室、财务部、结现部、法律部、运管部、网管部、保卫部、个金部、信用卡部、电子银行部、科技部、产品创新部、企业文化部等部门和外滩支行参加的谈判工作小组，同时聘请安理律师事务所作为法律顾问，参与迪士尼企业联盟协议谈判。

3. 企业联盟谈判内容

企业联盟《参与方协议》内容广泛，可概要分为商务、知识产权和法律三大部分。谈判中，协议先后五易其稿。上海分行谈判工作小组仔细分析协议条款，认真制定每次谈判策略，及时归纳、分析、研判会谈结果，并通过各种途径了解对方动态，努力做到知己知彼。同时，工作小组将谈判进展和面临问题随时向总行专业部门汇报、请示。总行十分重视和关注谈判进展，由总行结现部牵头，办公室、财务部、法律部、结现部、信用卡等部门及时给予指导；总行结现部、法律部、贵金属部、信用卡部派遣负责人员出席有关谈判会议以及与迪士尼总部的电话会议，保证了整个谈判过程按照正确的方向推进。

4. 企业联盟谈判成果

在中国工商银行总行正确指导和各部门的大力支持下，上海市分行谈判小组克服种种困难，把握策略，注重细节，将制度、文化、环境差异等方面的不利因素转化为突出“本土化”要求的有利因素，促使对方做出改变和让步。协议谈判的成果可以概要归纳为，“三大突破、四个契机、五项对等”。其中，三大突破：儿童/青少年储蓄卡合作、贵金属销售、门票分销；四个契机：同等条件下优先选择我行为其提供包括开园后存款、贷款、理财投资、个人金融服务等方面的商业银行业务，联名卡合作，唯一收单行资格，唯一现金物流支持资格；五项对等：对等保护工行知识产权、衍生知识产权归属的对等性、知情权的对等性、赔偿对等性、合同终止权的对等性。

三、合作落地

1. 现金物流服务协议签署

2016 年 4 月，中国工商银行上海市分行与迪士尼乐园完成现金物流服务协议的签署。由于迪士尼美国总部对其现金运营有相关流程与标准，与国内现金操作相差较大，因此在谈判期间，上海迪士尼乐园现金团队多次对上海市分行现金处理中心进行实地考察。在分行运行管理部、结算与现金管理部、东区支行以及安全保卫部的支持下，中国工商银行上海市分行与上海迪士尼乐园完成了现金物流相关协议的签署，并在乐园开园后每天为其提供现金服务。

2. 度假区支行揭牌营业

2016 年 5 月 27 日，中国工商银行上海市分行度假区支行正式挂牌成立，倾力打造 7 平方公里上海国际旅游度假区范围内，唯一一家金融机构和中国工商银行特色银行。

3. 首台黄金售卖机正式运营

为了体现线下渠道自助化和智能化，契合未来商业银行的发展方向，工商银行在度假区支行的理财区内，专门为这家网点“私人订制”中国第一台黄金售卖机。

4. 首台 ATM 装机运营

伴随着中国工商银行上海市分行度假区支行的正式挂牌，

2016 年 5 月 28 日，上海国际旅游度假区内的首台 ATM 自助机具装机运营，伴随着度假区的正式营业，中国工商银行共在度假区内布放 15 台 ATM 自助终端。

5. 首台 POS 机安装运营

中国工商银行作为上海迪士尼度假区的唯一收单合作银行，以银企互联方式与 SAP 集成实现主机直连，并在 2016 年 5 月末完成度假区内 POS 机具的安装布控工作，迪士尼乐园可通过 SAP 办理账号管理、转账支付、获取对账信息等银行服务，并可根据需要自行在其财务系统中定制更多个性化功能的网上银行业务。

6. 首例贵金属产品销售

2016 年 5 月 28 日的挂牌仪式上，中国工商银行上海市分行实现首例代理迪士尼贵金属产品销售，突破了美国迪士尼在全球范围未曾与银行开展过贵金属销售的合作先例。

7. 首张工资卡发放

2016 年 7 月，中国工商银行度假区支行为上海迪士尼度假区供应商企业及员工办理首张工资卡发放。两年时间内，累计办理工资卡逾4000张。

8. 首笔理财产品销售

2017年1月，中国工商银行上海市分行突破了迪士尼美国总部不购买非国际评级理财产品的限制，为上海迪士尼乐园实现首笔理财产品销售。

9. 度假区正式营业

2016年6月，上海迪士尼度假区正式开园营业，标志着双方的合作模式将成为上海探索金融旅游度假区产业创新服务模式的新典范。

四、打破常规

中国工商银行与上海迪士尼乐园项目作为全国乃至全球的重点合作项目，在合作模式上并没有先例可循，况且项目具有谈判周期长、项目时间紧、复杂程度高等特点。中国工商银行面对如此重大的项目，凭借丰富的管理经验、精细的管理手段以及明晰的职能分工，在面对需要突破常规处理业务的时候，处变不惊，发挥“急事急办、特事特办”的工作作风，在保证

“风险可控、合规经营”的大前提下，发挥整体合力，圆满完成一个又一个项目节点，最终为整体项目圆满落地奠定了扎实的基础。

1. 急事急办，奠定唯一合作银行

（1）最短时间完成项目方案制作。

2009 年 7 月，中国工商银行上海市分行收到美国迪士尼资金部副总裁的传真邮件，将拜访并洽谈上海迪士尼乐园项目合作。上海市分行连夜部署，成立了项目洽谈小组，紧急策划，赶制项目洽谈方案，针对上海迪士尼乐园项目洽谈提出的 99 个问题及 23 个附属问题，在短短十四天时间内，完成项目方案的制作并翻译成英文版本，圆满实现项目对接，为后续唯一合作银行奠定了坚实基础。

（2）最短时间签署合作备忘录。

2013 年 9 月，经过几轮磋商，数家银行都想竞争上海迪士尼度假区为期数年的战略联盟协议。在中国工商银行总行大力支持下，上海市分行创下合作银行中时间最短，仅用 2 个月时间便提供正式“合作备忘录”的银行，为工商银行成为上海迪士尼度假区的首位企业联盟合作伙伴及唯一银行类合作伙伴奠定基础。

（3）紧急实现度假区网点协议签署。

2016年2月，上海迪士尼度假区开园在即，美国迪士尼的法律团队基于“知识产权保护”“国际劳工标准”的惯例，向中国工商银行提出，迪士尼支行（现正式名为度假区支行）的租赁协议需由中国工商银行总行签署，上海市分行会同总行相关业务部门，协调总行法律事务部，终于在两周内通过完整授权，取得中国工商银行总行对上海市分行行长的授权，结合营业执照范围、章程，完成了这一当时看来完全不可能实现的单一银行网点的租赁协议签署工作。

2. 特事特办，为双方合作奠定基础

（1）设计特殊现金物流方案。

由于迪士尼美国总部对其现金运营有自己的流程与标准，比如不允许持枪押运以及一周利用闭园时间补款一次等等。但是迪士尼美国总部的先进运营标准并不符合中国国情，在中国，银行安保荷枪实弹这是公安部门的规定，而且由于中国现金使用情况非常多，一周补一次肯定不能满足实际需要，不仅如此，迪士尼的闭园时间是晚上八点，已经超过了中国金融机构现金中心的工作时间。经过推心置腹的谈判，迪士尼方面最终承认现实，作为回应，中国工商银行也报以最积极的调整与配合：

重新设计押运车路线，为迪士尼乐园安排最晚一班的车次，最大限度地满足乐园的正常运营。

（2）改变传统网点风格。

为了打造度假区智能金融服务模式，助推上海市国际旅游度假区成为上海市城市发展“新名片”，全球唯一一家进驻迪士尼度假区的中国工商银行上海市分行度假区支行正式入驻迪士尼。度假区支行一改传统固有工行风格，为了融入迪士尼的整体风格，并为迪士尼游客提供最佳金融服务，90 平方米左右的“迷你空间”整体格局以米老鼠头像为构思，随着动线，被分成了几个区域：儿童服务区、自助查询区与普通交易区、展示体验区、贵金属发放区及员工后区。整个网点不设柜台，尊崇线上渠道移动化、线下渠道自助化的未来发展理念，完全围绕如何吻合客户需求为目的，进门就是儿童体验区，为办理业务的家长安顿孩子所设计，ATM 等自助机具安排在最靠近网点大门的一侧，中间的空间留给了展示柜和电子显示屏，专用于展示迪士尼授权贵金属等产品。整个网点真正的亮点在于工行专门“私人订制”了中国第一台黄金售卖机，客户可以像购买一瓶饮料一样购买贵金属，是一个创新举措。迪士尼网点投注了工行对未来银行服务的理想，让世界看到，工行智能化银行的改革步伐正在有条不紊地推进。

（3）改动固有企业联盟条款。

知识产权是迪士尼的核心资产及竞争力。在谈判中，经过中国工商银行的努力，迪士尼一改固有作风，打破为知识产权及其他利益所设置的一边倒的保护性条款以及对工行设定的苛刻义务，修改其从第一个乐园到现在近60年的引以为傲的合同文本，在条款上同时体现了对我方知识产权及其他合法权益的对等保护。在知识产权方面，从无到有，创设了迪士尼使用工行知识产权的审批程序、使用范围、限制标准等保护性条款，既确保了工行知识产权获得对等保护，又在限定范围内增加了可操作性。

（4）打破门票销售传统。

迪士尼乐园的门票分销，传统上多与旅行社及其他第三方进行合作，未有与银行合作的先例。经过反复协商，迪士尼打破原有传统，最终同意中国工商银行获得开园后首2年的门票分销权，以及首2年期间对其他商业银行门票分销的有限排他性（中国地区）。

共享成果

上海迪士尼乐园与中国工商银行的深入合作为双方带来了

丰硕的实质成果，为进一步加深双方的良好合作奠定了扎实的基础，为推动整体经济发展，提升区域文化形象，推动上海国际旅游中心建设带来新的发展机遇。

一、各项业务开花结果

作为上海迪士尼度假区唯一的“官方零售银行参与方”，中国工商银行将不仅负责向度假区及共游客提供一系列的零售银行产品与服务，更在对公结算领域、创新业务服务、品牌战略合作等方面全面开花结果。

1. 零售业务领域

中国工商银行在与迪士尼合作过程中，始终坚持创新、独特、融汇中西的服务理念，在发挥中国工商银行传统业务优势的同时，不断创新发展，在零售服务领域探索新的合作模式。

（1）儿童 / 青少年储蓄卡推广。

中国工商银行与上海市迪士尼乐园合作，在开园 10 年内，在全国范围推广儿童 / 青少年储蓄卡。儿童 / 青少年储蓄卡的卡面有权使用上海迪士尼度假区名称和标识，实现了“迪士尼卡”

的创新突破。

（2）POS 收单金融服务。

中国工商银行作为上海迪士尼乐园的唯一收单银行，在上海迪士尼乐园范围内布放独家 POS 机具。2016 年开园至 2017 年全年，中国工商银行累计线下收单量超过 15 亿元，线上外卡收单量约 1.5 亿元。

（3）全方位个人金融服务。

中国工商银行利用上海迪士尼乐园度假区支行的地理优势，在个人金融服务方面，积极主动做好公私联动，多次为上海迪士尼乐园提供包括个人信用卡、理财、工资代发等业务在内的个人金融服务。

2. 对公结算领域

中国工商银行不仅在零售领域为上海迪士尼乐园提供全面金融服务，更在对公结算领域成功成为上海迪士尼乐园运营期的现金管理行。自上海迪士尼乐园开园以来，中国工商银行为其三家公司提供账务结算服务。同时，中国工商银行突破了迪士尼总部不购买非国际评级理财产品的限制，为上海迪士尼乐园提供理财产品服务。

3. 创新业务服务

中国工商银行在与上海迪士尼乐园的合作过程中，不断突破传统限制，创新发展，与上海迪士尼乐园开展各类代理业务服务。

（1）代理门票分销。

中国工商银行经过与迪士尼公司在联盟协议谈判过程中反复协商，获得上海迪士尼乐园开园后首2年的门票分销权，2016年至2017年，工商银行共销售上海迪士尼乐园门票100654张。为了争取对中国工商银行更有利的合作形式，2018年开始，中国工商银行上海市分行与上海迪士尼乐园门票的销售改为代销模式，并继续在银行业排他。

（2）代理贵金属销售。

通过与美国迪士尼公司联盟协议谈判，最终达成合作意向，可在上海迪士尼度假区内合作销售贵金属产品，并可在全国范围推广。2016年开园以来，中国工商银行上海市分行度假区支行共计销售上海迪士尼乐园合作贵金属产品超过2000件。

4. 品牌战略合作

中国工商银行在上海迪士尼度假区主题乐园内的景点

"十二朋友园"享有独家的品牌呈现。"十二朋友园"位于乐园标志性中心景点奇幻童话城堡正前方的占地11英亩的美丽绿地内，有12幅壁画置于其中，分别以公众熟知的迪士尼故事角色表现中国的十二生肖形象。

5. 三项全球首发

（1）全球首家合作银行销售迪士尼贵金属产品。

在本次合作之前美国迪士尼在全球范围内未与银行进行贵金属产品的销售合作。中国工商银行通过本次联盟协议谈判，争取到经对方逐项批准，可在上海迪士尼度假区内合作销售贵金属的权利以及在一定期限内可在全国范围销售及推广贵金属业务的权利。

（2）全球首家合作银行销售迪士尼门票。

中国工商银行是全球首家银行代理销售迪士尼门票的代理服务商，为了做好迪士尼门票代销工作，中国工商银行与上海迪士尼度假区实现系统直联，通过中国工商银行融e购线上平台，实现电子门票的预约购买。

（3）全球首度购买非国际评级理财产品。

华特迪士尼公司总部向来有不购买非国际评级理财产品的严格限制。经过中国工商银行与迪士尼公司的不断协商，多轮谈判，最终突破了其美国总部不购买非国际评级理财产品的限制。

二、迪士尼乐园喜迎丰收

上海迪士尼度假区于2011年4月8日破土动工，并于2016年6月16日正式迎来首批游客，是全球第六座迪士尼度假区，占地面积3.9平方公里。度假区融合了反映本地消费者爱好的中国元素，为游客创造了独一无二的体验，在迪士尼的价值链中，迪士尼乐园的收入成为重要且稳定的来源。

1. 不可思议的首年盈利

2017年6月，在上海迪士尼度假区一周年庆典上，迪士尼公司首席执行官Bob Iger表示，花费55亿美元建造的上海迪士尼主题公园在仅仅一年的运营之后就将盈利，在过去30年，其他迪士尼度假区无一能获得此成绩。Bob Iger在上海迪士尼度假区一周年庆典上表示："这是一项非凡的成就，我甚至不敢相信我们真的做到了。"上海迪士尼乐园第一个运营年度就实现财务收支平衡，这在同等规模的主题乐园中尚属首次。

2. 人数众多的游客数量

2017 年 6 月，上海迪士尼主题公园接待的游客数量累计达到 1100 多万人次。上海的这个项目，是迪士尼在中国大陆的第一个项目，也是其最大的海外投资项目。开业一年之后，上海迪士尼度假区的游客数量在全球范围内的迪士尼度假区中就位居前 7 名，领先于香港和巴黎的迪士尼度假区。在中国，上海迪士尼主题公园已经成为了游客最多的主题公园，领先于竞争对手广东横琴长隆海洋王国，后者在 2016 年吸引了 750 万名游客。

3. 成千上万的周边销售

正如前文所述，迪士尼公司是一家集影视娱乐、主题乐园、消费品、媒体网络于一体的娱乐巨头。商品在迪士尼的产业链中是非常重要的一环，为了研发中国游客喜欢的商品，上海迪士尼也花了不少心思。根据迪士尼提供的数据，上海迪士尼乐园中拥有超过 7000 种商品，其中将近一半是由上海迪士尼商品设计团队设计的，只在上海迪士尼度假区售卖。2017 年迪士尼中国公布的数据显示，过去一年中，迪士尼中国共销售松松毛绒公仔 650 万件、T 恤 1500 万件。上海迪士尼乐园的一周年官方数据显示，自上海迪士尼开业以来，已经售出超过100万只毛绒玩具。而上海迪士尼这一年来最畅销的前三种商品是发光爱丽儿泡泡魔杖、米妮绸缎蝴蝶结毛绒发箍、米奇米妮毛绒玩具。

4. 实现多项全球首发

上海迪士尼度假区是中国大陆首座迪士尼度假区，由来自中国本地和全球迪士尼专家全程合作，创造出了“原汁原味迪士尼，别具一格中国风”的上海市迪士尼度假区，也创造了迪士尼度假区历史上多项首发纪录。

(1)“奇幻童话城堡”是首座汇聚所有迪士尼公主的城堡，是有史以来最高、最大且最为复杂的迪士尼城堡。

(2)“探险岛”园区中的假山占地约24000平方米，全部由中国及国际艺术家、假山设计师雕刻和粉刷完成。“雷鸣山”占据着园区的主要位置，山顶一条人造瀑布飞流直下，是全亚洲最高的人造瀑布之一。

(3) 全球首发的“创极速光轮”是全球所有迪士尼主题乐园中速度最快的过山车景点之一。作为迪士尼乐园首个该类游乐项目，“创极速光轮”的轨道长966米，其中756米在室内，另外210米轨道在室外。该景点采用的电缆电线能环绕上海

37次。

（4）在全球迪士尼乐园内第一个以花园为主题的园区——“奇想花园”，专为中国园林山水爱好者打造，其间种植了100多种灌木及60多种树木。

（5）“米奇童话专列”将驶过所有迪士尼乐园中最长的巡游路线，共由150名演员及技术人员组成。

意义深远

上海迪士尼度假区的入驻，具有十分重要的现实意义。放眼全球，上海迪士尼度假区的建设标志着中国成为全球旅游业新的市场热点。着眼上海，迪士尼度假区的建设不仅直接拉动上海国际旅游度假区的旅游业发展，更间接激发产业链上下游市场活力。辐射长三角，上海迪士尼度假区的建设将从核心的旅游娱乐逐步发展至延伸产业及周边配套产业，拉动区域全产业链发展。作为企业联盟伙伴的中国工商银行，不仅在上海迪士尼度假区项目中获益匪浅，更是为中国金融行业树立了服务典范，成为旅游金融的引领者与驱动者。

一、迪士尼市场空间巨大

1. 带动旅游业发展

上海迪士尼项目作为上海市国际旅游中心建设的重要布局，建成以来，开园首年客流量突破1100万，客流量已远超香港。香港迪士尼2005年开园迎接游客，2013财年客流为740万人次；上海2013年人口及收入水平对比香港2004年，上海人口为香港的5倍，人均GDP为香港的60%，但以上海迪士尼为核心区域辐射距上海3小时火车或自驾路程内的3.3亿居民，对于内地游客而言上海交通更为便利。2013年的上海与20世纪80年代初的日本更为接近。东京迪士尼乐园1983年开始接待游客，迪士尼海洋乐园2001年开始营业，2013财年东京迪士尼整体接待游客数量突破3000万人次，至今仍为迪士尼海外主题乐园中盈利状况最好的一座。

2. 成为新的市场增长点

美国主题娱乐协会（Themed Entertainment Association，TEA）最新发布的2016年全球主题乐园报告显示，在迪士尼全球14个主题乐园当中，有13个的客流量均出现不同程度的下滑。其中，位于巴黎和香港的两家迪士尼乐园下滑最为严重。

《2016年全球主题乐园调查报告》显示，2016年全球10强主题乐园集团共接待游客4.38亿人次，而4.3%的游客增长率主要来自亚洲地区。方特、长隆、华侨城这三个中国的主题公园运营商在2016年接待游客的数量为3163万人次、2736.2万人次和3227万人次，增速分别达到37%、16%及11.9%。而好莱坞环球影城、乐天世界的游客数量也分别上涨了13.9%、11.5%。上海迪士尼度假区2016年开园首年的强劲表现为迪士尼乐园打入了一剂强心剂，也为迪士尼乐园的全球扩张带来了新的市场增长点。

3. 行业辐射广泛

上海迪士尼在行业辐射范围和持久度方面将成为一支强力催化剂：上海迪士尼开园并不意味市场活跃度将下降，消费行业接力基建行业之后，后续扩张以及上海国际旅游度假区的整体建设将推动迪士尼概念持续发酵，而受益行业也将逐步扩展至品牌授权和持续开发相关的服装、轻工、传媒等行业。上海迪士尼主题投资机会不仅仅局限于上海本地上市公司，后期消费、传媒等行业更多受益于迪士尼品牌的授权和相应订单提升，具有极强的行业辐射效应。

4. 辐射长三角地区经济

立足迪士尼，辐射长三角。上海迪士尼项目位于浦东中部地区，是上海国际旅游度假区的核心项目，距离浦东国际机场和虹桥国际机场分别为14公里和40公里。上海迪士尼项目一期3.9平方公里，投资约300亿元人民币，包括上海迪士尼乐园、两家主题化酒店、一个零售餐饮娱乐区，以及休闲娱乐设施、人工湖、停车场和公共交通枢纽等设施。上海迪士尼项目对于迪士尼公司而言，是其全球规划的第六站；但是对于上海国际旅游度假区而言，绝佳的地理位置和便利的交通是其辐射长三角的重要保障。规划长远，产业体系完善。上海国际旅游度假区定位为世界级现代化“旅游城”，依据上海国际旅游度假区规划框架，区域总体规划占地面积24.7平方公里，时间跨度延伸至2030年，上海迪士尼为其核心区域一期工程。总体规划的落实，将促进度假区产业从核心的旅游娱乐逐步发展至延伸产业及配套产业，拉动全产业链发展。

5. 增强区域文化实力

上海作为中国国际文化对接的一个枢纽，通过上海迪士尼度假区的建设，能够有效丰富城市区域文化形象，促进本地及本国文化的传播发展，具有综合景观效益、生态效益以及娱乐效益为一体的效果，不仅能够有效地促进当地的经济发展，缓解当地的就业压力；同时，也形成了高度集约的区域文化产业链以及本土化的文化产业发展新方向，有效带动当地文化产业发展，塑造出了具有中国特色的品牌形象。

二、中国工商银行品牌实力大幅提升

1. 打响国际旅游金融服务品牌

上海迪士尼度假区项目是有史以来中国大陆引进的最大的娱乐项目，将极大地促进上海文化产业和现代服务业的发展，对相关产业和周边区域具有明显的辐射带动作用，对上海国际旅游中心建设具有积极的推动作用。中国工商银行的加入，为上海市迪士尼度假区赋予了金融的元素。中国工商银行作为国内最大的商业银行，凭借强大的资金实力、丰富的管理经验、先进的IT技术和结算与现金管理优势，在与上海迪士尼度假区从项目建设期的项目融资到最终开园营业的合作过程中，每一个环节无不体现出中国工商银行的专业化水准和大型国际项目配套能力。中国工商银行打响的国际旅游金融这一枪，意味着中国境内机构完全有为跨国外资机构提供全方位的金融服务的能力。

2. 成为旅游金融引领者

中国工商银行通过与迪士尼的本次合作，秉持打造“价值卓越、坚守本源、客户首选、创新领跑、安全稳健、以人为本”的具有全球竞争力的世界一流现代化金融企业，牢记使命、传承创新，在“智慧旅游”领域进一步丰富了智慧银行内涵。通过本次迪士尼项目的推动，中国工商银行在智慧网点建设、智能机具创新等方面以制度创新和科技创新的双轮驱动引领全面创新，持续优化服务体系，实现了线上线下全方位客户服务模式，向着“人智＋机智”的创新引领方向砥砺前行，不断探索未来银行网点及服务发展新方向，成为智慧金融生态的引领者和驱动者。

3. 成为旅游金融保障者

中国工商银行通过企业联盟谈判，凭借出色的谈判能力打破迪士尼一贯传统，获得了迪士尼门票和贵金属的代理销售权。为了做好中国地区门票及贵金属销售工作，中国工商银行专门通过其独有的融 e 购平台，与迪士尼实现系统对接并完成线上门票预约购买系统，同时，开发了全国首创的贵金属销售自助机具，并通过中国工商银行的各类渠道，发售迪士尼门票及贵金属，为服务上海国际旅游度假区建设，为上海旅游文化事业提供了强而有力的保障和支撑。

4. 实现综合经济效益

中国工商银行通过与上海迪士尼度假区的合作，为上海迪士尼度假区提供全方位综合化金融服务，在渠道拓展、对公存款、对私发卡、现金管理、代理业务等方面全面开花结果，实现存款利润、贷款收入、代销手续费、银行卡发卡等各项业务收入大幅增长。未来，中国工商银行还将与上海迪士尼度假区深入挖掘合作空间，积极探索在网点服务水平、联名卡发放、线下渠道线上化等业务领域加快创新步伐，树立旅游金融合作新典范。

三、未来展望

上海迪士尼度假区的建设，能够有效实现区域资源的合理配置，有效解决社会就业紧张难题，有效带动周边产业蓬勃发展，提升城市竞争力，促进城市发展步伐，实现上海城市生态效益、景观效益和经济效益之间的融合发展，将不断加快上海国际旅游中心在基础设施建设、提升交通运输能力、激发消费品市场活力方面的步伐，为推动上海城市金融的发展起到抛砖引玉的积极作用。上海是中国的世界文化交流枢纽，与迪士尼的合作更是中美文化的一次激烈碰撞，中国工商银行作为中国金融业的代表，在本次合作中，打造了一系列中美旅游金融合作的新典范，不仅值得中国金融机构借鉴与学习，更增加了中国金融机构在国际大型项目合作中的筹码。未来，随着上海国际旅游中心的不断发展，围绕上海建设世界著名旅游城市的发展目标，中国工商银行将不断挖掘旅游金融新内涵，创新金融服务模式，通过上海迪士尼项目探索新市场环境下的金融业务创新路径，打造现代金融服务业新高地。

中国工商银行监督体系改革设计案例

1978年12月，党的十一届三中全会召开以后，我国金融体制改革的步伐加快。随着各类金融机构的恢复建立和金融服务需求的多样化，为解决中国人民银行（以下简称人民银行）既承担货币政策制定和金融监管职能，又从事具体业务经营的矛盾，1983年9月国务院正式决定人民银行专门行使中央银行职能，另组建中国工商银行（以下简称工商银行），承接原由人民银行办理的工商信贷和储蓄业务。中国工商银行成立于1984年1月1日，2005年10月28日，整体改制为股份有限公司。历经国有专业银行和国有商业银行两大发展阶段后，2006年10月27日，工商银行成功在上交所和香港联交所同日挂牌上市。经过持续努力和稳健发展，工商银行已经迈入世界领先大银行之列，拥有优质的客户基础、多元的业务结构、强劲的创新能力和市场竞争力。截至2019年，工商银行连续七年蝉联英国《银行家》全球银行1000强、美国《福布斯》全球企业2000

强及美国《财富》500强商业银行榜首，并连续四年位列英国Brand Finance全球银行品牌价值500强榜单榜首。可以说，工商银行是中国国有股份制金融企业最典型的代表，其经营管理各方面取得的长足进步也是有目共睹的。

在工商银行迈向世界一流商业银行的征途中，各方面都处在革新和探索的最前沿，诸多业务从无到有，管理模式与时俱进，不断适应新时代与国际市场竞争的需求。工商银行对原有的模式不断进行反思，结合最新的研究成果，遵循金融企业管理的客观规律，为此开展了许多卓有成效的改革。以工商银行运营监督体系为例，该体系经历了由分散到集中，事后监督中心到监督中心的发展历程，在保证核算质量、规范业务处理方面发挥了重要作用。但传统监督模式难以适应现代企业风险管理的要求，突出表现在：

（1）效果不尽如人意。现有监督模式是模仿式的复核，业务彼此间相互孤立，无法实现透过交易之间的相互联系，主动识别风险。

（2）监督效率低下。未能形成“监督—反馈—流程改进”的良性循环，难以通过监督提高业务流程的风险控制能力，缺乏有效评估和监督退出机制。

（3）资源缺乏整合。岗位各司其职，监督资源无法实现共享，未能形成风险管理合力，发挥监管体系的整体效能。

（4）风险形势严峻。电子化、网络化、信息化对运营安全带来新的挑战，随着多样化、个性化产品的不断增加，运营管理的复杂性不断提高，使监督体系需要具备更丰富的管理手段。

在经历多年的高速增长后，工商银行提出通过经营战略转型，促进全行向更高层次发展。改革监督体系，依托基于数据分析的新一代监督系统，按照流程银行的要求整合现有监督资源，改革传统规范导向的监督方式，实行风险导向和流程导向的监督，推动业务流程的持续改进，增强业务操作风险管理能力，提升监督效果，提高监督效率，推动监督体系完成战略转型，实行科学风险管理，是全行实现内涵式增长、提升核心竞争力的基本要求和重要组成部分。

中国工商银行2007年组织实施监督体系改革，历时两年多时间，于2009年完成改革事项。

一、基础理论

1. 西方工业界对操作风险的研究成果

监督体系改革的理论基础源于西方工业企业对操作风险的研究。为了避免事故带来的巨大损失，改变工业事故频发的状况，西方工业界对操作风险进行了持续而深入的研究，取得了丰富的研究成果。其中，美国著名安全工程师海因里希（Heinrich）的贡献尤为突出。

（1）事故法则。

虽然单个具体事故的发生具有一定的偶然性，但整体风险的释放是一个量变到质变的过程。海因里希花费数十年时间统计了55万件机械事故，其中死亡、重伤事故1666件，轻伤48334件，其余则为无伤害事故。统计发现在机械事故中，死亡、重伤、轻伤和无伤害事故的比例为1:29:300。对于不同的生产过程，不同类型的事故，上述比例关系不一定完全相同，但这个统计规律说明了在进行同一项活动中，无数次意外事件，必然导致重大伤亡事故的发生。要防止重大事故的发生必须减少和消除无伤害事故，要重视事故的苗头和未遂事故，否则终会酿成大祸。风险积累到一定程度，如果不加以有效管理，是一定会以事故或案件的方式释放出来的。该规律被称为“1:29:300法则”，在国际上又被统称为事故法则。

（2）事故因果连锁理论。

除了事故法则，海因里希在《工业事故预防》一书中还首先提出了事故因果连锁论，阐明了导致伤亡事故的各种因素之间以及这些因素与事故、伤害之间的关系。该理论的核心思想是：伤亡事故的发生不是一个孤立的事件，而是一系列原因事件相继发生的结果，即伤害与各原因相互之间具有连锁关系。海因里希把工业事故的发生、发展过程描述为具有如下因果关系事件的连锁：①人员伤亡的发生是事故的结果；②事故的发生是由于人的不安全行为或（和）物的不安全状态所导致的；③人的不安全行为或（和）物的不安全状态是由于人的缺点造成的；④人的缺点是由于不良环境诱发的，或者是由于先天遗传因素造成的。于是，海因里希提出的事故因果连锁过程包括如下因素：①遗传及社会环境。②人的缺点。③人的不安全行为或物的不安全状态。④事故。⑤损害或伤害。

上述事故因果连锁关系，可用 5 块多米诺骨牌对该过程形象地加以描述：如果第一块骨牌倒下（即第一个原因出现），则发生连锁反应，后面的骨牌相继被碰倒（相继发生）。最后一块骨牌即为伤害。因此，该理论又被称为多米诺骨牌理论（Domino Theory）。

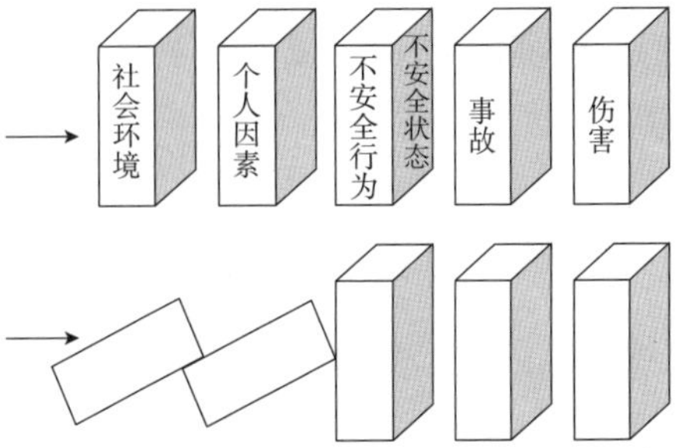

图 1　现代事故因果连锁理论模型

二、模型设计

1. 模式风险导向

以数据分析为基础，以监督模型为风险识别引擎，通过挖掘风险特征，对业务运营中各种因素引起的风险事件进行有效识别，改变传统模式下简单的监督方式。

（1）监督模型分资金异动类和非资金异动类。

资金异动类主要用于监测与客户账户支付行为相关的内外部交易异常事件，识别可能引起的资金损失事件。首先，由系统为每个客户建立较长时间内的交易对手、交易金额、交易频率等交易行为模型，并以此模型作为识别客户资金异常变动的标准。其次，根据每个账户的账户属性、账户补充属性、印鉴方式、通兑标志、对账方式、对账结果、账户开户网点管理水平等因素，确定其与不同交易对手交易时在金额、频率等方面的偏离度。当账户的支付行为出现与历史记录有较大的偏差，且超过了给其设定的容忍程度，系统自动筛选出这些资金异常变动信息。

非资金异动类包括了重要客户及账户信息变动、内部账户管理、客户账户管理、网银注册、柜员异常行为、重点交易等，主要用于监测客户或账户信息的异常变动、柜员办理业务中表现出的异常行为等，防范间接引发可能的资金损失事件或客户资料泄露事件。通过对重要交易、重要时间、重要业务、重要环节等建立数据模型，对每条交易流水用多个监督模型去同时识别，一旦触发其中某个模型，系统即能快速、准确地筛选出可能的风险事件。

（2）根据监督模型与财务损失发生的关联程度，对系统筛选出的准风险事件分为逐笔核实类和统计分析类两种处理方式。

逐笔核实类是指对系统展现的准风险事件进行逐笔分析、核查、确认，并收集风险驱动因素；统计分析类是指对系统筛选出的部分风险程度不高的准风险事件，通过采取统计分析的方式，评估分析风险变化规律、趋势和特征，为风险管理提供方向。

逐笔核实中又分为直接确认和监控确认两种，直接确认是指风险事件确认标准可以完全内嵌于监督模型的准风险事件，其最终状态只能确认为风险事件；监控确认是指风险事件确认标准不能完全内嵌于监督模型的准风险事件，需要通过各种核查方法去进行人工判别和确认，其最终状态不全部为风险事件。

（3）采取现场核实与非现场核查相结合、多种核查方式互补、综合运用数据分析等途径进行有效核查。核查方法主要包括内部资料核查法、现场核查法、回访客户法等。

内部资料核查法。对准风险事件的静态管理，通过调阅凭证、清单、报表等资料进行分析，确认其存在风险的可能。

现场核查法。对柜员操作行为的动态管理，通过调阅业务发生时段录像、现场询问、行内核查等手段进行核查，确认操作行为的真实、有效与合规性。

回访客户法。调查客户的支付行为，通过电话银行平台向客户确认其交易行为的真实性。

（4）风险事件分级管理，包含了准风险事件的分级核查和风险事件的分级管理。

准风险事件分级核查，是指根据系统展现的数据，按其性质、金额分为重点关注、关注、一般关注三个等级，三个等级代表查询查复书下发给不同层级的督查岗进行核查回复：重点关注发送给分行级督查岗、关注和一般关注发送给支行级督查岗，各级督查岗据此进行现场协查。

风险事件分类管理，是指对风险事件依据其性质、金额、频率等标准，按照风险程度由高至低分为一类、二类、三类三个等级。三个类别表示由不同管理层级对风险事件进行后续管理、跟踪、整改，主管部门负责一类风险事件管理，基层网点负责二类、三类风险事件管理。

2. 机制良性循环

以风险事件为基础，以风险评估为纽带，实现网点层面监测、查处、整改与管理层面数据分析有机结合，找出风险事件的关键驱动因素，将流程改进建议及时反馈给各业务部门，消除风险事件产生的根源，从源头上提高业务流程风险管控能力的有机互动和良性循环。

3. 资源有机整合

建立监测、质检、风险评估、督查等全新岗位。针对业务运营风险点多面广、风险触发环节复杂的特点，综合采取系统监测、质量检测、现场核查、客户核实等多种手段，改变传统监督模式下各风险监管力量与监督中心缺乏沟通和协作的状况，构建起“层次清晰、协调运转”的监管体系，形成了监测有效果、质检有方向、履职有重点的良好局面。

三、风控成效

监督体系模型设计，以科学的运营管理为基础。建立以数据、模型为风险识别引擎，风险和流程为导向的全新监督模式，使监测、质检、履职管理等功能高度整合。

1. 风险管理能力明显增强

一是风险事件有效控制。2008年12月至2009年2月，全行的准风险事件总数、准风险事件、风险事件，以及累计风险值呈逐月下降趋势。

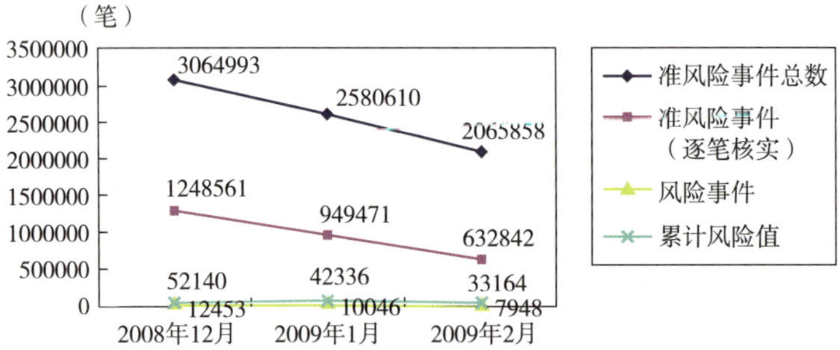

图2　风险事件有效控制

二是风险识别更加准确。2008年12月至2009年2月，共产生准风险事件2830874笔，经核实确认为风险事件的共

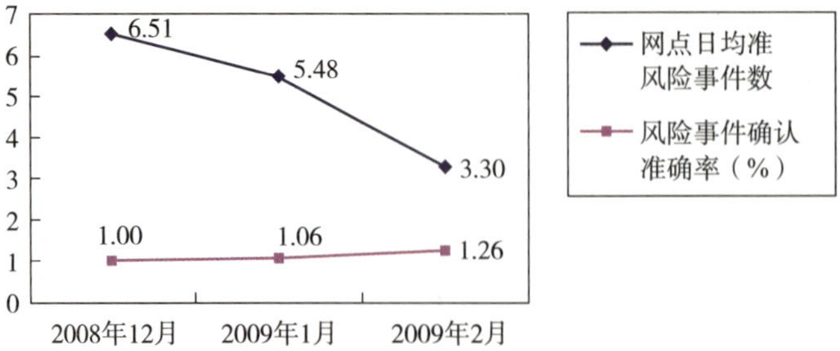

图3　风险识别更加准确

30447 笔。风险事件的确认准确率平均为 1.26%，并逐月提高。

三是操作行为更加规范。2008 年 12 月至 2009 年 2 月，反交易、错账冲正类交易呈先升后降趋势，由柜员操作引发的风险事件同样呈先升后降趋势，说明通过风险导向的监督，柜员操作逐步规范。

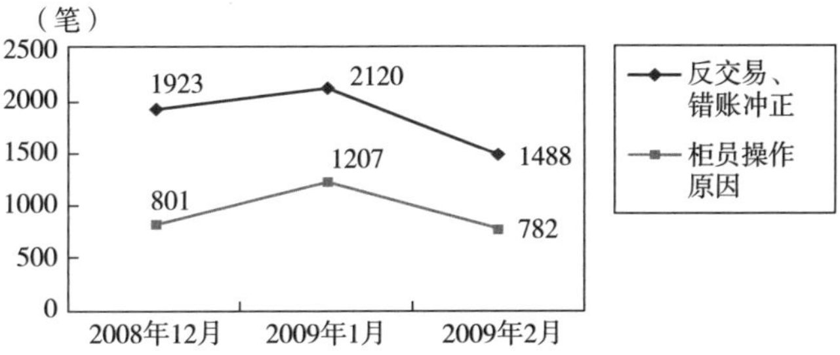

图 4　操作行为更加规范

四是流程改进初见成效。通过收集并分析风险驱动因素，对业务流程各个环节的风险进行有效评估，并及时将评估结果反馈给各业务部门，促进了业务流程的持续改进。2009 年 3 月，全行确认的风险事件中，因流程或制度因素导致的占 2.67%，柜员操作引起的占 25.24%，系统及机器故障造成的占 33.75%，客户自身原因的占 1.93%，其他原因的占 36.41%。通过对风险驱动因素的有效分析与评估，可以发现风险事件发生的内在因素，并通过逐步消除风险驱动因素，减少风险事件的发生，直至消除损失事件发生的可能性。

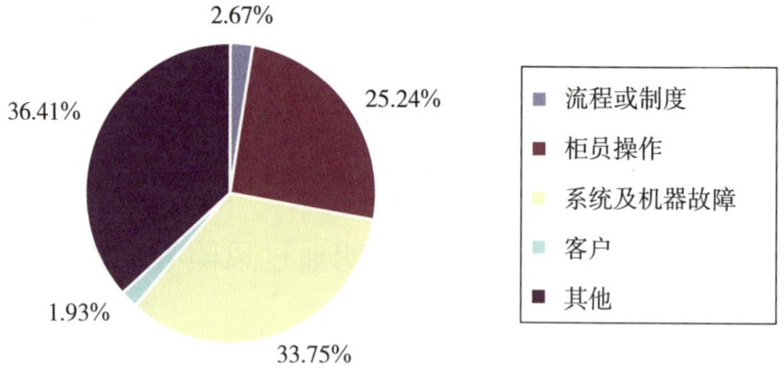

图5　风险驱动因素分布

五是服务支持明显提升。通过风险评估指标体系，从多角度揭示业务运营风险在不同范围内的特征及发展趋势，为实施“透明式”跟踪、“直通式”管理提供工具，为运营风险实行有目标的管理提供了有力手段。

2. 监督效率明显提升

新监督系统将同一风险事件的多个风险特征集中展现，全景重现了风险事件的风险特征原貌，避免了传统监督方式下，对同一风险事件的多次展现而进行的重复核实工作，有效地减少了监督工作量，提高了监督效率。2008 年 12 月至 2009 年 2 月，全行共展现 2830874 笔准风险事件，触发监督模型 3404043 次。通过风险事件的全景展现功能，共减少了 573169 笔准风险事件的核实工作。新监督系统通过风险的分层管理功能，针对风险程度实施不同的监督流程。对风险程度较高的风险事件实行逐笔核实，进行重点分析；对风险程度较低的风险事件，则采取统计分析方式，根据报表分析结果实施有针对性的管理措施。2008年12月至2009年2月，共展现逐笔核实类准风险事件2830874笔，统计分析类准风险事件4880587笔。通过系统分层管理功能，在有效管控业务运营风险的同时，更有效地利用了监督资源，节约了人力成本。

新监督系统具备丰富的数据分析、评估与管理功能。根据评估结果，可以分析出风险暴露水平较高的网点、柜员和业务，实行风险导向的监督。如某分行某年一季度运用系统风险评估指标体系，对风险暴露水平排名前50名的网点和前100名的柜员开展了有目标、有重点的检查，大大提高了检查的针对性和有效性。同时，通过系统履职功能进行检查问题的录入、下发、跟踪并落实整改，提高了检查的工作效率。

依托统一的系统平台，运行风险监控中心可以通过系统实施对网点的有效监督并收集风险驱动因素，不仅节约了传统方式下传递传票、通知整改的等待时间，而且加强了监督中心与网点之间的沟通与互动，实现了监督、检查结果的信息共享，有效提高了监督效率。随着系统功能的逐步完善，监督人员知识与技能的不断提高，以及会计档案影像管理系统的投产，监督中心的工作效率将进一步得到提高。

3. 构建网点运营风险分级评价机制

新监督体系的建立为运营风险的计量和评价提供了量化数据和依据，在此基础上2016年下半年依据监督系统数据，建立了网点运营风险分级评价机制。

一是高风险网点有效治理。2017年期间全行高风险网点的治理效果良好。截至2017年底，一季度的高风险网点退出率达到95.45%，其中E类网点退出率达到100%，在四季度评级均达到C–以上；D类网点退出率达到94.44%，有2家D类网点在四季度评级提升至B。

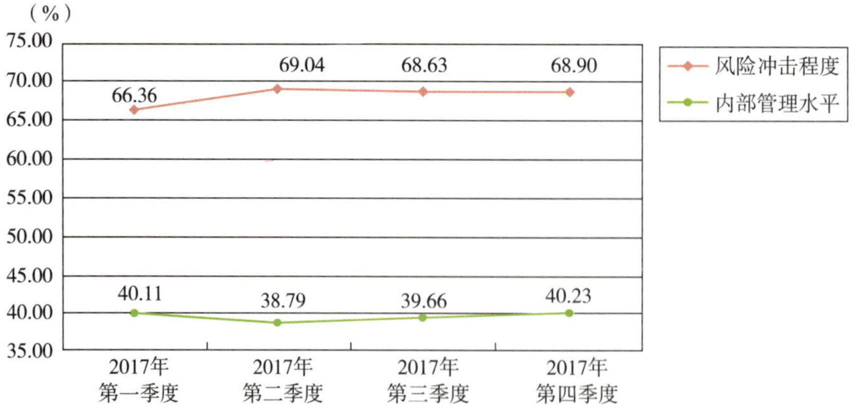

图6　2017年高风险网点数量及占比变化情况

二是内部管理持续向好。近几年来由于受到经济环境的影响，银行柜面受到的风险冲击无法得到有效缓解，冲击的增强在网点运营风险分级指标中得到了反映，2017 年四季度外部风险冲击较一季度上升了 3.8%，在持续精准风险揭示和强化管理的状况下，内部管理仍得到了提升，2017 年四季度内部管理指标定量分值较 2017 年一季度微升了 0.3%。

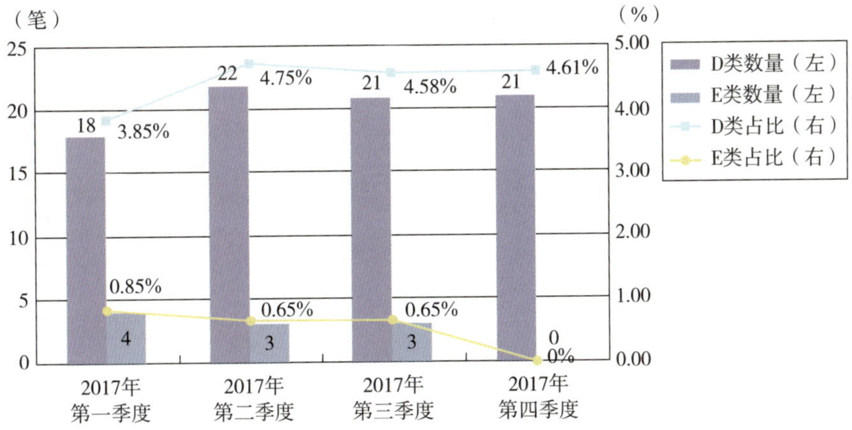

图 7　2017 年评价指标得分情况

4. 事前、事中、事后良性循环

监督体系改革后监测、督导、现场履职有机结合，形成事前、事中和事后运营风险管理资源相互配合、相互协同的有机整体。监测发现的问题是日常检查、现场履职以及落实闭环管理的主要方面，同时为充分发挥现场履职人员对业务真实性审核的重要作用。将核查前移，建立了事中监督模型，在业务办理过程中对可能存在风险隐患开展核查，对事中确认风险的客户，在所有渠道办理业务时进行风险提示，有效防范外部风险的侵蚀，及时消除外部风险隐患。事中监督模型有力补充了事后监测的及时性和有效性，构建起了日常检查有方向、现场履职有目标、事后监测有重点的良性循环机制。

5. 建立客户风险评估平台

为充分揭示客户的风险状况，通过对客户账户资金往来、对账、信息变更等多维度交易场景和信息的分析和收集，建立了风险数据信息库，对全行存量客户从发生风险的特征、驱动因素、频次、资金异动的金额等多角度进行画像，精准定位客户的风险状况，为对客户的风险管控提供研判依据，同时也为前台营销部门开展营销提供数据支撑，风险监测从侧重内部管理的基础上，充分使用监测数据有力支撑前台营销，为全行经营发展做好后盾。

科学规划和建设企业级运营风险监控体系，是适应互联网金融战略发展、提升运营核心竞争力的必然选择，需要以客户为中心，突破渠道边界和专业藩篱，在更高层面集中实施统一风险识别，以开放、共享、协作的互联网精神，加快创新技术的落地应用，构建高度集成的风控架构和系统平台，实现客户行为精准识别、运营风险过程控制和风险信息的充分共享。

朝花夕拾

岁月不居，时节如流。忆往昔职业生涯，起步恰逢改革开放之始，成长于金融体制改革的浪潮，有幸参与并见证我国金融事业的改革与开放、国际金融中心建设与发展的重要时刻。

此间40余载，通过不断学习，在实践中探索、反思、总结企业经营管理的若干关系，对于金融与实体、改革与创新的理论和实践命题，尤其是商业银行与企业发展的逻辑关系和内在规律，进行长期观察和研究，并对经营管理中的关键问题逐渐积累消化，形成了自己对企业经营管理的理念和方法的认知。

忆往昔峥嵘岁月稠！

我的职业生涯

春秋代序，时光荏苒。转眼之间，我已过花甲之年。追忆韶华，往事如昨，不禁感叹时光飞逝，更感叹追梦情怀。回首我的职业生涯，不知不觉已与改革开放事业共同走过了 40 多个年头。

岁月如金，往昔峥嵘。1976 年我入职中国人民银行，1984 年中国人民银行与中国工商银行分设以后，我便一直在中国工商银行系统工作。回顾我的工作经历，大抵可以分为两段：前三十年在浙江工作，后十余年先后在河北、上海、北京等多个省市任职。

我常常庆幸自己赶上了一个伟大的时代，参加工作不久，就面对改革开放的滚滚大潮，亲历了中国金融业发生的翻天覆地的变化，也有幸成为这一宏大历史过程的参与者和见证者。站在时代交汇的节点，我由衷感谢时代赋予我的机遇，由衷感谢国家赋予我的使命，使我能够为中国银行业的发展做出自己的贡献。

峥嵘岁月

我出生于1956年，成长在“文革”的特殊年代。从1966年到1976年整整十年，在一个人读书学习的黄金时间，我却基本上是在放下书本干革命中度过的。可以想象，那个年代从书本中汲取的知识是非常有限的，更何况是专业的金融知识。所以，工作初期对银行工作的认识主要局限在储蓄、记账、转账等基本业务层面，除此以外，几乎没有更多更深的涉猎，更没有太多的金融意识。

1976年下半年，中国人民银行杭州市分行面向社会招收职员，我报名参考并通过了考试，当年12月被正式录用，随即被分配在青春路办事处半山分理处实习。到了分理处我才知道，行里准备让我接替一位即将去厦门大学深造的同志的岗位，而这位同事也就此成为我的师傅。他叫黄忠，长我几岁，我们共事时间很短，但他在工作中的认真和坦诚给我留下了非常深刻的印象。交接工作只有短短几天时间，我是硬着头皮顶着上。为尽快熟悉业务，我夜以继日地工作，认真求教，不断思考。在师傅的悉心指导下，通过自己的努力，终于按时上岗办理业务，顺利完成了工作交接，得到了领导和同事的充分肯定。这虽然仅仅是我漫长工作生涯中的一个小插曲，但对刚参加工作的我来说，却颇有几分惊心动魄的感觉。在当时的计划经济体制下，整个中国大陆只有中国人民银行一家银行，尚无专业银行、商业银行之说。因此，当时我对商业银行的认识存在很大的局限，可谓“雾里看花”。但在中国人民银行两年多的基层历练，使我收获颇丰，不仅学会了银行存、贷、汇等基本业务，也锻炼了人际交往沟通的基本能力和技巧，为日后从事经营管理工作奠定了基础。

此后，我的职业生涯可以大致划分为以下几段历程：

1. 深耕浙江三十载

70年代末到80年代末这十多年时间，是我从事银行业经营管理的起步阶段。1979年下半年，我实习结束，被安排在中国人民银行杭州市分行会计出纳科从事经济核算工作，接触的业务从原来的一个点扩展到全市整个面。之后我担任了杭州市分行会计出纳科副科长。经过这段工作的实践和历练，我对银行的整体经营、资产与负债、投入与产出、成本与盈利等有了更多更深入的理解和认识。

80年代中期，因工作需要，我调入中国工商银行杭州市分行营业部，先后担任副主任、主任。杭州市分行营业部就是今天的羊坝头支行，当年在浙江工行系统中经营规模、存款、贷款、质量、效益都名列前茅，是个“扛红旗”的支行。1988年，仅支行专柜储蓄存款就突破一亿元，在当时也算一个天文数字了。当时的我所在的营业部大楼可谓历史悠久，系20世纪20年代所建，前身是民国“南三行”之一浙江兴业银行大楼。建筑的外墙由花岗岩砌成，雄伟壮观；内部装修考究，富丽堂皇。看到这座大楼让人不禁联想到上海外滩的建筑群。建筑落成后，即以其雄伟大气的造型、精致得体的装饰、适度和谐的比例和协调有序的布局成为杭州市的标志性建筑。说起来，我与这个地方还有着特殊的缘分。我生于杭州，小时候就住在离这座楼几百米远的地方，常常跑来玩耍。高大气派的大楼自然是不敢贸然进去的，但会时常骑在大门外的石雕上，已是颇感自豪。当我正式履职这里，坐在儿时想都不敢想的宽阔的办公室里，看着眼前的欧式吊灯、古铜色的灯柱、绿色洋气的灯罩、精工雕饰的隔板以及通往暗室的地道，感觉宛若梦境。时至今日，我依旧记得当时诚惶诚恐的心情，也担心自己能否胜任这一要职。好在有组织培养，高人指点，贵人相助，同事鼓励，使得我在实践中逐步锻炼和成长。回想起来，我从小受到以诚待人、虚心学习的家庭教育，对工作中的为人处事起到了重要作用。我当时从事的基层管理工作，更多是贯彻上级方针政策，照章办事，组织推动各项工作落实，还谈不上太多开创性的工作，客观地说是“组织搭平台、个人长才干”的阶段，也是学习、实践、总结、提高，“摸着石头过河”的阶段。当时，杭州市营业部虽是全市乃至全省网点的翘楚，但同样存在人员冗余、事务繁杂的情况，加上诸多历史遗留问题，发展矛盾极为突出。好在当时商业环境不断优化、同事们鼎力相助，加上自己倾心倾力的付出，使得自己任职期间的部门效益不仅始终保持领先，经营质量也上了一个新的台阶。

这 7 年的任职历练，是我从专业管理走向综合性管理的转型阶段，在我整个职业生涯中具有里程碑式的意义，更使我对经营管理有了深刻而全面的认识。我最大的感受是：从事经营管理，必须坚持业务发展与精神文明建设两手抓，两手都要硬。把班子和员工队伍建设好，是基层主要负责人最重要的职责。多年以后，我在省分行中层干部培训班上曾经谈到成长的体会，个人成功主要取决于三个要素：个人努力、组织培养、机遇垂青。具体地说，个人努力是前提，必须在工作实践中勤奋努力，才能不断积累才干和能量；组织培养是关键，只有组织选拔使用，才有个人展示能力的平台；至于机遇，道理很简单，机会总是留给有准备的人的，换言之，机会总是附带一定的条件，不是天上掉下来的馅饼。

20世纪90年代到21世纪初的10多年时间，是我不断深化经营管理认识、在实战中锤炼和提升的阶段。我先后担任中国工商银行浙江省分行会计出纳处、储蓄处、人事处处长，中国工商银行浙江省分行行长助理、副行长、党委副书记。在这期间，我受组织委派先后赴德国、法国、英国、中国香港等地参加计算机网络管理、信用卡业务、人力资源管理等业务培训。在省行三个部门担任六年处长以及随后担任省行领导职务期间，我以正确的思想为指导，以切合实际的方法为保障，在面对客观存在的困难时不畏惧、不怕苦，迎难而上；工作中注重部门协作，加强沟通配合，全面提升效率；以对事业高度负责的态度，认真领会领导与组织要求，做好推动业务发展的参谋和助手。在此基础上，我结合转型发展实践，积极把握现代商业银行建设要求，坚持以人为中心、以事为导向，努力推动传统人事管理向以人力资源为核心要素的新型管理模式转变，将单一的会计核算方式向以围绕经营管理为中心的管理会计模式转变，将市场营销从等客上门的“坐商”模式向符合市场竞争要求的“行商”模式转变，促进了所在单位的服务质量水平和市场竞争能力的不断提升。

90年代末，在深化金融体制改革的过程中，为使中国人民银行和国有商业银行更好地依法履行职能，处理好政府与金融机构的经营关系，我国实施了中国人民银行大区行改革和商业银行省级机构改革。由此，中国工商银行也实现了省分行与省会城市行合二为一的改革。在浙江，杭州市分行改为省分行营业部。2000 年开始，我兼任省分行营业部总经理、党委书记。省分行营业部是全省工商银行系统的主战场，当时经营规模占到全省的 60% 以上，质量、效益在行业中优势明显。在任职近七年时间里，我团结带领全行员工，以改革转型为先导，以创新发展为要务，努力调动各方积极因素，积极抢抓市场机遇，扩大同业占比，促进了各项业务的快速发展，把省分行营业部打造成为了全国工行系统省会城市的“领头羊”，连续四年在全国工行营业部系统业绩考核中排名第一。

2. 背水冀州解困局

根据总行党委安排，我 2007 年首次跨省任职，担任中国工商银行河北分行行长、党委书记。这可以说是我临危受命、接受考验、迎接挑战的艰难阶段。当时，河北分行的经营困难重重：经营虚盈实亏、资产质量堪忧、同业竞争薄弱、历史问题较多、员工士气低落。经过密集的调研分析，我对河北经济发展和河北分行的经营实际有了更多认识，认识到只有发展才能化解一切困难和矛盾，只有发展才能帮助河北分行走出困局。

随之，明确了发展的指导思想，即转变经营观念，凝聚团队合力，落实发展责任，完善机制保障，还提出了“同业最强、系统十强”的发展目标和“三年三大步、三年大变样”的阶段目标。我积极发动全行上下解放思想，以改革开放的商业银行思维方法，用“精明、开明、高明”的“三明”经营理念，凝聚和提升员工的“精气神”。思想是行动的先导，科学制定发展愿景，统一思想，明确目标，落实责任，凝心聚力。行动是思想的实践，大力倡导“亮剑精神”，一心一意谋发展，逢山开路、遇水架桥，迎难而上。经过全行上下两年的奋力拼搏，河北分行一举扭转被动局面，发展速度和质量都大为提高，经营效益大幅改善，同业竞争力明显增强，社会地位和影响力显著提高，实现了大踏步、跨越式发展。2009 年 3 月，我受组织委派赴中央党校参加第 26 期中青班学习。

3. 筑梦申城攀高峰

2009 年 6 月，我调任上海分行行长、党委书记，这是我跨省任职的第二站，也是我肩负重任、抢抓机遇、创新发展、追求梦想的阶段。上海是中国金融重镇，有着深厚的历史底蕴和金融渊源。早在 20 世纪二三十年代，上海就已经是远东的金融中心。进入 21 世纪，上海确立了建设国际金融中心的发展愿景，提出到2020年末基本建成国际金融中心。上海各类金融机构发达，同业竞争激烈。面对挑战，我积极投身上海国际金融中心建设伟大事业，亲历并参与到国际金融中心建设、2010年上海世博会、中国（上海）自贸试验区设立等重大历史事件中。在上海工作的六年多时间里，我也先后经历了国际金融危机演化蔓延、国内经济运行下行压力加大、经济发展进入三期叠加的新常态等前所未有的重大挑战，同时也赶上了国家加快建设上海国际金融中心和航运中心、建设上海自贸试验区等千载难逢的历史机遇。

在挑战和机遇并存的环境下，我结合上海工作的实际，积极解放思想，高标定位，抢抓机遇，攻坚克难，以“同业领军、系统最优、世界一流”为发展愿景，团结和带领一万四千多名干部员工，争做我国金融改革创新的先行者和排头兵。我们制定规划、确立愿景，开拓创新、突破瓶颈，明确路径、扬长避短，完善机制、提高效率，推动各项工作积极有序开展。具体来说，紧扣“四个坚持”：坚持以科学发展为主线，以员工为本，提振发展信心，积极把握上海国际金融中心建设的重大机遇；坚持以改革创新为动力，以服务为基，大胆探索，加快转型，努力打造竞争发展新引擎；坚持以精细管理为手段，以管理为要，激发管理潜力，强基固本，严控风险，不断夯实经营发展基础；坚持以党建文化为引领，以文化为魂，营造氛围，凝心聚力，增强发展动力，打造百年老店。通过全行上下的不懈奋斗，上海分行的规模增长、业务创新、经营效益和资产质量都在工行系统名列前茅，主要竞争力指标全面领先同业，牢固确立了标杆地位。

4. 公募领军立潮头

2015 年 8 月，我调任工银瑞信基金管理有限公司董事长。这是我职业生涯的最后一站，也是在新的体制下转型收官的攻坚战。工银瑞信是首家银行系基金管理公司，同时是中国工商银行与瑞士信贷集团共同出资组建的合资基金管理公司，还是中国工商银行在综合化、国际化改革进程中的重要载体和试验田。任职以后，根据资产管理行业在我国处于朝阳行业、发展方兴未艾的形势特点，我带领工银瑞信以市场为导向，通过明确目标、内外联动、借力合作、共赢发展来提升市场竞争力，并立足于“服务、协调、推动”，发挥了工银瑞信独特的经营管理联动优势。

根据集团综合化经营的整体要求，结合发展实际，我带领工银瑞信抓机遇、促发展，研究制定了 2016—2018 年发展规划，提出了“国内经营规模最大、经营管理最优、国际地位一流”的发展愿景。三年三步走，三年一大步，构建国际化产品线，提高资产国际化配置水平和经营能力；联动深耕集团资源，提升战略协同，实现多方价值共赢；改革创新先行先试，激发经营管理活力，创造有利条件，为实现可持续发展提供保障。

在经营团队的奋力拼搏下，工银瑞信在不到两年的时间即实现了资产管理规模翻番，行业排名首次升至第二位，经营利润升至行业第一，投研体系改革优化，且未出现任何风险事件，行业地位显著提升，企业品牌享誉海内外。

几十年来，为适应改革发展和金融创新的需要，我坚持在工作中学习，在实践中思考，不放弃任何学习提升的机会，对商业银行经营管理的认识也逐步加深。在精研业务的同时，我重视理论知识的学习。除自学以外，我参加了众多的专业知识培训和学历教育。通过对宏观、微观经济学以及商业银行理论的系统学习，理论联系实际的能力不断增强，指导工作、破解难题的能力显著提高。

随着人生阅历的增加和工作经历的积累，我在经营变化中思考，在发展前进中总结，在实践探索中感悟，逐渐提炼出了自己的价值论和方法论。特别是近几年潜心于经营管理、金融历史、国际金融中心建设等方面的研究探讨，先后出版多部专著，主编多部金融著作，在国内核心刊物和重要报纸发表论文十余篇。

实践的感悟

疾风知劲草，实践长真知。做好一件事，需要付出艰苦的努力。一个人职业发展的过程，也是一个不断积累知识、培养能力的过程。人的智商固然重要，但是通过磨砺与锤炼获得的能力，更是弥足珍贵的。可以说，后天的培养和积累，对一个人能力的塑造起到了决定性的作用。

1. 终身学习，学以致用

常言道："书山有路勤为径，学海无涯苦作舟。"学习不仅是积累知识的过程，更是不断提升境界的修行。学习是人生的阶梯，伴随年龄和阅历的增长，使人通向更高的平台，让人领略到更美的风景。

善学习。首先要坚持学，"路漫漫其修远兮，吾将上下而求索"。学习不能一蹴而就，凭朝夕之功是不行的。"九层之塔起于累土，千里之行始于足下。"要想学得真功夫，就得舍得花精力、下苦工。其次要联系实际学，不断拓展眼界和能力，把解决工作中遇到的问题、难题作为学习的突破点，通过反复实践来不断提升解决各种问题、难题的能力和水平。第三，要学有所思。“学然后知不足”，使所学为所用，聚焦存在的问题不跑偏，扭住关键的问题不放松，善于总结思考，做到举一反三。第四，增强学习的针对性，时刻联系实践中的问题和困惑，有针对性地思考、调整，防止“入宝山而空返”，避免老在原地打转。学习中要时刻保持“吾生也有涯，而知也无涯”的清醒认识，更要有“业精于勤荒于嬉，行成于思毁于随”的思想自觉。

重实践。“纸上得来终觉浅，绝知此事要躬行。”实践是检验真理的唯一标准。它为人们提供日益完备的认知工具，是学习的一个重要环节和组成部分，也是认知的重要来源。提高人的认知能力，要坚持知行并进，学用结合。“讲得一事即行一事，行得一事即知一事，所谓真知矣。”通过实践，把认知和实际结果加以对照，从而检验其是否正确地反映了客观事物。设想达成之前需要艰辛的实践，通往终点的道路往往知易行难。思想与行动达成一致，坚持不懈、持之以恒，才能体现实践真正的价值，达到理想的成效。

重迭代。“刀不磨要生锈，人不学要落后。”迭代是一种自我更新升级的方式，通过重复反馈过程的活动，逐步纠正偏差，完善提高，实现所追求的目标或结果。新知识、新技术、新方法日新月异。在激烈的市场竞争面前，谁拥有先行一步的迭代能力，就能在激烈竞争中取得先发优势。社会环境、专业领域、信息技术的发展瞬息万变，迭代周期越来越短。过去前沿的知识，将会越来越快地被更新，变得落后，甚至面临淘汰。更新迭代，对于个人而言是终身学习的状态；对于企业而言是可持续发展的必然选择。坚持迭代更新，不断地升级完善原有的认知体系，不懈地汲取新的知识和本领，以更好地适应社会发展要求，跟上时代前行的步伐。

2. 顺势而为，借势而立

世界上任何事物都处于不断的变化过程中，人的一生会经历各种曲折和起伏。势顺而用力易，势逆而用力难。面对顺境、逆境，学会思考成败的关键，及时看到变化的征兆，防患于未然。要善于用客观的眼光看问题，不去主观臆断，防止盲目决策。以积极而主动的心态融入不断变化的环境，审时度势，把握关键时点和关键机遇。

理念引领。理念是人们看待事物的观点、看法和信念。正确的理念是在深刻总结历史经验教训、深入分析客观情势的基础上提出的，集中反映了对于发展规律的新认识。以正确的理念引领行为对企业发展尤为重要。理念是否对头，从根本上决定着行为模式和实践成效。事物发展是一个不断变化的进程，发展环境、发展条件不会一成不变，发展理念自然也不能一成不变。实践证明，在企业发展的过程中，创新的理念是第一动力，协调的理念是内生特点，开放的理念是必由之路，共享的理念是根本目的。以正确的理念引领高质量发展，是企业由大到强的关键。推动高质量发展，是确定思路、制定政策、实施调控的根本要求。要发挥创新引领发展的第一动力作用，增强企业发展的整体协调性，并拓展和提升发展领域。

把握规律。规律不以人的意志为转移；认识规律、研究规律、遵循规律、运用规律是事物发展的客观要求。做任何事情，遵循规律事半功倍，不遵循规律则事倍功半。“有心栽花花不开，无心插柳柳成荫”的现象，实际上也是内在规律在起作用。在经济发展领域，人们需遵循经济规律，不断地认识事物的本质，把握事物的规律。尊重常识是把握规律的前提，有效运用常识是凝结智慧的结晶。善于汲取大家的智慧，常识就会积少成多，所以，我们既要向书本、向实践学习，也要向有经验的实践者请教。认识规律、把握规律、运用规律，学会按照规律办事情，才会不走错路、少走弯路。对企业而言，要高瞻远瞩，统揽全局，从战略角度对发展的规律性趋势和方向做出总体判断，对未来做出总体谋划，从而以战略的主动赢得全面发展。

与时俱进。时代赋予使命，也赋予机遇；紧跟时代大潮、听从时代召唤，是担负时代使命的需要，更是成就人生价值和个人梦想的前提。在每一轮时代的大发展、大变革、大调整中，不确定性日益突出。这固然意味着更大的风险与挑战，但也意味着新趋势、新机遇的出现。紧跟时代，才能洞察宏观环境；深刻了解面临的任务与压力，才能更明确我们的奋斗目标，找到最合适的奋斗方法。从企业管理的角度看，在时代的发展中寻找不确定性中的确定性，努力经营机遇、驾驭风险、实现发展。看清外部环境中的风云变幻和发展大势，用发展的眼光看问题，用动态的思维想问题，方能与时俱进，推陈出新。

3. 砥砺拼搏，自强不息

“宝剑锋从磨砺出，梅花香自苦寒来。”奋斗精神是激励人们努力拼搏、实现人生价值的重要源泉。

风雨历练。适应环境最有效的办法就是去风雨中历练。人生的历练，是生命的自我拯救、自我激励和自我回归。不经历风雨，便不能见彩虹。历经春夏秋冬，才能慢慢长大、成熟。经历阴晴圆缺，方能体验丰富人生。吃苦可以磨炼心志。“天将降大任于斯人也，必先苦其心志，劳其筋骨，空乏其身，行拂乱其所为。”历经苦难也让人学会坚强，学会用正确的人生观去看待问题、思考问题、解决问题。虽然有时痛彻心扉，但也能促使神志清明、性灵觉悟，在痛定思痛之后，修养内涵，修正行为，调适自己与环境和他人之间的关系，这便是一种进步、一种成长。挫折即是财富。人生有一时的挫折，便有了跨越的目标；生活有迷茫的困顿，便有了光明的期许；事业有了真才实干，便无畏荆棘满布。人生一路前行，要经得起挫折，扛得起风雨，活得起冷暖，走得过艰难，才能取得进步，获得成长，赢得赞赏，超越期望。

求真务实。为人处世，都讲求“真实”。唯有以求真务实的作风，用真心，干真事，把事情脚踏实地干好，才能不负时代赋予我们的重任。所谓“求真”，就是凡事不靠猜想，而要根据事实。不唯书，不唯上，只唯实。要解放思想，实事求是，以与时俱进的思想路线去认识事物的本质，把握事物的规律。耳闻之不如目见之，目见之不如足践之。君子之于学也，入于耳，藏于心，行之以身。实现美好蓝图，必须静下心思，扑下身子，一点一滴地干。要戒懈怠、戒自满，出实策、鼓实劲、办实事，崇尚埋头苦干的良好风尚。笃行务实，行稳致远。只要持之以恒、真心诚意地做人做事，就会显现成效。

戒骄戒躁。躁则妄，惰则废。越是立于更高的平台、看到

更广阔的天地，越要谨记时刻保持谦逊，避免骄傲自满及浮躁的思想作风。能虚心接受他人的意见，才能集思广益。个人或组织权力越大，责任越重，更需要格外严谨自省。要定期给自己内心清零，保持空杯意识，不断调整自己去适应新的变化、不断挑战自我，永不骄傲自满。陷于骄傲，会忽视忠告良言，丧失客观原则。不忘初心，方得始终。初心是在人生的起点许下的梦想，是一生渴望抵达的目标。时常回首原点，回顾来路，也展望未来，大胆期许。忘记初心便容易忘乎所以，骄纵浮躁。漫漫人生路，就是一个不忘起点、牢记初心、坚定方向、不懈追求、抵达成功的历程。

人生的态度

人生一世，草木一秋，韶华易老，光阴易逝。做人要真心待人，真诚处事，真情生活。积极的人生态度可以令自己和周围人充满正能量，每一天都不负光阴的馈赠。

1. 与人为善

常怀善意。善意如同随手播下的一颗种子，具有无穷生机，在人与人之间不断传递，如春风化雨，滋养心河。善良是一种世界通用的语言。善良的人，心灵总是火热滚烫，情怀宽广。要摆脱世俗偏见，尊重人格平等。偏见经常存在，而放弃偏见永远不会为时过晚；尊重都是相互的，人和人在分工、职务上有所不同，但人格都是平等的。要保持谦卑之心，敞开心扉，虚怀若谷。对于个人与组织、能力与平台的关系都要客观冷静地看待。要秉持理性之念，多体会、多校正，避免武断地听信人言而做出错误判断。人际相处，以善为先；轻权轻利，重和重乐。善良者的心，绝不会因岁月流逝或时代变迁而随之改变。善良是人性苍穹里最温婉的一缕暖阳，在寒冬中带来温暖。君子莫大乎与人为善。那些慷慨付出、不求回报的人，往往更易获得成功；而自私吝啬、斤斤计较的人，不仅找不到合作伙伴，甚至有可能成为孤家寡人。真正的善良不是表面多么虔诚，而是在于细微处给予他人的尊重与关心。与至亲体谅关爱、铭记感恩，与友人携手并进、共担风雨。他人感到苦恼时，主动问候，给予温暖；他人遭遇挫折时，力所能及地伸出援手，用积极的态度行善施乐。

尊重他人。爱人者，人恒爱之；敬人者，人恒敬之。己所不欲，勿施于人。对于要求别人做的事情，首先自己要认可。对于自己和他人不搞双重标准，用自己对别人的尊重换来别人对自己的尊重。尊重他人就是尊重自己。人的社会地位有高有低，人的灵魂高度有所差异，但人格是平等的。没有一个人是完美无缺、尽善尽美的，既没有必要用高山仰止的眼光看待别人，也没有资格对他人不屑一顾。尊重是彼此了解和互动的过程。沟通技术和手段的变革并不能取代人与人真诚的沟通交流。通过沟通加强人际交流，尤其要和那些与自己兴趣、性格不同的人交往和交流，承认对方的价值和努力，化解由于信息不对称造成的误会。与他人平等、坦诚地沟通，是赢得尊重的智慧之匙。

换位思考。遇人遇事，常从他人角度出发，将心比心，理解对方的难处，与人有路，于己有退。站在对方角度去看待问题，是人与人之间的一种心理体验过程。设身处地站在对方的立场考虑问题，是相互理解不可或缺的心理机制。对人对事要常常心怀感激。很多看似“顺理成章”的事，背后并不都是“理所当然”的。很多时候，对方也可以有其他选择。怀有感激之心，也是善于从别人的角度看待问题；多一些感激之心和共情意识，人与人之间的误会、分歧甚至矛盾就会减少很多。倘若我们善于站在别人的位置上看问题，就能从内心深处理解别人，更接近、更符合事实。

2. 敬畏意识

热爱生命是幸福之本，同情生命是道德之本，敬畏生命是信仰之本。敬畏是一种自觉的道德约束，也是一种做人行事的操守。心怀敬畏，是一种修养和境界，也是一种成熟和智慧的表现。强化敬畏意识，保持敬畏之心，敬畏生命、敬畏规章、敬畏职责。没有敬畏之心的人，往往肆无忌惮、为所欲为。对生命保持敬畏，世界才会在我们面前呈现出无限生机，令我们时时处处感受到生命的高贵与美丽。

敬畏意识主要表现在以下几个方面：

敬畏法纪，守住底线思维。守法规、守纪律，是兴衰成败的关键，是永保生机的根本。国有国法，家有家规。不守规矩，不成方圆。法律是每个人的戒尺，是不能逾越的红线。君子有所为，有所不为。要把严守纪律规矩当作每日的必修课，看牢自己，管住家人，谨慎交友，坚决守好自己的精神家园，坚决做到严以律己不乱为。管理者能否严守纪律规矩，不仅代表个人的形象、素质，更关系机构的形象，必须带头强化纪律和规矩意识。

敬畏组织，增强集体意识。纪律是维护组织凝聚力、号召力的有力武器，是增强组织观念的有效手段。纪律是集体的形象、集体的声音、集体的动作、集体的表情、集体的信念。要坚持原则，不搞弄虚作假、以次充好。尊重事业，做到兢兢业业、认真负责、一丝不苟、严以律己。摆正个人与组织的关系，坚持个人服从组织、少数服从多数、下级组织服从上级组织。自觉遵从行业规则，不随意破坏职业操守和行业规范。

敬畏权力，做到正本清源。管理者对手中的权力必须要有敬畏之心，有战战兢兢、如临深渊、如履薄冰的谨慎，做到“心不动于微利之诱，目不眩于五色之惑”。权力和责任是相辅相成的，要勇于干事、敢于担当，不能在其位不谋其政。敬畏权力，管好权力，慎用权力，必须把高标准履职尽责作为基本要求，做到日常工作能尽责、困难面前敢负责、出现过失敢担责，面对急难险重的任务能够豁得出来、顶得上去。深切认识到权力是责任、是义务、是奉献，真正做到自重、自省、自警、自励。

3. 心态平和

平和的心态，是一种至高的人生境界，使人达观、泰然。只有心态平和，才能心胸开阔、目标远大，立得高、看得远，做到处困自若、处乱不惊、处险不慌。平和的心态告诉我们人生无常，顺其自然。谋事在人，成事在天。在能力范围内尽力而为，不留遗憾，哪怕一时无果，终会获得回报。只要努力，滴水也能穿石；只要努力，一切皆有可能。以平常心看待人生的沟沟坎坎，最终通过努力和态度战胜困难、走出困境，收获充实与精彩。

在一种平和的心态下，可以全面看待事物。知其然更知其所以然，透过现象看本质。不仅看到表面的好坏，还要看到内在的根源，发掘隐藏于外在之下的真实。一件事从不同角度去看，会看到不同的风景、体会到不同的感受。只有摆脱了主客观的局限，置身庐山之外，高瞻远瞩，才能真正看清庐山真面目。要通过分析问题和现象后得出结论，而不是凭感觉。通过对现象归纳总结得出结论，对客观事物有理有据地解读。借助一些实验结果或数据分析，能帮助我们解决生活中的类似问题，往往可以起到举一反三的作用。

平和的心态可以帮助我们辩证认识问题。要重视分析因果关系，善于辨别话语的真伪，看清人性的善恶，避免单一视角可能带来的认知盲区。通过概念、判断、推理等思维形式对客观事物辩证发展过程进行正确反映，对其内在矛盾的运动、变化及各个方面的相互联系认真考察，从本质上系统地、完整地认识问题、分析问题、解决问题。要注重平衡短期和长期目标。长期目标的实现来源于短期目标的积累，但有时两者的立场并不总保持一致，甚至需要做一些权衡和取舍。在争取短期利益和追逐长期目标的问题上，以辩证的发展观看待问题、分析问题、解决问题。

平和的心态还可以让我们避免好高骛远。坚持脚踏实地，梦想的实现就是水到渠成的事情。除了重视能力、智慧的开发和培养，平和的心态也非常重要。只有沉下心做事，躬身入局，才能使目标和实际接轨。如果能力强也有智慧，但心态不好，可能与成功失之交臂。千里之行，始于足下，人需要有理想，甚至幻想，但更要有客观的依据和实践的努力。人贵有自知之明，始终保持清醒的头脑，不妄自菲薄，也不盲目自大，认清自身的长与短，避己所短，扬己所长，淡泊名利，宠辱不惊。

4. 修身律己

“修身、齐家、治国、平天下”，这是传统文化中君子的人生进取方向。修身律己是做人做事的基石，做到修身律己，要注重以下几个方面：

真实坦诚。真实待人，可以收获朋友；坦诚待己，可以完善自我。为人要真实可信，保持坦率的态度。真实做人，踏实做事，认真勤勉，保持本心。诚信是做人最基本的道德底线，信誉是最昂贵的资本，为小利而拿信誉作赌注是得不偿失的。

真实坦诚待人，诚恳率真处世，始终是做人最明智的选择。说实在话、做实在事，就能赢得他人尊重，与他人交心。“律己当严，待人当恕。”冰释前嫌可以换来理解、和睦与友谊，而耿耿于怀只会让人与人之间的距离越来越远。

品行端正。常说德才兼备，理应以德为先。“先修身而后求能。”人的修养、品行对于个人价值非常重要。好的人品作保证，做人才有底气，做事才会硬气，做官才有正气。手中握有一定的权力，更要把“严谨”二字时刻悬于脑际，慎言、慎行、慎思、慎独。人各有所事，便应各有所忠。严于律己，就是要管住自己。在意识上，要管住自己的思想，不做出格的事，也不做违背原则的事；在工作上，要管住自己的手脚，严格执行法律规章，自觉置身于监督之下，既不能凌驾于组织之上，也不能游离于组织之外。

管住欲望。人生而有欲，正常的欲望可以使人奋进。人之所以能去努力奋斗，正是因为有生存和发展的欲望。但是，欲望应该有个度，同时应该分清哪些是合理的欲望，哪些是不合理的欲望。一旦偏离了这个“度”，让欲望泛滥，就有可能走上歪路，步入歧途。“君子之修身也，内正其身，外正其容”，“胜人者有力，自胜者强”。人最大的敌人往往不是别人，而是自己。面临诱惑，能否站稳脚跟，正是考验我们的品行。“不能胜寸心，安能胜苍穹。”面对诱惑，关键是要稳住心神、管住欲望。这就要求我们要时刻严于修身律己，把好人生方向，守好人生底线。壁立千仞，无欲则刚。要克服贪欲，坚决守住底线，而不能成为欲望的俘虏。

5. 勇于担当

人生须知负责任的苦处，才知尽责任的乐趣。人所能负的责任，我必能负；人所不能负的责任，我亦能负。如此才能磨炼自己，求得更高的知识、进入更高的境界。管理是权利、责任、义务的统一体。管理者与被管理者的最大的不同是履职责任的不同，领导者应担当更多的责任。积极融入集体，发挥自己的才智和优点，主动表达自己的观点和见解，面对困难敢于挺身而出，遭遇危机愿意承担责任。

那么，如何做到勇于担当呢？

第一，想在先。人无远虑必有近忧，谋事是成事的基础和前提。在具体工作中要布局在先，做到超前思考、超前研究、超前部署。要真心谋事。管理者想在员工之前，谋划更加周密，部署更加细致，有助于整个决策部署的落地执行。要民主议事。民主集中制是管理的法宝。遇到重大问题、关键问题、难点问题，不要避讳难题，而是直面困难，集思广益，办法总比困难多。要纠偏成事。不能从长远利益的角度来考虑问题，是不能够筹划好一时之事的。对于没有预计到的情况，做好充分准备和预案，在落地过程中，及时跟踪进展，及时纠正差错，使得计划最终实现。

第二，做在前。身教重于言教，表率胜于表态。管理者既是棋手更是园丁，棋手擅长操控棋子，园丁要营造适合的土壤。管理者的目标一旦设定，必须坚决地贯彻执行，以树立管理者的权威和信誉。身先士卒、亲力亲为，为大家排忧解难。对于允诺的奖惩严格执行，提升激励和约束机制，使得优劣得所，促进组织优胜劣汰。作为领导者要带头攻坚，特别是面对急难险重任务，更应迎着困难上，顶着压力干，确保决策部署得以顺利推进。行动果断，反馈及时，抓住机遇，提升效率。

第三，挑在肩。优秀的管理者都是下属的好帮手。每个层级的管理者都有自己的应尽职责。管理者做的每项决策、干的每件事，都应当充分体现岗位赋予的使命和担当。对于被管理者，也要明确各自对应的权、责、利，使得各级人员都能明确自己的职责担当，充分履职尽责，确保责任落实到位。对于工作中的失误，要充分评估事态动因、履职情况，广泛听取意见，充分调研。对于确实因为客观因素导致的，要根据尽职情况，对当事人有充分的、客观的评价。甚至在坚持原则的前提下，上级管理者应当主动担当，鼓励和保护团队和员工的正能量和团队士气。对热点难点问题，要克服阻力，想方设法妥善解决，努力用管理者的辛苦指数换取员工的幸福指数。团队凝聚向心力，是赢得各方支持的最好办法。既要真心实意把好事办好，更要在关键时刻挺身而出。

“三明”理念

“三明”理念，是指在企业经营管理中运用“精明、开明、高明”的方法来指导企业经营发展路径的思想和行为。精明是经营的能力，开明是做事的格局，高明是管理的艺术。“三明”理念是伴随着中国经济改革开放浪潮，我在多年的经营管理实践中逐步归纳提炼出来的方法与经验。

“精明”，即聪明和才干，从某种角度看，就是一种智商，它是从事经营管理的基本功。

会算懂道。企业是要盈利的，追求利润最大化是企业生存发展的目标。会算账，是指通过算账，知道成本在哪里，从哪里入手，如何实现收入，能赚多少钱，从而统筹布局推进。熟悉业务，了解流程，明白所从事行业的专业相互关系。懂得行规，洞察规律，按行业规矩和客观规律办事，依法合规，按章办事，有效控制风险。善于观察，对市场有敏锐的洞察力，能嗅出味道，发现商机，随时捕捉。有前瞻性，紧盯市场变化，关注新情况新问题，做事有计划，发展有目标，兼顾各方，实现平稳、协调、有序发展。

通晓实情。信息是企业经营的风向标，决定着经营目标和方向。实践证明，在市场竞争中，竞争双方往往各自赚了“信息不对称”的钱。因此，首先要了解市场，解决好“市场在哪里、有多大”的问题，做到心中有数；其次，要了解对手，有针对性地制定方案，明确做什么，具体怎么做，随市场而变，争取竞争主动权；最后，要了解客户，对客户的特征、期望、偏好有深刻的洞察，随客户而动，满足客户需求、创造客户需求、引领客户需求，成为客户一揽子需求的集成服务提供商。

精打细算。企业经营是不断变化的动态过程。不能满足于一般的认知，需要对业务深入研究、精细耕耘。要有严密的经济核算，有效控制成本，讲究投入和产出，提高经营效益。要善于开源节流，不断开拓业务领域，调整优化业务结构，增加收入来源。要严格落实责任，做到绩效挂钩，奖惩分明。

“开明”，是经营管理的情商，是指在纷繁复杂的环境中，处事通情达理，明智理性。它是经营管理的一种智慧。

明事理。要在明确静态小账的基础上，学会算大账，算活的账。算清大账与小账的关系，对发展机会“取”与“舍”做出判断；算清近期与远期的关系，对经营目标“短”与“长”做出选择。客户是企业生存之源，没有客户，再好的企业也是“巧妇难为无米之炊”。以客户为中心，树立“只有客户赢，企业才能赢”的理念，站在客户角度想问题，最大限度满足客户需求。只有为客户创造了价值，企业的价值才会真正实现。

懂利弊。企业经营管理，需要具有理性的现实思维，不能感情用事。任何事物都有两面性，都是利弊权衡，必须在依法合规的前提下，作出利大于弊的选择。利与弊的界线往往掺杂交织，没那么清晰。有时甚至让人面临“两害相权取其轻”的抉择。需要综合考虑得失，评估可操作性，选择最优解，才能有利于自己，也方便他人。

顺势而为。察势者智，驭势者赢。顺应大势，顺水推舟，事半功倍；逆水行舟，则事倍功半，功败垂成。市场竞争，进攻是最好的防守。进攻与防守，各有利弊，从经营实际看，进攻利大于弊，积极进攻相对于消极防守能掌握更多主动权。企业作为法人，也和自然人一样，依托精气神来支撑。对于经营拓展而言，需要一种一往无前的“亮剑”精神，在顺势之时，一鼓作气“进攻”到底。在逆境之中，更要有决不放弃、抗争到底的意志。

“高明”，即见解独到、战略清晰，方法得当，是经营管理的方法论和领导力。它是一门经营管理的艺术，拥有它就能有效地直指要害，直击痛处，处理好解决好问题。

善抓主要矛盾。市场经济，矛盾无时无刻不在，问题总是伴随发展共生。矛盾分主次，也分轻重缓急。分清主次，挑主要的、急迫的先下手处理，才能争取时间上的主动，才能有效掌控事态发展。要积极发挥主观能动性，充分分析研究可行性，抓住有利时机，集中优势资源，优先解决经营发展中的主要矛盾。俗话说，“打蛇打七寸”。抓住经营中最吃重的矛盾集中资源攻而克之，就像练武功打通了任督二脉，一旦冲破瓶颈，前景必然广阔，企业的未来便豁然开朗。企业成长过程，从某种程度上讲，是在化解矛盾中总结成长，在解决问题中有效发展，是一种螺旋上升的过程。

协调各方关系。协调是经营管理的重头戏，其中释疑解惑是协调关系的“牛鼻子”。管理之道在于经营人心，心不信则疑，心不定则惑。疑和惑是人们对事不了解、不明白、不确定的一种本能反应。疑和惑主要来自对“信任”的疑惑、对职业的疑惑、对发展的疑惑。如能有效消除这些“疑惑”，将极大坚定团队信心，提振员工士气，减少管理成本。管理者要善于换位思考，从心出发，想员工所想，解决员工面临的实际问题和困难，充分调动广大员工的积极性和创造性，切实提升团队凝聚力和战斗力。

客观处理问题。就是要实事求是，“不唯上、不唯书、只唯实”，一切从实际出发，具体问题具体分析，趋利避害，怎么好就怎么做。冷静分析，找出关键因素；设身处地，求同存异；妥善处理，化解风险，缓解矛盾，使得解决问题的结果符合客观实际。

“精明、开明、高明”三个方面的理念，是一个相互联系、辩证统一的有机整体，贯穿于经营管理的各个方面、各个环节，在多年的管理实践中，我感觉到它是开启管理智慧的钥匙，也是决胜经营之道的利器。“三明”理念的萌发、实践和提升，伴随着我的整个经营管理生涯，也得益于我在不同地区职业生涯的历练。

一、启蒙于浙江

浙江是我国改革开放的前沿阵地。1979 年 6 月 1 日，国务院批准宁波港正式对外开放。1980 年 7 月 8 日，浙江省首家中外合资企业——西湖藤器有限公司成立。1980 年 12 月 11 日，浙江省温州市工商局颁发了“中国第一张个体户营业执照”。1981 年 11 月 18 日，浙江省首家境外贸易机构亚利公司在香港注册成立。1983 年 7 月 13 日，浙江在香港举办“浙江省出口商品展销会”，这是浙江省首次在境外举办的经贸洽谈与展销活动。改革开放以来，浙江率先进行市场取向的改革，创造了无数个“全国第一”，实现了由资源小省到经济大省的历史性跨越，在中国改革开放史上写下了浓墨重彩的一笔。

浙江区域文化传统源远流长，洋溢着浓郁的商业气息，孕育着丰富的人文经济发展基因。开放型的市场经济是浙江经济增长的重要驱动力，以开放促改革、促发展，是浙江 40 年的生动实践。浙江籍学者余秋雨说过，“就算是再远的土地上，都能找到浙江商人的脚步。”可以说，哪里有机遇，哪里有市场，哪里就有浙江人。浙江人精明灵活的商业头脑、勇立潮头的创新精神和勤劳务实的做事风格，使得浙江 40 余年来紧紧抓住机遇，在开放中不断对标国际，在全球范围内优化资源配置，打造起对外开放的“浙江样板”，摸索出对外开放的“浙江经验”。“跳出浙江发展浙江”，更体现了开放浙江的眼界和胸怀。

我的职业生涯，大部分时间在浙江工作，1984 年人民银行与工商银行分设后，被分配到工商银行。当时，国家经济社会正处于从计划经济向市场经济迈进的转型阶段，传统的经营理念和模式已经无法适应新的形势要求，体制机制、理念和方法都亟待适应新的形势变化。为了把银行办成“真正的银行”，国有银行业也从专业银行向商业银行转型，政策性职能被剥离，经营范围扩大，走上了自主决策、自担风险、自负盈亏的商业化经营道路。然而，这需要一个过程，如果没有一个先进的理念来引导，很多时候还是“穿新鞋走老路”，结果仍然是“新瓶装旧酒”。企业经营理念的转变和发展往往发端于经济发展较快、市场程度较高、商业氛围较浓的地区。浙江良好的改革开放环境和浓郁的市场氛围，启发了我对商业银行经营管理的理性认识。

首先，对企业经营要有正确的理念。改革开放以来，中国经历了波澜壮阔的思想解放过程。思想观念的变革是一切社会变革的先导，而思想观念的变革又依赖于社会实践的激发，两者之间的互动是推动人类社会进步的根本力量。思想观念的变革在经济领域，主要表现在开放、竞争、效益观念逐步得以确立。20世纪八九十年代，浙江走在经济改革开放的前列，坚持市场化导向，实施经济体制机制创新，推动民营企业蓬勃发展。这是浙江经济改革得以成功的核心要义，也为浙江经济社会发展注入了最根本、最具可持续性的内生动力。面对瞬息万变的市场和日益激烈的竞争，民营企业自主经营，自负盈亏，始终以客户为中心、以市场为导向，坚持企业经营“活的灵魂”，不拘一格、大胆探索，开创出一个个全国先河。“时间就是金钱，效率就是生命”成了企业家们的座右铭。商业银行也是企业，是经营货币和风险的特殊企业，因此浙江的商业银行在思想解放上同样全国领先，率先从计划管理的旧思路和模式转向市场经营的新路上来。

其次，对企业发展要有理性的认识。改革开放以来，民营经济成为浙江市场经济的主导力量，成千上万家企业生动而极富活力的创造性实践，推动了从产品经济到商品经济、从计划经济到市场经济、从“一大二公”到产权清晰的民营经济的“率先突破”。然而，市场经济活力的背后是企业激烈的竞争。据统计，经过40年改革开放，浙江省2018年年初存续市场主体已达577.3万家，平均寿命为3—5年，仅有747家市场主体“活过了”改革开放40年；存活20年以上的市场主体总量为12万家，仅占所有存续市场主体的2.0%；而存活5年以下的市场主体总量为354万家，占所有存续市场主体的61.2%。40多年的改革开放实践，印证了一条颠扑不灭的真理：大发展小问题，小发展大问题，不发展全部是问题。深耕于浙江经济土壤的商业银行，把发展作为第一要务，增强发展意识，用发展统一思想，各项工作目标的制定着眼于发展，各项工作任务的推进致力于发展，各项工作措施的出台围绕着发展，最后，各方面工作成效也用发展来检验。同时，坚持合作共赢，始终以客户为中心，在业务经营上不保守僵化，率先摒弃所有制歧视、行业歧视、规模歧视，对民营经济、中小企业客户加大支持力度，经营的触角更为广泛，努力寻找更多的银企合作多赢，联动发展、借力发展、共赢发展，在为企业、政府和居民的服务中寻求并创造了更多共赢的机会，与此同时也开辟了一片片市场蓝海，实现了商业银行健康平稳可持续发展。

三是对银行经营管理要有科学的方法。改革开放以来，尤其中国人民银行与中国工商银行分设之后，浙江的商业银行在金融创新和业务发展实践中，始终围绕质量、效益做文章，“想在前、做在先”，既算小账、算实账，还算预期账、长远账。为了适应业务快速发展的需要，更好地平衡发展与风险、规模与效益、速度与质量的关系，需要坚持实事求是，具体问题具体分析，在坚持合规经营底线的基础上“怎么好怎么做”。20世纪末，在整个银行业不良贷款率居高不下的时候，浙江的商业银行不良率却始终保持较低水平。当时，工商银行台州分行的玉环支行，甚至创下了零不良贷款的纪录。浙江的经验，很快在工商银行的沿海地区和全国范围内推开，小微企业信贷成为工商银行拓展新兴信贷市场新的蓝海。浙江的商业银行通过改革创新，敢于突破传统套路和条条框框，先行先试，敢想敢做，成为我国金融领域改革实践的先行者和排头兵。

我们这一代人，是伴随新中国成长的一代人，也是中国改革开放的见证者、参与者和推动者，从内心深处感恩这个时代给予自己成长发展的机会。在职业发展起步和成长的关键阶段，我有幸扎根于浙江这个改革开放的前沿和民营经济发展的广阔市场。浙江人的聪明能干、求真务实、创新发展的经营理念和商业文化，潜移默化在我心中扎根发芽，对于企业“做什么、怎么做、如何做得更好”，在经营管理实践中，对经营管理慢慢形成清晰的认识，通过不断总结思考，逐渐转化为经营管理的“三明”理念和方法，在推进商业银行经营发展中，让我受益匪浅。

二、实践在河北

2006年我赴任燕赵大地——河北。河北地处华北平原，东临渤海、内环京津，具有悠久的人文历史，自然资源和人文旅游资源丰富。经过多年的改革开放，河北省的经济发展取得了很大的成绩，但与浙江相比，河北省的经济总量和人均经济总量都相对落后。有人曾经形象地比喻，从全国看河北是经济发展的“小高地”，从沿海地区看是经济发展的“盆地”。

当时的工商银行河北省分行，与浙江等沿海地区的商业银行相比，转型发展比较慢，经营结构不甚合理，单一网点、低端客户占比较高，业务集中度较高，经营管理也较为粗放，人均网均效率低，同时资产质量差，不良额和不良率系统排名靠前。经过一番深入剖析，我感觉主要不外乎理念、管理和精神状态的问题，突出表现在经营理念的严重滞后。为此，2006 年河北省分行提出了建设区域强行的目标，计划通过 3 年左右的努力，把河北省分行打造成为省内金融同业中竞争能力强、管理水平高、社会形象好的现代商业银行，形成对全省金融领域的优势控制力和影响力；成为工行系统中经营规模大、资产质量优、盈利能力好、服务水平佳的一级分行，挺进系统同类绩效行前列。

破解发展难题和瓶颈，实现区域强行的战略发展目标，关键在于进一步解放思想，用科学的理念来引导经营行为，充分激发广大经营机构的潜力和干部员工的活力。基于浙江工作的经验，我梳理提出了“精明、开明、高明”的“三明”理念，着力改变粗放经营的现状，不仅要学会算账办事，更要学会算发展大账，最大限度地提高市场竞争力。为此，通过开展“大学习、大讨论、大实践”活动，广大干部员工进一步转变观念、深化认识，将“三明”理念更好地融入经营管理实践，抢抓机遇，加快发展，创新转型，全行竞争发展水平也由此得到显著提升。

协调处理好解放思想与创新发展的关系。经营管理中反映出来的短板和问题，表面上看是工作问题，其实质是思想观念问题。所谓“思想决定行为，行为决定结果”就是这个道理。解放思想是深化改革、解决矛盾的“总阀门”。思想的“阀门”打不开，讨论问题必然只会就事论事，拘泥于细枝末节，“一叶障目，不见泰山”；只有思想上搞通了，解放了，疑难问题才能迎刃而解。实践证明，思则变，变则通，只有解放思想，冲破一切妨碍发展的思想观念，改变一切束缚发展的做法规定，革除一切影响发展的机制弊端，才能获得持续发展的不竭动力。通过学习讨论，在认真反思过去遇到重大机遇彷徨观望，造成“启动慢、刹车快”教训的同时，学深悟透、用足用好国家政策，用创新的思维创造机会，创造市场。

协调处理好加快发展与风险控制的关系。当时，河北分行的资产质量压力较大，一些员工患上了风险“恐惧症”，“不敢做、不愿做、不会做”。通过学习讨论，让广大员工认识到，经营风险是商业银行的天然属性，效益与风险永远相生相伴，既然企业经营的目标是效益最大化，那么就必须正视效益与风险这对矛盾，正确处理好效益与风险的关系，坚持科学发展观，把发展作为解决矛盾和问题的最有效途径。要知道，风险不是源于发展，相反不发展、慢发展才是最大的风险隐患。只有坚持发展主旋律，在加快发展中努力控制风险，在风险控制中提升发展水平，才能抢占市场竞争的制高点。要有敢于竞争、敢为人先、敢当领军者的勇气魄力，才能在激烈的竞争中不断超越对手、超越自我。

协调处理好加强管理与提升核心竞争力的关系。有效的管理是最大的竞争力。反观经营发展中存在的许多问题，大都是由于管理不到位造成的。为此，必须对症下药，采取针对性的措施着力解决粗放式管理和执行力不强的问题，增强精细管理意识、效率意识和执行意识，坚持高标准、严要求，说了算、定了干、干必成、成必优，变“散步”为“跑步”，变“过得去”为“过得硬”，拒绝理由，以高效率的执行推动业务跨越式发展。

协调处理好企业文化建设与可持续发展的关系。增强竞争发展能力，实现可持续发展，关键在于打造一支优良的人才队伍，培育先进的企业文化和一流的思想理念。在具体经营管理中，需要坚持以人为本，始终把“是否有利于凝心聚力、促进发展，是否有利于员工利益的最大实现”放在首位，尊重员工，爱护员工，既考虑长远，更考虑解决员工最关心、最直接、最现实的利益问题，努力为员工创造价值，使改革发展成果更多地惠及员工，推动员工与企业共同成长。要树立“大服务”理念，坚持以“客户为中心、以市场为导向”，建立内部服务标准和规范，明确部门职责、办事程序、办事权限、办事时限、办事反馈等内容，形成大服务格局。对一线和客户反映的问题，做到有问必答，有报必复，急事急办，特事特办；完善服务措施，建立“首问负责制”“限时答复制”和“投诉反馈制”等制度办法，将效率作为做好工作的基本要求，将客户和基层满意与否作为评价工作的重要标准。

通过持续的学习讨论和深入实践，广大员工的思想观念、工作作风和精神状态发生了十分可喜的变化，“精明”“开明”“高明”的“三明”理念越来越深入人心。思想的解放和理念的转变，释放出极大的生产力，河北省分行员工的积极性日益高涨，创造力不断增强，经营管理逐步精细化，经营效益得到明显改善，在工行系统内的排名大幅提升，市场竞争力不断增强，牢牢掌握了市场竞争的主动权。

三、完善于上海

上海在20世纪二三十年代曾经是远东金融中心，现在正在建设国际经济中心、金融中心、贸易中心、航运中心和科创中心，市场门类齐全、制度完善、管理规范，一直走在改革开放的最前沿。工商银行上海市分行曾一直是系统内最先进、最优秀的分行之一，为上海经济社会发展做出了突出的贡献。上海人素以精明著称，但“精明不开明”“精明而不高明”却似乎长期以来一直是外埠对上海人的刻板印象。精明，意味着会算账，会算小账、算短账，然而算大账、长远账、共赢账，则是“开明”“高明”的表现。

“跳出上海看上海”，会使得人们的认识更加客观和理性。与浙江和河北等地相比，上海作为全国首批沿海开放城市之一和长三角经济区的核心城市，一直是创新发展的先行者。从20世纪90年代的浦东开发开放，到2009年上海国际金融中心和国际航运中心建设上升为国家战略，2010年上海世博会胜利召开，2013年中国（上海）自由贸易试验区正式成立，2014年上海加快建设具有全球影响力的科技创新中心，再到2018年举办首届中国国际进口博览会，2019年设立中国（上海）自由贸易试验区临港新片区，长三角一体化发展上升为国家战略等等，这些都给上海经济发展带来了一重又一重千载难逢的良机。商业银行面临的市场空间广阔，发展潜力巨大，从不缺乏“机遇”，可以说“遍地是黄金”。“市场永远存在，机遇在于把握”，面对这么好的发展机遇，只有具备敏锐灵活的商业嗅觉、开放的经营视野，敢为天下先的意识和不畏艰难的勇气，才能率先抓住机遇实现发展，否则只能是“入金山空手而归”。

2009年我来到上海工作，当时工商银行上海市分行经过连续多年各项指标的高位运行，存贷款、经营利润等基数较大，竞争发展遇到一些瓶颈因素，思想观念、体制机制、内部管理等与经营发展形势均存在不同程度的不适应、不协调，成为制约新一轮发展的阻力和障碍。根据在浙江和河北的经营管理实践，我有一个深刻的体会，认识决定行为。对企业经营而言，观念的转变是最大的改变。实践证明，经营管理中的许多问题本质上都是思想认识问题。观念转变天地宽，只有解放思想，坚持一切从实际出发，用全面、辩证、发展的观点认识事物，创造性地开展工作，才能解决工作中存在的突出矛盾和问题，在加快发展中不断开创新局面。结合经营管理实际，我为上海市分行制定了新的三年规划，明确了发展愿景和举措，并以先进的理念和方法来指导经营实践、引领发展。

全局性的竞争观。企业竞争，比的不是一时之快慢，也不是一城一池之得失，而是长远和整体经营能力的比拼。全局性的竞争观，就是要突破静态的、被动的发展思维和僵化的指标导向，从市场竞争、客户基础、风控能力、服务质量、管理水平等多个维度来指导、推动和评价企业发展，全面提升核心竞争力。上海市分行提出“同业领军，系统最优，世界一流”的发展愿景，就是全局性竞争观的体现，从市场同业、系统内部和国际视野角度来明确竞争发展定位、引导经营发展大局。在具体实践中，从围绕任务定目标，转变为围绕市场来提升竞争力。长期以来，人们已经习惯以完成任务指标作为经营发展的指挥棒，但计划任务有时候也是一柄双刃剑，不适应市场竞争力要求的计划任务指标，对经营发展往往弊大于利。道理很简单，如果一个机构的计划任务完成得很好，但市场份额不断减少，竞争力下降，这种计划完成不仅没有实际意义，反而会助长人们的盲目自满情绪，让眼光变得短浅。反过来，有时因为计划任务脱离实际，导致计划没有达成，但在这一过程中，由于“跳一跳、够一够”的努力让自身竞争力得到长足进步，从效果来看，倒是比完成所谓的“计划任务”更有意义。所以，计划任务是方法和手段，但最终检验发展的标准肯定是市场竞争力。要有强烈的危机意识，未雨绸缪，主动查找不足，集中精力处理好业务短板和经营软肋问题，不断发现问题和解决问题。要善于通过各类信息，多维度深入分析、纵横比较，重点查找完成进度慢、市场份额下降、同业排名靠后的问题和短板；要善于通过调查研究，深入基层，了解一线员工和客户的呼声，善于从批评、抱怨和投诉中反思不足；要善于通过交流沟通，从多方面获得的信息中敏锐捕捉问题。只有这样，才能有针对性地采取措施加以整改，从而提升整体发展水平。

市场化的风险观。风险是企业经营发展需要面对的客观问题，也是决定企业生死存亡的关键因素。对商业银行来讲，更是如此。银行本身就是经营风险的企业，风险始终不可回避，关键是风险可控、底线不破。业务发展再好，风险控制一旦出了问题，那是前功尽弃；反过来，风险控制好，而业务发展为零，那也是空对空，是纸上谈兵。风险与发展始终是一枚硬币的两面，需要做好平衡。在实际经营中，一些人往往对经营风险缺乏正确的认识，面对风险不是去抽丝剥茧、主动管理，而是因噎废食、裹足不前，一家企业出现问题，就拒绝一个行业，一笔交易出现损失，就停办整个业务，既不积极对待风险，也不寻求解决问题的途径，一味消极被动面对经营发展中出现的风险，久而久之，竞争力减退了，企业继而衰败了，他们最终将不得不面临最大的风险——存亡之险。因此，面对风险必须理性，需要用经营的理念和辩证客观的态度来看待风险，要克服僵化的风险理念，正确认识风险与发展的关系，在风险可控的情况下积极拓展市场，在化解风险中谋求发展，正所谓“与狼共舞”。这就是市场化的风险观。

开放式的经营观。企业经营时有存在“重资源轻能力”“重内部轻外部”的倾向，不善于借力借势，对有效利用外部资源心存畏难情绪，只会简单地利用现有资源，不敢迈出整合联动这一步，人为地给自身的经营发展设定了“上限”。企业经营需要开放包容，克服狭隘的思维模式，以更加开放的视野、共赢的理念，顺势而为，积极整合内外部资源，打造合作共赢的经营生态圈。**善于变化中经营机遇。**时机很宝贵，把握时机更重要。战场上，利用天时，可成就“以寡敌众、以弱敌强”之壮举；商战中，把握机遇，则可成“做大做强、一骑绝尘”之伟业。机遇稍纵即逝，把握机遇、抓住机遇、经营机遇，就能实现跨越式发展；反之，视而不见、犹豫不决、错失良机，就可能丧失竞争先机和未来的成长空间。面对瞬息万变的市场、错综复杂的经济形势，只有抓住机遇，快人一拍，迅速占领制高点，才能赢得先发优势。**合作共赢为客户创造价值。**经营业务的问题就是经营好客户，只有拥有强大的客户资源，企业才有持续发展盈利的基础和保障。只有以客户为中心，在业务发展、产品设计、市场营销等活动中，充分考虑客户需求，让客户充分参与，为客户长远发展考虑，为客户创造价值，才能在此基础上实现企业自身的协同发展。**优势联动共建生态圈。**在强化内部知识协同和机构协作的基础上，也要善于整合外部资源，深化与政府、同业、客户等合作，加强信息交流、资源互换、优势互补，构建适应客户行为变化、整合多方资源优势的服务生态圈。从客户潜在痛点出发，挖掘一系列解决客户痛点的场景和机会点，从而将产品服务全方位、无缝嵌入客户自身的经营链条和业务场景中，满足客户全方位的需求。正确处理好区域经营与大市场的关系，从按照行政区域经营转变到“随市场而动、随竞争而动、随客户而动”上来。一些机构较多注重区域内的业务，往往造成画地为牢，市场越做越小，一年比一年难做，发展空间有限，经常会碰到“市场在哪里、客户在哪里”的问题。事实上市场是不分区域的，客户也是不分区域的，尤其是随着互联网发展水平的快速提升，金融服务的空间局限性已经被最大限度地打破。上海是企业总部集中的地方，很多企业的业务范围遍布全球，孕育着巨大的商机。以大上海、长三角、全中国乃至全世界为视角，随市场而动，随客户而动，走出区域红海，走向市场蓝海，这样发展的空间必将非常巨大，可以说是取之不尽、用之不竭。

集约化的管理观。在企业经营中，仍然还存在一些不计成本与效益、不关心质量与效率的粗放管理方式，制约了企业长期可持续的健康发展。我们提出集约化的管理观，就是要树立“管理创造效益，管理就是竞争力”的理念，摆脱传统粗放的增长模式和管理方式，注重提高效率，控制成本，实施集约化管理。从全局着眼、从细节入手，加强前瞻研判，注重应变调整，变静态管理为动态管理，变结果管理为过程管理，变零散管理为规范管理，不断提高管理水平和市场竞争力。改革机制体制。实施机构扁平化改革，新机构新模式，形成更多贴近客户、贴近市场的“小老虎”，发挥“1+1>2”的裂变效应，进而提高整体市场占比。按照专业化机构、专业化经营、专业化团队、专业化产品的要求，设立特色经营机构。加快业务运行集中，打造集约化、专业化、标准化的业务营运新格局。激发人力资源活力。重点是优化结构，提升前台营销人员占比，控制中后台综合保障人员比率。实施中年员工转岗、客户经理综合化改革、柔性化团队建设等工作，有效激活员工的潜力。强化内控管理。努力形成管人和管事相结合的内控管理机制，把合适的人放到合适的岗位上，实行重要岗位准入和动态调整制度。加强员工思想和行为动态管理，强化制度威慑，有效杜绝各类案件事故发生，确保依法合规安全稳健经营，为业务发展保驾护航。实施精品服务。推行服务责任制签约，将服务与绩效考核挂钩，先进评优“一票否决”，真正使优质服务成为生存之本、竞争之道、发展之魂。

随着对“三明”理念认识的逐步深化，上海市分行干部员工的思想观念、经营理念不断转变，精神状态和士气得到提振，工作方法手段不断创新提高，经营管理能力有效提升，并逐步从“不敢想”向“敢于想”转变，从“不敢做”向“研究做”转变，从“没去做”向“大胆做”转变，从“一般做”向“精细做”转变。这些转变与市场竞争力的提升形成了良性循环，各项业务高位突破，经营总量快速扩张，经营效益稳步提升，各项竞争力指标实现领先全覆盖。改革发展的成效，进一步坚定了上海市分行竞争发展的信心，为未来创新转型发展注入了巨大的动力。

在浙江、河北和上海任职期间，我不断总结概括“三明”理念并在实践中加以进一步的探索和运用，大力促进银行的改革和发展，努力完成经营任务和实现发展的战略目标，取得了较为丰硕的理论和实践成果。我也感觉到，“三明”理念其自身具有极强的辩证性和实践性，面对日新月异的发展形势和变动格局，需要在不断实践中持续加以深化和创新，使之永不过时，始终对指导现代企业经营管理实践发挥重要的引领作用。

企业发展瓶颈若干问题研究

“物竞天择，适者生存”，是市场经济条件下企业生存发展的客观规律。企业想要在市场上立足，就必须始终保持清醒头脑，付出艰苦卓绝的努力，不断经受市场考验，在前进中发现问题，在发展中完善管理。否则，在激烈的市场竞争中，随时都有被淘汰的可能。想做事很重要，会做事更可贵。做事，某种程度上就是人的修行过程。很多人常常把结果的好坏都归因于外部和客观原因。实际上，任何事情的结果都是由多种原因综合形成，既有内在的，也有外在的，既有主观的，也有客观的，很多时候往往是复杂交织的。智慧的人，从不怨天尤人，而从自身找原因，正视现实，善于改变，适应环境，从而更好地应对各种挑战。

企业发展与管理者休戚相关，笔者根据职业生涯多年的管理实践，试图探索和总结企业经营发展瓶颈的由来，以及一些应对之策。

企业发展瓶颈

创业难守业更难。当一个企业初入市场时，起步阶段通过“跑马圈地”抢占一定的市场份额相对容易些，而后续要想守住成果并进一步扩大地盘时，难度则会不断增加。这是因为，在初级阶段取得的小胜，除了闯劲和新意外，运气往往占了较大成分。然而，当经营上了层次，达到一定规模体量，稳定持续一段时间之后，要想更进一步，追求新的跨越发展，可能就殊为不易。不仅需要天时地利，更为重要的是需要大量的资源支撑，创新管理也需要与之相匹配。

其次，把企业做强做精，实现数量与质量的统一更难，换句话说，就是“做大容易做强难”。大量案例证明，当企业进入快速增长期，摊子开始越铺越大，人手变得越来越多，管理层级也越来越繁复时，原先的经营模式和管理经验往往会局部失效，发展质量就会不可避免受到影响，于是乎水分和泡沫甚至是渣滓都会相伴而生，风险因此随之集聚。此时的企业，在表面繁荣的背后实际已经开始面临风险隐患，必须以有效管理作保障，不断防控和化解即将接踵而来的风险，否则轻则“欲速不达”，重则“前功尽弃”，甚至陷入“万劫不复”的深渊。

第三，社会文明不断前进，市场竞争规律适用范围更加广泛。改革开放以来，我们目睹了一拨又一拨、一轮又一轮企业的云卷云舒、潮起潮落，看到了企业由于行为方式上的不同，对经营结果造成的迥然差异。企业生存发展优胜劣汰，优者相争胜者更优，循环往复，如后浪推前浪，又似大浪淘沙，能够始终屹立不倒、最终成为百年老店的企业总是凤毛麟角。回顾那些能够永载史册的知名企业，我们会发现，企业的经营发展尽管在不同阶段会受到多方面因素影响，但在关键时点的抉择取舍，又或决胜阶段的“一锤定音”，直接取决于企业领军人的理念和行为。

理念和动因偏差。企业家是企业发展的决策者、指挥员和领路人，既是经营成果的享有者，同时又是风险责任的承担者。理念动因的差异，决定了管理者的态度和行为，从而直接或间接影响到企业的兴衰存亡。从企业成败的案例来看，理念的差异将导致截然相反的结果：如履薄冰者和感觉良好者，两者的差异往往把企业带入冰火两重天的境地。

如履薄冰意识。是饱经风霜后的忧患意识，对从事的职业怀有高度的责任感。也是基于对社会复杂性有了充分认识后，时刻保持的警惕性和清醒意识。它是客观看待事物，克服自负情绪，谨言慎行，脚踏实地走好每一步的重要理念。开车的人都知道，越是老司机越是胆子小，越是开得稳。正是因为他们事故见得多了，深谙风险点在哪里，因此会处处留神，格外小心。企业经营也是如此，风浪挫折经得多了，才会更加深刻明白“一着不慎满盘皆输”的道理。从稳健经营、精细管理角度来看，企业家时刻保持警醒、始终保持如履薄冰的状态，将有助于把企业引领上稳健、协调的发展轨道。这类“经验丰富的老兵”具有一些共性特质：未雨绸缪。对于可能遇到的困难，事先早有充分预计，并且早有谋划，提前做足准备，留足余量，体现出极强的前瞻性和预判能力。常怀敬畏。面对瞬息万变的市场环境，无处不在的潜在风险，不低估困难，不过分自信，严守底线，遵循规律办事，敬畏市场，敬畏专业，敬畏风险。逆水行舟。企业的发展不会一帆风顺，必定会经历波动起伏。经营企业犹如逆水行舟，不进则退。伟大的企业尤其能在逆境中生存，在低谷中崛起。万事归零。企业在发展到一定阶段，实现一定经营业绩，尤其在业界取得一定名望和成就后，从上到下都容易产生自满惰怠。对企业家而言，一旦产生功成名就的心态，就容易滋生志得意满的情绪，受这种情绪影响，即便嘴上不承认，脚步也会不自觉放缓。因此务必要戒骄戒躁，及时调整心态，既要看淡过往，敢于“清零”，更要拿出勇气，在既往成功的基础上“二次创业”。唯有这样，才能祛除惰怠，保持动力，而这正是企业持续进步的原动力，是企业家必不可少的驰而不息的奋斗心态。

自我感觉良好。自大的根源是浅薄无知，在企业经营中主要表现为高估自己、低估别人，造成战略意图与客观形势的不协调不适应，最终造成经营预期与实际收效产生较大偏差。在缺乏充分信息的情况下，容易妄加主观臆断，造成经营行为的偏差。高枕无忧者。从潜意识看，对于一些苗头或隐患问题缺乏敏感性，对于潜在的竞争对手重视不够，对于宏观环境和经济周期估计不足，准备不充分。一旦经营环境出现变化，难以第一时间找到有效的应对之策。遇事浮躁者。稳健的企业往往尊重并遵循螺旋式上升发展规律，不冒进或急于求成，从管理上来说是循序渐进，逐步从量变到质变的过程。因此，在不同的发展阶段，一定要有针对性地开展工作，步步为营、稳扎稳打，切忌急功近利，过分追求短期目标而罔顾长期发展。脱离实际者。经营中的有效信息大量来自基层一线，管理者倘若心里没有员工，高高在上，走基层身子沉不下去，或者身入心不入，深入基层一线调查研究不够，对实际情况不甚了解，定政策、指方向、提要求就会与实际情况脱节，直接影响到企业的经营发展。

发展路径不协调。市场竞争愈演愈烈，经营环境千变万化，企业发展到一定阶段，伴随经营规模的扩大，管理幅度的增加，新情况新问题会接踵而至，对管理创新和风险控制会提出更高的要求，企业生存发展势必面临诸多新的挑战。对于经营决策而言，企业发展路径的选择尤为关键，思路决定出路，选择决定命运，思路不清、决策不明往往表现为以下三种典型：

对瞬息万变的市场判断不准，方案犹豫不决，行动摇摆不定，市场机会往往稍纵即逝，市场份额随之拱手相让，难以稳固保持市场地位的竞争优势。

对自身能力的优劣势认识不清，往往以短击长、以弱敌强，盲目被动，疲于应付，捉襟见肘，不仅造成大量人力物力财力的错配，影响经营资源的配置效率，更会把自己逼入进退维谷的险境。

对企业发展的愿景意志不统一，凝聚力因此打折扣，执行力大受影响，导致经营绩效达不到预期，发展信心不坚定，逐渐影响队伍稳定，使达成目标变成虚无缥缈的幻想。

理念与方法如果脱离了客观实际，企业发展的瓶颈便会“生”出来，如沿途荆棘般困扰前进。要突破瓶颈，冲破堵点，走出拐点，实现新的增长，其难度不亚于翻越崇山峻岭，跨越千沟万壑，既需要勇气和信心，敢豁得出去，更需要方略和卓识，经受市场锤炼。因此，企业经营管理路径是纲，决定着企业前进的方向，纲举而目张。突破发展瓶颈，需要正确的经营理念，依靠有效的工作方法，以及符合实际的企业文化。

掌握有效方法

理念上与时俱进。理念是企业的行为准则和价值导向，具有战略性和引领性的地位，直接关系到企业的兴衰成败。

方法是做事的基本功。在价值观多元化的社会里，要承认人与人之间的差别，看问题的角度不同，得出的结论或判断往往就不尽相同。重要的是掌握好的行事方法：善于思考，全面看问题，通过表面，看到实质；同事之间，求同存异，合作共赢；表达意见，言之有理，以理服人；工作节奏，快慢有序，张弛有度；说话做事，留有余地，不说过头话，不做盲目事；此外，有效控制欲望情绪等等，都要确立正确的行为方式。企业经营管理的基本功，就是管理者思想成熟和能力充分的具体表现，解决一切问题的根本在于改变管理者自己。

1. 遵循发展规律

企业发展有其内在规律，因时因势动态变化，管理者唯有审时度势、趋利避害，才能保持企业始终在正确道路上前行。在企业发展的不同阶段，需要有针对性地制定战略规划，明确短期及中长期的发展目标，迎合市场的变化，满足客户的需求，确保企业持续稳健发展。

发展停滞是最大的风险。持续经营的假设是会计学的重要原则，从实践看，发展是企业生存的前提，由企业性质所决定，是市场经济竞争发展的客观规律。发展是企业持续经营的内在要求，企业一旦在市场上失去了立足之地，那么也就失去了安身立命之本，其他一切想法都形同无本之木、无源之水。

发展首先为企业赢得了生存空间，给予了企业战略选择、市场选择、客户选择的余地。发展越稳健，经营决策的自由度越大，才更能促进企业的良性发展。反之，倘若经营发展遇到阻碍，市场地位动摇、经营业绩不佳，员工士气、发展信心势必受到影响，将对企业发展造成巨大的经营风险。发展是第一要务，风险管理要管的应当是业务发展中的风险，“安全行驶零公里”是没有意义的，缺乏生存能力被逐出市场才是企业最大的风险，因此必须坚持在有效发展中防控风险，风险管理无论如何都不能拖发展的后腿。

发展与风险两者辩证统一。业务发展与风险管理，是现代市场经济发展过程中企业普遍面临的、最具挑战性的关系。尤其是风险管理，在实践中通常被认为是业务和发展的对立面、绊脚石、减速器和“说 NO 的部门”，进而形成了普遍存在的前台和中台的矛盾。企业尤其是金融机构的高级管理层经常为此争论不休、困惑不已，最后不少人只好采取“屁股指挥脑袋”的本位和实用主义思维模式来处理问题。实际上，发展和风险两者是相辅相依的，并不能孤立看待。用人体来作比喻，要维持生命就必须吃饭，发展就是吃饭，要活得长久就得不生病，风险控制就是防止生病，两者的目标是一样的，并不矛盾冲突。同样，风险控制的目标也是增加产出，促进提升生产质量，而不是影响或者阻碍企业经营生产，更不是瞎折腾。业务发展与风险控制实际解决的是同一个问题，因此需要换位思考，互相理解，配合协作，在一个战壕里一起奋斗。现今经济社会，市场愈加细分，竞争日趋激烈，不仅对前台营销部门更加苛刻，对风险管理部门的要求也越来越高。风险管理已经不是简单的在业务部门之后的第二道防线，而是和业务部门一样，要直面产品、客户和市场，相比以往站位更加靠前，已经俨然成为公司经营风险和以风险换收益的战斗部门。风险管理部门也要学会提升大局观念，从公司整体、战略和长期的视角开展工作，不仅要关注发展中存在的风险，也要关注业务发展，还要关注业务发展的持续性和稳定性。

2. 升华管理学问

经营管理是一门艺术。在激烈竞争环境中，市场瞬息万变，唯一不变的就是变化本身。只有充分尊重发展规律，按照规律办事，将原则性和灵活性有机结合，才能达到效益最大化的目标。

工匠精神。现代商业社会，企业越来越注重对于敬业、精益、专注、创新等职业品质和职业能力的提升，在重视“工匠精神”的同时也为其注入了更加丰富的内涵，包括追求卓越的创造精神、精益求精的品质精神、用户至上的服务精神。工匠精神是社会文明进步的重要尺度，是企业竞争发展的品牌资本，也是员工个人成长的道德指引。

敬业育匠心。不忘初心，方得始终。中国有着2000多年的匠人道统，随着不断的迭代式传承与更新，匠心既是传统的，又是现代的，既是私人价值观所追求的，又是带有公共属性的，而一个共同的特点就是敬业。敬业精神是对一件事情、一种职业的热爱而产生的一种全身心投入的精神，核心是无私奉献意识。浅层次的功利目的性敬业，由外在压力产生；高层次的发自内心的敬业，把职业当作事业来对待。敬业精神是一种基于热爱基础上的、对工作对事业全身心忘我投入的精神境界，其本质就是奉献的精神。追求崇高的职业理想，就要干一行爱一行专一行，努力成为本行业的行家里手，具有积极向上的劳动态度和艰苦奋斗精神，保持高昂的工作热情和务实苦干精神，把对社会的奉献和付出看作无上光荣。敬业的人可以从工作中获得更多的经验，而这些经验正是个人和企业发展的宝贵财富。

精益造匠艺。企业要树立工匠精神，首先需要将工匠精神融入企业文化建设，将其纳入文化核心理念，让企业和全体员工树立“工匠意识”，把工匠精神内化为严谨、细致、专注、负责的工作态度。其次，以工匠精神为引领，将其融入生产经营的每一个环节，要真正投入人、财、物，让企业的生产、研发、技术、工艺等各方面的软硬件环境都能得到提升，不断吸纳前沿技术，创造出经得起时间检验的产品。同时，为工匠精神构建保障机制，科学激励，将工匠精神落实到员工个人行为。

坚守铸匠魂。企业家精神离不开工匠精神。首先，创新是企业家精神的内核。企业家通过从产品创新到技术创新、市场创新、组织形式创新等全面创新，在创新中寻找新的商业机会，在获得创新红利之后，继续投入、促进创新，形成良性循环。

其次，敬业是企业家精神的动力。有了敬业精神，企业家才会有将全身心投入到企业中的不竭动力，才能够把创新当作自己的使命，才能使产品、企业拥有竞争力。第三，执著是企业家精神的底色，在经济处于低谷时，其他人或选择观望或选择退出，唯有企业家不会轻言退出，而选择与经济同呼吸，共进退。

经营智慧。企业管理一定程度上就是解决经营中的问题、解决发展中的矛盾。通情达理，明智清醒，是管理者必备的经营智慧，需要在实践中悟道，在修行中淬炼。

智商。指的是企业家的思维方式，以其过常人之处，解决管理决策中遇到的障碍。摆脱经验依赖。曾经有过的经验会造成思维的惯性，依赖惯性思维在帮助提升决策效率的同时也会阻碍新观点新思路的产生，一旦形成惯性就不可能创造新的市场、新的产品，也找不到新的需求。经验很有用，帮助我们把握常规事物的规律，但经验也是桎梏，限制我们的发散性思维，因此企业家既要有经验，又要摆脱经验的限制。克服知识局限。书本上的东西能训练我们的逻辑思维方式，但是书读多了以后容易拘泥于知识。因此在创新过程中既要学习知识，也要摆脱知识的限制。避免羊群心态。遇到没有尝试过的事情，常人会感到害怕，这时候会趋向于跟着别人的想法走，产生从众心理、羊群心态。企业家的成功是个别现象，而不是普遍现象，泯然于众人的思维往往难以创造出独一无二的成功机会。因此，企业家的智商既需要大量的知识储备，更需要活学活用，本着有利无利的原则，将知识转化为能力，在实践中加以运用。

情商。指的是领导者的人格魅力，洞悉人性，吸引人才，凝聚队伍，激活团队。当今的“90后”员工，个性更鲜明、思想更独立、自主性更强，传统的家长式硬性管理已经很难取得理想效果，反而容易造成抵触情绪。如何去发掘员工的真实想法并且加以引导，已成为当代管理者们苦苦思索的难题。智商低的人，没有人相信跟着你会收获成功；情商低的人，没有人相信在你这里能得到善待。管理者都在倡导制度至上的企业治理，但在实际工作中还要讲“人性化”。我们不难发现，许多企业都拥有非常完善的制度，有些甚至是花重金请人度身定制的。但是具体施行起来实际效果不尽如人意，令许多管理者深感头疼。同样一个团队，在不同领导者管理下却呈现出不同的绩效成果，究其原因，背后往往是管理者的情商在发挥关键作用。企业家情商，就是企业家的情绪管控及其协调、推动下属的综合能力。要胜任企业家这个岗位，就应当不断提升领导力，学习如何更好地授权和协商，增强员工士气，提高生产力，在为公司赚取更多利润的同时，把办公场所变成温暖、有趣、让人感受到被重视的地方；还要懂得运用情商领导技巧，让自己的企业与生活变得更有意义。通过情商领导力训练，更好地提升个人亲和力、影响力，从而最大程度地引发团队的凝聚力和执行力。

财商。财商对于企业而言有两层含义：一是创造财富及认识财富倍增规律的能力，二是驾驭并运用财富的能力。企业战略是经营财商的集中体现。企业战略应着眼于长期的、全局的发展目标，以市场和顾客为导向，最终达成经营发展目标。企业经营战略思想既体现企业经营哲学，又表明了企业经营特点和企业家的价值观。因此，要求企业家运筹帷幄，具有发现新市场的眼力，具有挖掘顾客需求的洞察力，具有承担风险的勇气。概言之，成功的企业家大都拥有高超的经营财商。

智商、情商和财商对于企业和企业家而言，是三门需要长期持续修炼的必修课。“三商”为企业方方面面的工作提供了指引：智商为企业发展提供了人才储备和技术保障的“催化剂”；情商则是提升企业管理的最佳实践、激发潜能的“润滑剂”；财商又为企业的盈利增长、规模扩张注入了“强心剂”。

管理艺术。企业管理是科学理论和实践相结合的产物，而管理艺术是管理者在自身观念、智慧、学识、才能、思维及经验基础上，为达到一定的管理目标，在行使领导职能时所表现出来的创造性领导风格与方法。领导艺术作为管理者的特殊才能，是管理者品格、智慧、胆略、能力等元素的综合运用。

管理者要提升团队的战斗力，则自身不仅要有良好的个人品质和职业素质，更应具备卓越的管理艺术，用自身人格魅力感染下属，使下属在理解的基础上尊重和服从，从而有效地形成合力，提升管理效果。管理艺术的形式丰富多样，根据管理者特质、企业实践情况有所不同，举下面三个例子：

树立威信与不摆架子。企业作为一个多部门组成的机构，为保障政令畅通，管理者树立自己的威信是必要的。但在树立威信的同时，绝不能高高在上，摆架子。面对合理的不同意见，也应该充分尊重下属，鼓励营造建言献策的良好氛围。当下属反对或提出尖锐意见时，要耐心倾听，允许其完整表达观点，然后再加以分析，修正意见。如果在探讨过程当中发生冲突，建议管理者也应该尊重下属，避免下属因为压力过大而产生畏惧心理乃至抵触情绪，今后不敢或不愿再提出好的建议。身为领导者，要胸怀大度，足够坦诚，敢于解剖自己，反省自己，即知即改，有错必纠。这样做不仅不会损害管理者的威望，反而体现出管理者的胸怀，会让下属深受感动，觉得可亲近可信赖。管理者和员工相处时加强主动沟通，有助于消除对方的紧张心理，既建立起管理者平易近人的形象，又能使下属受到鼓舞，把管理者视为知己，从而敞开心扉。

尊重自主与加强监控。管理者应当相信员工有独立处理问题的能力和解决问题的方式。要充分信任他们，如果对员工将信将疑，必然会对其工作积极性造成伤害。“用人不疑”是一种强大的凝聚力，上下级之间、员工之间的相互信任有助于提高团队效率、营造团结氛围。当然，在实际开展工作的过程中，管理者又绝不能放松监控，不能以信任代替管理，不能“失控”。在我看来，给予员工相对工作自由的同时，对过程的适当控制也是必需的。既大胆使用，又加强监控，使下属感到既有动力，又有压力，由此才能获得更为持久的支持和拥护。同时，在监控的过程中还有助于及时发现风险隐患和难点问题。

坚持原则与待人宽容。在工作中建议以相对温和的态度与下属接触，在谈笑中解决问题，但绝不能信奉无原则的调和主义，不能当“滥好人”。在管理中，必须坚持“言必信，信必果，信守承诺”，这是给自己树品牌，也是给别人做规矩。在工作中该坚持的原则必须坚持，不能因怕影响与下属的关系而放松管理。要在思想上严格要求，克服各种消极因素，使团队在正确的方向上有共同的语言；要在工作上严格要求，凡是下达的各项任务，绝不能因遇到暂时困难而降低标准。

作为管理者，要使团队具有战斗力，不仅要有良好的个人品质和职业素质，更应具备卓越的管理艺术，用自身人格魅力感染下属，使下属在理解的基础上尊重和服从，从而有效地形成合力，取得成功。

方法上高效赋能。工欲善其事，必先利其器。方法得当可以使资源配置效益最大化，即管理出效益。治理企业需要“道”，也就是推动发展、化解矛盾、解决问题的路径。

1. 发挥主体作用

坚持以人为本。人本管理是现代企业管理的新模式，其核心价值观是尊重人、关心人、帮助人、爱护人和实现人的价值，同时体现公平、公正、公开的原则，落实“以人为本”的各项制度化、规范化措施。发挥员工的主体作用，就是要推行员工自主管理。在企业统一目标和共同价值规范的前提下，要坚持以人为本的管理理念，充分尊重人的价值，注重发挥每一位员工的自主精神、创造潜质和主人翁责任感，鼓励员工自我管理、自我规范，在沟通、协作、创新、竞争的工作平台上，合理使用自己的工作方法、技巧，主动追求最佳方法、最优效率和最高效益，进而达到企业与员工共同发展、共同成长、互利共赢的目的。

战略民主集中。在传统的企业管理过程中，战略完全是由企业的高层人员决定，而大部分员工所要做的只是坚决执行战略指明的具体目标和任务，即所谓的“高层思考，基层行动”。在这种企业管理模式中，员工往往对企业前进的方向漠不关心，认为这些不是他们应该思考的事情，无需越俎代庖，用不着瞎操心。然而时至今日，瞬息万变的发展形势，需要组织中的每一成员都积极参与到战略管理的过程中来，机体的每一个细胞都要参与思考，具备主人翁意识。由于我们无法预测变革的速度，同时，许多企业内部更加扁平化，使企业的组织架构更加精简，这就要求不同职能部门的员工必须共同承担曾经明确划分的责任，所有员工都必须参与到决策酝酿的机制中，对于企业的战略发展广泛征求意见，吸收采纳合理化建议。而通过这种方式产生的战略决策，被员工理解接受的程度就越高，也就更有助于员工参与到配合、落实的行动中。

命运荣辱与共。员工的命运与企业的发展紧紧地捆绑在一起，如果每个人都能在企业中找到自我价值存在、认可和实现的坐标，就能充分激发员工“荣辱与共”的主人翁精神和意识，有效解决员工与企业“两张皮”的现象。既然不是“外人”，员工对企业的一切就不会“袖手旁观”，使命感和责任感就会油然而生，该管的“闲事”就会主动管起来。人人如此，久而久之，企业的经营水平和运转效率自然就上去了。其次，还要倡导树立“人人是人才、处处有舞台”的理念。无论是管理者，还是普通大众，都自然而然会对“知识精英”和“业务骨干”格外关注，加以重用并许以高薪。然而，当精英和骨干的作用被充分调动的同时，占大多数的普通员工的基础性作用则往往容易被忽略，被一笔带过，久而久之，普通员工群体就会与企业决策层离心离德，甚至可能与精英骨干群体产生矛盾和罅隙。提倡“人人都是人才”的理念，就是要正视、尊重并充分肯定普通员工在岗位上取得的点滴成绩，对不是原则性的失误要多些理解和宽容，这样将有助于激发起不同层次、不同身份员工的工作激情和创新潜能，让整个机体的每一个部位、每一个关节都“活”起来。

2. 表象符合实际

任何事物都有现象和本质两个方面，不少问题并不是一眼就能看透识破的，需要经验阅历、超凡智慧甚至是过人胆识。管理者难免层次有高低，能力有大小，见识有长短，但无论如何对管理者的要求都绝不能降低放松。要想成为一名优秀甚至卓越的管理者，就必须努力做到见微知著、由表及里，透过现象看本质、撇开枝节抓根本。在分析问题时，如果只观一隅、只察一面，就会一叶障目、盲人摸象，难以得出正确的结论。

一切从实际出发。“纸上得来终觉浅，绝知此事要躬行。”管理的前提条件是从实际出发，针对性地解决存在的问题。因时因势动态调整，才能促进企业得到不断发展。

接发展地气。“接地气”就是要广泛接触企业的基层工作，与一线的员工打成一片，体察普通员工的愿望、诉求、利益。用大众的生活习惯、用语等，而不是脱离了员工的实际需求和真实愿望，浮于表面。就是要踏踏实实，深入人心，遵循企业发展的规律，而不是盲目行事。要真正与现场的实际结合起来，而不是搞“两张皮”。如果学习引进一项优秀的管理方法，并没有从改善生产现场的现状出发，而是生搬硬套，停留在纸面上，停留在汇报上，表面上说得天花乱坠，可是现场成本的降低、流程的优化、安全环境的改善、劳动强度的降低等等什么都没有改变，不但对员工的工作没有起到多大的效果，还给本就繁重的基层工作增加许多“应付检查”的负担，对企业不但无益，反而有害。这样的管理创新还不如不创新。管理还是要符合企业自身的实际，要真正“接地气”，使广大员工真心认可并积极参与。

悉客户实际。客户关系管理是围绕客户生命周期的系统化工程，核心是客户价值管理，通过“一对一”定制化的沟通、服务，满足不同价值客户的个性化需求，提高客户忠诚度和保有率，实现客户价值持续贡献，从而全面提升企业盈利能力。只有认真倾听客户的心声，把握客户的真正需求，才能有的放矢地实施优化改造，从而实现企业经营响应市场需求的再次对标。认真倾听有助于发掘客户的需求，真正理解客户所讲内容的含义，无论任何时候，客户的需求应该永远放在第一位。真正的客户服务满意度，是客户的服务需求、以往的服务体验以及对本次服务的期望值三者的有机结合。作为企业，在为客户提供服务的时候，也应该主动了解客户对于服务的期望值是什么，而后根据自己对于客户期望值的理解去不断修正自身服务内涵。

创新方法路径。企业的创新活动有多种，比如战略创新、技术创新、产品创新等等，它们之间与企业的管理路径有着密切的关系。通过对大量企业的观察，创新的路径通常分为三个阶段：员工局部创新、组织整体创新和制度系统创新。

员工局部创新。企业的管理创新之路通常是从局部创新开始的，它可能始于高层管理者对低层管理者的授权，以及低层管理者对一线员工的授权。当然，对于初创期规模很小的企业，其管理创新的程度是很低的，企业内部也是实行的集权管理，但随着企业规模的扩大，企业高层把一些权力下放，使基层管理者和员工有更大的自主决策空间，当工作方式有了改进之后，就出现了管理上的局部创新。需要注意的是，虽然局部创新主要由低层管理者和一线员工发起，但幕后的推动者仍是企业高层管理者，他们仍是管理创新的首要主体。

组织整体创新。当企业内局部出现管理创新之后，就可以迈入第二阶段的整体创新，这里主要是指在整个组织内实现管理创新，并改变组织结构形成一种更好的组织模式。随着企业某个部门的管理出现更好的方法，其他部门也会跟着改进自己的管理方法，当所有部门的管理都有了改进之后，企业整体的绩效就会有所提升，管理创新也就实现了。在这一过程中，横向和纵向的创新往往难以区分或独立进行，很有可能是同时混合在一起进行创新，高层管理者为了推动这一创新进程，会逐渐改变企业组织结构的设计，最终来满足新的管理要求。

制度系统创新。企业管理创新之路的终极目标，是把管理上的创新形成一套系统的制度，将其制度化，从而使新的管理方法和模式有序化运行。在局部创新推向企业整体之后，组织结构也随之改变，为了将新的管理变化稳定下来，企业高层管理者会着手构建新的企业制度，这里主要指的是管理制度，包括管理的各方面内容。在每一方面的管理中，管理者都会把新的管理方法制定成可操作的制度要求，以文件形式呈现出来，这样新的管理方法和模式就会有章可循、有“法”可依。

3. 加正能减负能

以人为本，做好加减法。情绪管理是管理的重要内容，也是团队管理的催化剂。在激烈的市场竞争中，企业越来越关注企业与员工的和谐程度，企业内不同层次员工之间的关系，以及企业与外部环境间关系的协调能力。这些因素决定企业是否具有良好成长性和凝聚力。因此，经营管理对于管理者而言，某种程度上就是最大限度激发正能量、规避负能量。

加正能。“正能量”本是物理学名词，企业管理中的“正能量”是一种健康乐观、积极向上的动力和情感，代表正面情绪的集合，使人拥有积极心态。信任、豁达、愉悦、进取等都是工作中的正能量。在企业内部积极倡导正能量，有利于提升团队内在的凝聚力，促进信息传导更加顺畅、人际关系更加融洽、工作效率更高。

激发内部正能量。企业管理者务必时刻准确掌握弥漫在组织中的情绪类型及其变化规律。如果无法及时了解企业情绪，无法及时对企业内部整体情绪的变化进行跟踪，一旦任由负面情绪蔓延失控，就会对企业的发展造成巨大的消极影响。企业要在新的形势变化中，准确了解组织情绪的状况和变化规律并给予及时干预，才能有效遏制不良苗头，使企业氛围始终保持在良性状态下。高情商的管理者，首先应该设定透明的员工表达机制，建立一套日常的评估体系，以确保对组织内部情绪的及时掌握。

向客户传递正能量。企业通过自我情绪调节从而实现对环境情绪的积极调整能力，包括重要客户、社会公众、政府机构等，实现正能量的传递。正能量的企业不仅能够使自身情绪处于积极状态，还能在与合作伙伴、消费者及其他相关利益者的关系中扮演正能量的传递者，不仅融洽相互关系，更有利于促进合作发展。对于企业生存而言，只有努力构造正能量的氛围，才能更好地诱发企业本身积极的发展态势。

减负能。在企业中，消极情绪会影响员工的工作表现，进而影响企业的整体效益。企业活动诸如裁员、危机公关、领导变更等都会引发员工的消极情绪，造成不可估量的损失。焦虑、猜疑、沮丧、消沉等是工作中的负能量。负能量代表负面情绪的集合，对于员工个体、团队甚至整个企业都有着不可小觑的损害。

及时控制负能量的传播。负能量的传播速度和范围往往超过预期，管理者应当充分重视，在第一时间排除负面能量、负面情绪和负面消息。企业需要拥有自我了解能力和自我调节能力。企业应当通过一定的方法快速调整自己的组织情绪，把握蔓延于组织内部的情绪之后就必须使用各种手段对消极的组织情绪进行调整。首先是日常的情绪管理能力，诸如引入 EAP 员工帮助计划，帮助员工疏导心理问题，增加员工倾诉排解压力的渠道。其次是提升企业的危机处理能力，建立危机公关机制应对突发事件，对内对外保持公开透明、诚信经营，使得员工、社会明晰企业的积极态度，降低各方对于未来发展未知的恐慌，调整消极情绪，化解声誉风险的压力。

培养优秀文化

企业文化是由价值观、信念、处事方式等内容组成的特有文化体系，是企业生存、竞争、发展的灵魂。对于企业经营而言，良好的企业文化不仅要建立认同感和凝聚力，还要帮助员工有效开展工作，是一种战略层面的设计。如果加入公司的员工相信这种战略，就会帮助公司进行更深入的思考，并做出各种有益的尝试。想要更好地应对当前变幻莫测的市场和业务，光靠管理层是远远不够的，要依托企业文化激发所有员工不断思考、不断尝试。

信誉文化。人无信不立，业无信不兴，国无信则衰。企业信誉是指企业在市场经济的运行中所获得的社会评价，是企业在社会上公认的信用和名声，企业信誉是企业的一种无形资产和生产力。良好的信誉是企业最宝贵的资产，是企业驰骋商场的一张王牌，企业有了它才可以在市场竞争中取得事半功倍的效果。

1. 打造特有品牌

品牌是一种错综复杂的象征，是广大消费者使用产品或服务后留下印象的总和，是个整体概念。如果说产品是工厂生产的，那么品牌就是消费者选择的。产品可以被竞争者模仿，也极易迅速过时落伍，但成功的品牌却能持久不衰，品牌的价值将长期影响企业。

无形资产的“金字招牌”。对于很多企业来说，品牌的内涵就是企业文化，品牌不仅是对外部分销商、消费者销售的利器，而且也是对内部员工、供应商管理的道德力量。在营销中，品牌是唤起消费者重复消费的最原始动力，是消费市场上的灵魂。可以说，没有品牌，企业就没有灵魂；没有品牌，企业就失去生命力。寻找品牌的灵魂，即找到品牌与众不同的求异战略。人们喜欢吃麦当劳，不是因为它是“垃圾食物”，而是它带给儿童和成年人的一份安宁和快乐的感受。人们喜欢去迪士尼乐园并不是因为它是简单的游乐场所，而是人们可以在那里找到童年的梦想和乐趣。所以品牌不是产品和服务本身，而是它留给人们的体验和感受，品牌的灵魂就来自于这样的体验和感受。

价值创造的“流量入口”。要想打造品牌，就要着眼于创建具有鲜明的核心价值与个性、丰富的品牌联想、高品牌知名度、高溢价能力、高品牌忠诚度和高价值感的强势大品牌，累积丰厚的品牌资产。首先，完整理解品牌资产的构成，透彻理解品牌资产各项指标如知名度、品质认可度、品牌联想、溢价能力、品牌忠诚度的内涵及相互之间的关系。在此基础上，结合企业的实际，制定品牌建设所要达到的品牌资产目标，使企业的品牌创建工作有一个明确的方向，直截了当，不做无效宣传。其次，在品牌发展的原则下，围绕品牌资产目标，创造性地策划低成本提升品牌资产的营销传播策略。同时，要不断检核品牌资产提升目标的完成情况，调整下一步的品牌资产建设目标与策略。

文化传承的“百年老店”。企业寿命在一定程度上，代表了企业的信誉。企业寿命与众多因素有关，除了企业自身的经营外，政局变化、法律调整、科技发展等因素也会对企业寿命产生重大影响。我们通常用“老字号”来形容历史悠久，拥有世代传承的产品、技艺或服务，具有鲜明的传统文化背景和深厚的文化底蕴，取得社会广泛认同，形成良好信誉的品牌。品牌塑造，绝非一日之功，至少需要数十年持之以恒，不可稍有懈怠轻慢，有百年老字号之称的更是凤毛麟角。诚信和品质是品牌存续的关键，一旦失去消费者的信任，金字招牌会很快褪色，原本的神话可能马上变成笑话。

2. 担负社会责任

企业稳健的盈利一定是建立在诚信经营的基础之上。任何不诚信、不道德的经营手段，即使一时得逞，终将不能持续。同时，企业还必须承担对社会、对民众以及利益相关方的责任。企业承担社会责任一方面可赢得社会美誉和广泛认同，另一方面能更好地体现企业文化及其价值理念，实现企业发展与社会和自然发展的良性互动。

社会兴替，应尽之责。从“企业是以营利为目标的组织”到“企业是社会中的公民”，这样的认识转变过程，正是一个企业家从单纯为了谋利转向愿意承担推动社会进步之责任的重新自我定位过程。企业组织和公民个体一样是社会的组成部分，因此要求企业也应该承担相应的社会责任和义务。为推动社会的进步，企业也越来越多地参与到弥补政府社会公共管理与运行的不足方面，既影响政府政策的调整，也维护社会的稳定。企业的社会责任不仅要试图改善市场竞争中弱势群体的结果公平问题，还要实现让所有公民都享有起点公平的权利，更要注重推动制度公平的建立，让获得起点公平的公民在制度公平中参与竞争。

饮水思源，反哺社会。企业的价值不只是创造财富，拥有财富，更在于利用财富，回报社会。在做大做强的同时，努力推进企业自身利益和社会贡献力同步增长，树立发展企业、积累财富、回报社会、利益大众的理念，回报社会，回报消费者。企业的日常运营与员工的收入保障和生活幸福密切相关，甚至关系到社会稳定和社会效率提升。把公司自身的经营越做越好，本身就是在承担最大的社会责任。在服务社会、履行社会责任的过程中，企业的财富真正受到社会的尊敬。

优化生态，共生共存。企业承担社会责任与盈利并不矛盾，企业只有在盈利的基础上保持其稳定性，才能持续不断地承担社会责任。近年来，国家和政府对企业社会责任越来越重视。政府在企业承担社会责任方面，实际担当的是经济干预的角色，在企业与利益相关者发生利益冲突时，为弥补市场失灵，政府会采取必要的干预以监督企业承担相应的社会责任，保证社会的相对公平，辅助经济走出低谷。除了进行政府监督外，还要发挥非政府组织的监督作用，例如行业自律协会、环保组织等，充分利用新闻媒体的广泛性和开放性，报道、批评企业社会责任感缺失的相关事件，监督企业积极承担社会责任。

风险文化。所谓风险就是企业发展的不确定因素，其中往往伴随机遇，可以说经营企业就是发现风险、管理风险、经营风险这一过程。所谓经营风险，把风险管理上升到文化层次，就是要超越目前的风险管理理念，追求一种全方位、多角度、综合化的风险管理效果。

1. 牢固风险意识

风险意识是企业对风险的认识以及在权衡利益与风险之间关系时所持有的态度。人们对风险的观念把握就是风险意识。

依法经营。法治是治国理政的基本方式，是人类政治文明的重要成果，是现代治理的基本手段。对于企业而言，依法依规经营才是企业持续发展的根本生命力。市场经济是法制经济，只有在法制的框架下市场才能有序运行。在法制的有效保障下，企业才能安全、高效地发展。守法经营是对企业自身的最有效的保护。将企业的经营管理以及处理对内对外的各种关系完全纳入法制轨道，是企业安全有序发展的可靠保证。从企业主体的设立开始，就应该考虑合法、有效，防止无序和各种风险。企业与外部的关系，同样需要法律保驾护航。

健全制度。没有规矩，不成方圆。企业的内部管理、运作必须严格按照制度进行。根据公司法的规定，公司的内部事务管理一般由公司章程来规定，公司章程是企业内部管理的基本规章，是企业的“小宪法”。好的制度能够使员工积极工作，促进企业快速发展，不好的制度也会使人们的工作积极性降低，阻碍企业的发展。企业的发展需要建立和不断修改、完善企业的规章制度，形成适应员工、适应企业、适应社会的制度体系。依法制定的规章制度可以保障企业的运作有序化、规范化，将纠纷降低到最低限度，降低企业的经营运作成本，增强企业的竞争实力。同时，规章制度可以防止管理的任意性，保护职工的合法权益，对职工来讲，服从规章制度比服从领导任意性的指挥更容易于接受，制定和实施合理的规章制度能满足职工公平感需要。

合规管理。合规风险管理是指企业主动避免违规事件发生，主动发现并采取适当措施纠正已发生的违规事件。对于企业的合规部门而言，相关制度和相应做法的持续修订和执行是一个周而复始的循环过程，也是构建有效的内部控制机制的基础和核心。预防、识别与应对三部分无缝连接，组成完整的合规管理方法，保证企业在商业活动中对相应的风险无任何管控盲点。预防应该是企业合规管理中投入最多的管理部分。预防相较于其他管理方法有低投入、高回报的特点，可以将潜在的风险点扼杀在“孕育期”，防止潜在风险进一步演化发展。对风险的实时识别，旨在通过日常的运营管理，随时发现问题，随时排查问题，确保将风险扼杀在“萌芽期”。必须正视的是，即便有全方位的预防和识别步骤，仍然可能会有“漏网之鱼”给企业带来危害，此时就需要有风险显现后的应对措施将损失降到最低。应对措施是企业合规管理的最后一道防线。

2. 规范行为准则

企业风险管理离不开规章制度，但有规章制度不等于就能落实，不等于操作流程和员工行为就能规范。在日常的经营管理中，必须对员工的从业规范制定细则，严明奖惩，赏优汰劣，进一步规范从业行为。员工行为规范是指企业员工应该具有的共同的行为特点和工作准则，它带有明显的导向性和约束性，通过倡导和推行，在员工中形成自觉意识，起到规范员工的言行举止和工作习惯的效果。

原则一致性。鉴于员工行为规范的重要作用，员工行为规范务必与企业理念保持高度一致并充分反映企业理念。行为规范要与企业已有的各项规章制度保持一致，对员工行为的具体要求不能与企业制度相抵触。行为规范自身的各项要求应该和谐一致，不能自相矛盾。坚持一致性是员工行为规范存在价值的根本体现，这样的规范性要求容易被员工认同和自觉遵守，有利于形成企业文化合力，塑造和谐统一的企业形象。上至董事长、总经理、CEO，下至一线工人，无一例外都是企业的员工。因此，员工行为规范的适用对象不但包括普通员工，而且包括企业各级干部，当然也包括企业最高领导，其适用范围应该具有最大的普遍性。

行为纪律性。员工在企业的成长需要一套完整的行为准则规范，而要把一名员工培养成为企业群体的一员，最基础、最易达到的要求就是仪容仪表方面的规范。其次是岗位纪律，这一般是员工个体在工作中必须遵守的一些共性的要求，其目的是保证每个工作岗位的正常运转。第三是工作程序，对员工与他人协调工作的程序性的行为规定，包括与上级、同事和下属的协同和配合的具体要求。工作程序是把一个个独立的工作岗位进行关系整合、使企业成为和谐团结的统一体，保证企业内部高效有序地运转。同时，工作程序也包括待人接物，由于现代企业越来越多地受外部环境的影响，企业对外交往活动的频率、形式和内容都因此有较大的增加，对员工待人接物方面的规范性要求不仅是塑造企业形象的需要，而且也是培养高素质员工的必要途径之一。

3. 构建有效体系

经营管理中的很多问题，看起来问题出在下面，但原因往往在上面，根源在于管理。凌驾于业务之上，不服务于“多产粮食”宗旨的风险控制是危险的，脱离实际的本位主义很有可能为了严格控制风险，而让庄稼地里寸草不生，泼了水也倒了孩子。因此，建立一套有效的风险控制体系对于保障业务发展至关重要。

事前预警。风险管理的本质是对不确定性的管理，这种不确定性不仅会给银行带来威胁，同时也可能意味着机会，正所谓“危中有机”。风险管理应当贯穿企业各项业务的整个过程，包括事前、事中和事后，但越早发现风险、越早采取措施，则风险管理的成本就越低，给企业带来的效益也就越大。按照1:10:100的理论，如果在第一个阶段控制风险的成本是1，那么直到第二个阶段才采取措施，它的成本就会是10，到了第三个阶段时的成本就将是100。因此，在风险管理领域中普遍强调风险管理的计划性和预测性。风险预警系统可以为风险识别、风险分析、风险监控等提供强有力的手段，在整个风险管理体系中具有极其重要的地位。

事中监控。从横向剖面角度来看，企业可以被看作是一个由产品研发、生产、销售、采购、计划管理、质量管理、成本管理、客户管理和人事管理等业务过程按一定方式组成的过程网络系统。首先，要根据企业经营目标，优化设计业务过程，确定业务过程之间的联结方式或组合方式。然后，以业务过程为中心，制订资源配置方案和组织机构设计方案，制订解决企业信息流、物流、资金流和工作流管理问题的方案。同时，综合应用信息技术、网络技术、计划与控制技术和智能技术等技术解决过程管理问题。为了有效地实施过程管理，实现所希望达到的目的和目标，就要求我们结合企业的战略规划和实际需求，制订相应的过程管理方案：包括开展过程管理所希望得到的结果、衡量过程是否卓越的指标、在过程管理中将采用的策略、要使过程管理获得成功所需具备的条件、企业的核心信念和价值观等。

事后评估。就是要通过建立风险评估机制来识别和应对企业遇到的经营风险。优化控制活动，通过企业的控制措施将风险控制在可承受的范围内，并组织有效的实施管理。完善信息沟通，通过良好的内部沟通平台加强企业横向、纵向的沟通效果，及时发现并解决存在的矛盾，有效地反馈结果，保证管理过程中的意见统一、执行步调一致。加强内部监督，建立独立的监察部门，按照内部监督程序和要求开展日常内部监督、审计监察工作，保证企业各层级的廉洁自律、运行机制的科学有效。

通过事前、事中、事后全过程、全流程加强风险管理，进一步完善风险管理的体系，可以使风险管理的有效性、时效性、准确性大幅度提升。

执行文化。俗话说，“三分部署，七分执行”。做一项工作要有很强的目标意识和落地意识，以完成目标为导向，以取得实效为检验，不仅要看事情做了没，还要看效果怎么样、有没有达到预期目的。这就好比打仗，不能只管向敌方阵地发射炮弹，而不管是否命中目标，是否杀伤敌人。在抓落实方面，尤其要解决好在战略传导和执行中遇到的“最后一公里”的问题。

1. 求真务实

求真务实的工作作风，就是要不折不扣、原原本本地反映出事物最真实的状态，不粉饰美化，不弄虚作假，让成绩说话，把问题暴露在阳光下。工作作风实不实，直接关系到企业发展的兴衰，关系到全体职工的根本利益。企业管理者要时刻将求真务实的工作作风放在极其重要的位置。

知行合一。求真务实本身是一种价值取向，其中蕴含着价值观，反映的是企业对待事情的立场、观点和态度，也就是管理者内心深处究竟相信什么、需要什么、坚持和追求什么。是否求真务实，从根本上讲就是一个企业价值观的外在反映。为谁服务的问题是价值观的核心问题，拥有企业利益至上的价值观，还是拥有个人利益至上的价值观，决定了一个人想不想做到求真务实。加强求真务实的工作作风，首先要靠自觉。各级管理人员在平时工作中要自觉贯彻执行企业的各项决策精神，深入到精髓中，落实在行动上，做到“常修为官之德、常思贪欲之害、常怀律己之心”，把实事求是、解放思想作为衡量自身作风建设的重要标准，并用其来指导工作，使工作作风更加符合企业发展的客观实际，才能杜绝错误的价值取向。

求实际之真。面对复杂多变的市场环境，企业发展面临机遇与挑战，求真务实的工作作风显得尤为重要。树立求真务实的工作作风，必须切实抓好工作落实。要积极引导企业全体员工按照完善体制机制，提升管理水平，促进全面发展，不断增强企业的核心竞争力和企业的整体实力的发展要求，坚持重实际、求实用、讲实干、务实效的整体工作思路，把着力点真正放到研究解决阻碍企业发展的重大问题上，放到研究解决影响职工稳定的紧迫问题上，坚持以求真务实精神去抓落实。

务工作之实。树立求真务实的工作作风，必须注重调查与研究。要继续加大事务公开力度，不断提高为员工服务的水平和质量。要深入开展员工的合理化建议收集工作，坚持管理要深入员工、深入基层、深入实际，不断提升根据实际情况分析问题、解决问题的能力。不断完善各类议事规程，全面落实团队分工负责制，发扬民主，不断提高员工队伍的创造力、凝聚力和战斗力，真正通过领导干部求真务实的工作作风来带动和影响全体员工。

2. 精准施策

精准化的工作方法，强调的是具体和准确，讲求的是对症下药、靶向治疗，反对的是大而化之、笼而统之，眉毛胡子一把抓。将精准化理念贯穿于经营管理的全过程，就是要善于针对具体问题和具体情况精准施策。

问题导向。经营企业，就是一个发现问题、解决问题的过程。实践发展永无止境，矛盾运动永无止境，旧的问题解决了，新的问题又会冒出来。谋划和部署工作，也要有强烈的问题意识，以解决问题为工作导向，瞄着问题去、追着问题走，把解决问题作为打开工作局面的突破口。问题无处不在、无时不有，关键在敢不敢于正视问题，善不善于发现问题。敢不敢于正视问题是态度问题，需要企业管理者时刻保持头脑清醒，对存在的问题不掩盖、不回避、不推脱，否则就会使小问题演化成大问题。不仅敢于正视问题，更要善于发现问题，管理者的管理能力之一，就是能率先发现问题，尤其在问题还处在苗头阶段的时候。发现问题是前提，能不能正确分析问题则更见功力。科学分析问题，深入研究问题，弄清问题性质，找到症结所在，是解决问题的必要前提步骤，是方法论。问题分析、研究得越透彻，“牛鼻子”就牵得更紧，解决起来就越有针对性。

调查研究。没有调查就没有发言权。对于管理者来说，如何才能洞悉、掌握真实的外部市场情况、内部经营情况？调查研究无疑是最好的方法。调查研究是谋事之基、成事之道。调研者只有坚持问题导向，带着质疑精神亲自察看、亲身体验，才能发现许多办公室里看不到、听不到、想不到的新情况。企业开展调查研究的目的，是把真实的经营环境和经营难点调查清楚，理清发展的主要矛盾，针对性地提出解决思路，优化资源配置，把功夫下到察实情、出实招、办实事、求实效上，把各项经营发展的目标落到实处。通过有目的、有系统地搜集、记录、整理和分析，了解外部市场、内部发展的现状及其发展趋势，为企业的决策者制定发展政策、进行市场预测、做出经营决策提供客观正确的依据。

科学决策。科学的决策是有权决策者、专家与实际工作者互动的过程。在这个过程中，参与决策的主体相互配合，形成了一个决策过程：包括界定问题、决策准备、摆正决策心态、列出所有可能的方案、评估方案、决定正确的方案、行动计划与执行、检讨执行成效。决策能力是领导能力的核心。管理者掌握着决策资源和决策主动权，决策一旦失误，整个工作就意味着将以失败告终。因此，决策职能是领导工作的第一职能，科学决策是领导工作的第一追求，决策能力是领导能力的第一要素，决策能力高的标志，就是决策科学、符合实际。

精准施策是一项系统工程，离不开前期的调查研究，围绕核心问题加以分析，综合企业各方资源和经验提高决策质量。经营发展的复杂性，决定了企业管理不能主次不分，更不能搞“一刀切”。企业的发展壮大，必须在精准施策上下更大功夫，针对不同问题开出不同药方：生产经营遇到困难的，要尽心尽力帮助解决具体问题；信心不足、思想有顾虑的，要把管理者对企业的战略愿景讲深说透，使各级员工卸下包袱、提振信心、轻装上阵，在高质量发展中作出更大的贡献。

3. 高效执行

执行力与团队。军队是世界上最有执行力的团队之一，在多少大灾大难面前，一声令下，一步到位，强大高效。他们服从、执行和令行禁止的鲜明特点值得我们学习。在企业中执行力差的原因大多是过分追求完美、岗位职责不清、授权不合理、工作安排没有计划、主次不分、时间效率观念差等。而执行有五个必不可少的要素：沟通、协调、反馈、责任和决心。联想集团的柳传志说过："决策可以民主，但执行力一定要独裁，民主在企业中是没有效率的管理。"要做到高效的执行，必须确保所有的执行者都是依据直接上级的命令执行，尽量不要跨级指挥，尽量少让执行者参与决策。

信息对称，有效沟通。沟通的目的就是达成基本一致，求同存异，因此沟通也是一个相互妥协的过程。沟通不能无极限，在沟通的过程中，要有相对的民主和绝对的集中。在沟通过程中，可以听多数人的意见，同少数人商量，但最终决策只能由高层管理者做出。企业执行力的提高，并没有一成不变的经验，每个企业都有每个企业的实际情况，抑或人员结构不同，又或组织架构不同，再或文化氛围不同，都会导致企业执行能力的不同。在企业管理过程中，我们只有通过实际分析企业的基本情况，理论联系实际，才能逐步形成一套适用于自己企业执行力水平建设的管理体系。

分层授权，明确职权。企业中，高层为战略层，负责决策；中层为战术层，负责组织协调；基层为执行层，负责执行落地。企业聘用员工的时候，必须明确告诉他需要做什么，谁管他，他管谁，他工作的资源在哪里，这些清楚了，管理自然到位了，执行自然有效了。授权的最大忌讳，就是越级管理，多头管理。多头管理，多头负责，必然会导致执行混乱。任何企业中，对某项任务，所有高层都负责，人人都负责，结果就是人人都不负责，这必将造成执行困难。同时，所有层级的决策，都必须在授权范围内，未获得授权的决策，都会影响最终的执行。一旦授权，授权人必须充分尊重被授权人的决策，不要随意去否决。当授权人和被授权人在某项事情上意见相左时，必须尽快沟通并达成一致，切忌在未达成一致前向下级下达指令。

考核为器，双向激励。所谓考核，就是企业在既定的战略目标下，运用特定的标准和指标，对员工的工作行为及取得的工作业绩进行评估，并运用评估的结果对员工将来的工作行为和工作业绩产生正面引导的过程。考核是指挥棒，企业考核什么，员工就努力去做什么，考核的强度决定员工努力的程度。考核要有重点，不能贪多贪全，什么都考核就等同于什么都没考核。考核指标要符合企业发展的客观规律，切忌发展目标过低，目标过低容易丧失动力，也会浪费时机；目标不切实际地拔高，也会让执行者信心不足甚至灰心丧气，在质疑目标和理性的同时与企业发展目标“离心离德”。考核的最终作用都要落实到对考核结果的奖惩上，要通过考核用好人，激发人的潜能，使员工更有干劲，更具主观能动性地投入到工作中去。

执行力是一个变量，不同的执行者在执行同一件事情的时候也会得到不同的结果。执行力既反映了企业的整体管理素质，也反映出管理者的角色定位。管理者的角色不仅仅是制定策略和下达命令，更重要的是自身也必须具备执行力。对于管理者而言，执行力的关键在于透过制度、体系、企业文化等规范及引导员工的行为。管理者如何培养部属的执行力，是企业总体执行力提升的关键。

《企业发展瓶颈若干问题研究》是我近几年潜心研究的重要课题，集中反映了我对企业经营之道的感悟。企业发展是一个动态调整的过程，管理的价值就在于不断地因时、因势、因人去优化资源配置，提升组织效率，凝聚优秀团队，从而不断突破发展瓶颈，为企业、股东、员工和社会创造新的价值。企业发展遇到瓶颈是正常现象，甚至可以说是常态，按照规律办事、理念引领、方法得当、文化凝聚是经营的不二法门，也是企业发展行稳致远的保障。

图书在版编目(CIP)数据

人生与价值:感悟生命意义及经营之道/沈立强著
.—上海:上海人民出版社,2021
ISBN 978-7-208-16781-0

Ⅰ.①人…　Ⅱ.①沈…　Ⅲ.①商业银行-经营管理-研究-中国　Ⅳ.①F832.33

中国版本图书馆 CIP 数据核字(2020)第 206530 号

责任编辑　钱　敏
封面设计　夏　芳

人生与价值
——感悟生命意义及经营之道
沈立强 著

出　　版　上海人民出版社
(200001　上海福建中路 193 号)
发　　行　上海人民出版社发行中心
印　　刷　上海中华商务联合印刷有限公司
开　　本　787×1092　1/16
印　　张　25
插　　页　5
字　　数　211,000
版　　次　2021 年 3 月第 1 版
印　　次　2021 年 3 月第 1 次印刷
ISBN 978-7-208-16781-0/K·3011
定　　价　158.00 元